(a) 0歳児

(b) 1歳児

(c) 2歳児

(d) 幼児

**口絵1** 保育所におけるさまざまな年齢の食事場面 (1.1.a (4) 参照) (写真提供:社会福祉法人なごみこども園)

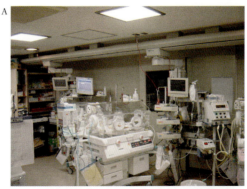

**口絵 2** 病棟において光フィルターを使用している様子 (図 2.7)

A: 従来の新生児集中治療室では早産児の緊急事態に対応するため，夜間も照明を連続点灯している．そのため，透明な保育器フードを通して蛍光灯の光が直接児の目に到達していた．B: 一方，光フィルターを夜間に使用することにより夜間明るくても保育器内に人工的な夜を導入でき，かつ医療従事者も早産児を観察できる．

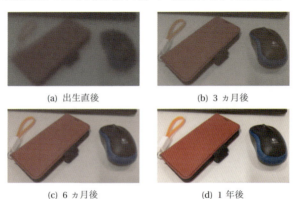

**口絵 3** 乳児の視覚世界 (図 3.1)

写真撮影には，REBIScan 社によって開発された iTunes アプリ「BabySee」を使用した．このアプリでは撮影した写真を画像変換することで出生直後から生後 1 年までの乳児の視覚世界をシミュレーションすることができる．

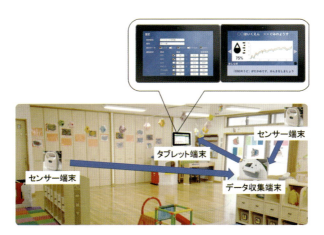

**口絵 4** 可視化・警告システムの運用イメージ図 (図 4.12)

**口絵 5** 映像からの姿勢推定結果 (図 4.17)

**口絵 6** 映像からの人物追跡結果 (図 4.18)

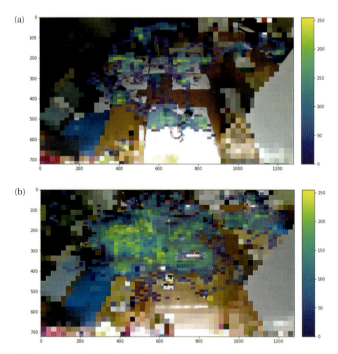

口絵 7　人物存在確率のヒートマップ (図 4.19) (a) 14:00〜14:10, (b) 16:00〜16:10.

口絵 8　写真を用いたうつぶせ寝検出のシミュレーション例 (画像提供：Future Standard 社，鳥海氏) (図 4.20)

東京大学大学院教育学研究科附属
発達保育実践政策学センター

# 乳幼児の発達と保育

食べる・眠る・遊ぶ・繋がる

監修
秋田喜代美
編著
遠藤利彦
渡辺はま
多賀厳太郎

朝倉書店

■監修者

秋田 喜代美　東京大学大学院教育学研究科長・学部長
　　　　　　東京大学大学院教育学研究科教職開発コース教授

■編集者

遠藤 利彦　東京大学大学院教育学研究科附属発達保育実践政策学センター長
　　　　　　東京大学大学院教育学研究科教育心理学コース教授
渡辺 はま　東京大学大学院教育学研究科身体教育学コース特任准教授
多賀 厳太郎　東京大学大学院教育学研究科身体教育学コース教授

■執筆者 (五十音順)

天野 美和子　東京大学大学院教育学研究科附属発達保育実践政策学センター特任助教
有竹(岡田) 清夏　埼玉県立大学大学院保健医療福祉学研究科准教授
遠藤 利彦　東京大学大学院教育学研究科教育心理学コース教授
太田 英伸　秋田大学大学院医学系研究科精神科学講座准教授
川村 美笑子　金沢学院大学人間健康学部健康栄養学科教授
佐治 量哉　玉川大学脳科学研究所応用脳科学研究センター准教授
新屋 裕太　東京大学大学院教育学研究科附属発達保育実践政策学センター特任研究員
関 智弘　熊本県立大学総合管理学部総合管理学科講師
多賀 厳太郎　東京大学大学院教育学研究科身体教育学コース教授
高橋 翠　東京大学大学院教育学研究科附属発達保育実践政策学センター特任助教
東郷 史治　東京大学大学院教育学研究科身体教育学コース准教授
野澤 祥子　東京大学大学院教育学研究科附属発達保育実践政策学センター准教授
針生 悦子　東京大学大学院教育学研究科教育心理学コース教授
村上 祐介　東京大学大学院教育学研究科学校開発政策コース准教授
山﨑 俊彦　東京大学大学院情報理工学系研究科電子情報学専攻准教授
淀川 裕美　東京大学大学院教育学研究科附属発達保育実践政策学センター特任准教授
渡辺 はま　東京大学大学院教育学研究科身体教育学コース特任准教授

# 序

　本書『乳幼児の発達と保育—食べる・眠る・遊ぶ・繋がる—』の頁を開くと、そこには、このような本は過去に見たことがなかったと感じられる新たな世界が広がるだろう．そして子どもや子育てに関心を持つ読者の方には、乳幼児に関する最新の学術研究がこのように進んでいるのかという驚きや知的興味を感じていただけるに違いない．乳幼児の発達と保育の本は、長年にわたって数多く出版されてきている．それらは、発達心理学の教科書であったり、保育士・幼稚園教諭等の養成課程のためのテキストや参考書であったり、一般書や実践の方法書であったりする．

　それに対して、本書には3つの特徴がある．第一は、「食べる・眠る・遊ぶ・繋がる」という副題に最もよく表れている．ヒトが人として生きていく根源的な行為に焦点をあてた本であり、その主体である子どもと子どもを支える養育者や保育者、行政、さらにそれらを新たな概念で捉えようとする研究者の繋がりが見える書として構成されている．それは、この本ができあがるまでの成り立ちや執筆者陣によるものである．本書は、カバーにロゴマークが描かれている、東京大学大学院教育学研究科附属発達保育実践政策学センター (Cedep) のメンバーならびにその共同研究者や関係者による編集と執筆により作成されたものである．当該センターは2013年3月に、「発達保育実践政策学」という新学術領域の構築を目指して、日本学術会議第22期の大型研究計画マスタープランとして提出され、審議等を経て2015年7月にセンターが設置されることになった．乳幼児の子ども子育て保育等を学術として問う日本初の国立大学の機関である．乳児からの発達科学と乳幼児に対して行われる実践としての保育や子育て行為に関わる学問とその発達と子育て実践を支える児童福祉・教育の政策分野を貫く学術的研究を目標としたものである．個体発達とその環境を構成する人の関与の在り方とそのための社会構造や政策を、縦串をさすように考えることによって、ヒトが育つ生態環境としてのエコシステムを問うことができると考えられた．その時にその横串となって、センター設立当時からの鍵となる研究トピックが「食べる、眠る、遊ぶ」の人生最初期からの解明という活動であった．つまり、本書は、発達保育実践政策学という学術領域での研究の1つの具体的な成果として刊行されるものと位置付けることができよう．発達保育実践政策学という着想が縦糸になり、「食べる、眠る、遊ぶ、繋がる」というヒトの本質に迫る営みの視点を横糸とした編集を、

センター設立に寄与くださった，遠藤，渡辺，多賀の三氏がその意図を汲み取り構想してくださった．したがって第一の特徴としては，食べる，眠るなどそれぞれのトピックが重層的に語られることになっている．そしてさらにそこに「繋がる」という視点をいれることによって，子どもが育つ中にある社会の網の目としての繋がりが見えてくるようになっている．多賀，渡辺両氏が当初本書を企画してくださった時の本書企画意図は以下である．『胎内環境から出生後環境へと生まれ出た後の乳幼児期は，脳神経系・筋骨格系・循環器系・代謝系等の生物としての身体の構造や機能が急速に発達する時期である．また，家庭内環境から保育施設等の社会的環境へと生活の場が移行し，双方の環境間の行き来を経験する時期でもある．そのような環境の中で，乳幼児は，「食べる」，「眠る」，「遊ぶ」といった3つの基本的な活動を，時空間を通じて積み重ねることにより，生物学的なヒトとして，また社会的な人として発達・成長していく．本書では，これらの基本的な活動を，保育学，発達科学，脳神経科学，政治経済学，工学，医学，保健学といった観点から科学的にとらえる．そして，それらの3つの活動を「繋げる」ことにより，日々の生活の中で「食べる」，「眠る」，「遊ぶ」といった3つの基本的な活動が相互に影響し合い，紡がれていく形を描き出すことを目指す．』

　このためにセンターには4つの部門「発達基礎部門」「子育て・保育研究部門」「政策研究部門」「人材育成部門」があるが，それら4部門が総動員で執筆をしている．その企画に基づく醍醐味を楽しんでいただけたらと思う．

　第二の特徴は，本書が完成品の定番となった知識を解説するテキストではなく，まさに研究やその発想を生み出していく過程での研究を紹介しているという意味で，最新の知見であると同時にオンゴーイングの進行中の研究内容を一般の方にわかるように紹介しているという点である．2015年のセンター設立の翌年の2016年に，創設に関わった者たちが，『あらゆる学問は保育につながる』（東京大学出版会）を出版した．まだその時点では，センターの独自の研究は実施され始めたばかりであり，それまでの研究やその領域で行われてきた研究をもとに議論をすることが行われた．そしてそれから4年あまりが経過し，センターが実際にどのような研究に取り組んできたのか，4年の中でいろいろ行われた研究が中心になって掲載されている．しかしながら，それだけでは限られたスタッフで書き込めていない内容部分の章を，教育学研究科の教員や共同研究の先生方が支え書いてくださった．そしてそれもまたできたてほやほやのホットな内容が書かれている．その意味で，乳幼児期の研究がダイナミックに動きながら進んでいる息吹を本書から感じ取っていただけたら幸いである．また読者の関心によって，どの章，どの節からでも読めるようにそれぞれの内容は独立している．

そして第三の特徴は，目次からは見えにくいが，各節のはじまりには2つの問いが置かれ，その2つの問いに答えるように構成されている点である．たとえば，第1章の4つの節では，第1節「保育者は，園での食事について，何を大切に考えているでしょうか」「保育者は，園での食事について，どのような難しさを感じているのでしょうか」，第2節「家庭では，どのような子どもの食事の準備・提供がなされているのでしょうか」「家庭では，食べることについて，どのような規範があるのでしょうか」，第3節「子どもにいつ何を食べさせたら良いでしょうか」「子どもの食物に関して注意すべきことは何でしょうか」，第4節「食べ物はどのようにして自分の身体の一部になるのでしょう」「腸内細菌の働きと脳の活動にはどのような関係があるのでしょう」と書かれている．日頃食べることについて当たり前と思っている人もおられれば，子育てで困っている人もおられるだろう．誰もが持つ問いに対して，研究者はどのように問うのか，どんな考え方や概念からそのことを問うているのかが見えるのが本書の特徴である．研究においては質の良い問いが研究内容の質を決める．その意味では，本書は子育てのノウハウ本としてこうやったらよいということを直接指南する本ではない．しかし，現在どのような状態がなぜ起こっているのか．そこにはどのようなメカニズムや，やりとりがいろいろなレベルでなされているのかということを観ることができよう．本書には発生や発達の基礎がきちんと書き込まれていると同時に，子どもたちの発達に専門的に関わる人の仕事もまた見えるようになっている．

　上記本書の3つの特徴を意識して，本書を読んでいってくださると，それぞれの研究者のスタンスも見えてくるし，乳幼児に関わる多様な研究が見えてくるだろう．

　子どもの数が年々減少しているのは，日本だけではなく先進諸国全体の特徴となっており，先進諸国の大半が人口を維持するのに必要な出生率2.0を割り込む形となっている．しかも現在その半数以上が都市に集中し，人口過密化地域と過疎化地域での多様な課題が生じてきている．デジタル化やグローバル化をはじめ，子どもを取り巻く社会文化的な環境は大きく変化してきている．子どもは社会の宝であり，そしてまた社会の鏡でもある．

　第2章においては「眠る」ということが論じられている．日本の子どもの睡眠時間が世界で一番短いというデータはよく知られるところであるが，それはまた大人，子どもに関わる人の生活や生き方が反映しているということもできるだろう．それはいつからなのか，こうした問いが第2章で問われる．そして，第3章で取り上げたように子どもたちは，「見る」「聴く」「探る」「泣く」という行為によって他者と対話し，外界に自ら関わりながら学び成長していく．そしてその子

ども達を繋ぐためには，第4章で示しているように子どもを取り巻く，さまざまな絆の繋がりが求められている．人の環の断絶をどのように繋いでいくのか，そこには対人的な環と同時に社会での政策的な専門家による繋がりや，技術的に見えないものを見えるようにする環によって，より良い子育て環境をつくることが求められよう．

　本書は，実証的な検証に基づく自然科学，社会科学の研究者たちの執筆によるものである．残念ながら人文科学的視点から，子どもの食べる，眠る，遊ぶ権利をいかに保障できているのか，いくべきなのかという価値や哲学的な思索を論じた章は含まれていない．だからこそ，読者の皆様それぞれが，少子化時代に，多様な生物が共生するような持続可能な環境をどのようにつくるのか，そのために日々の保育や養育の中で何が大事なのかを考えながら，読んでいただけるとよいかもしれない．子どもの生を考えることは，人がどのように生きるのかを問うことに繋がり，そしてどのような社会を形成するのかを問うこと，どのように行動するかを問うことにも繋がるだろう．日々の保育や子育ての中では，見えないものは，見過ごされ忘れがちであるだろう．そして自明への埋没が生まれる．しかしその中で本書との出会いが，すでに自明になっている日々の営みや人が行っている営みの持つ意味を改めて考えたり，それらを見つめたりするための眼差しを持つ1つのきっかけになったら幸いである．

　本書の問いは，ネバーエンディングであり，オープンな問いである．ぜひその対話の環に読者の皆様も加わってくださったら，監修の役目をもつ者としてうれしく思う．

　本書の出版企画・編集においては，朝倉書店編集部には，大変お世話になった．心から謝意を表したい．また本書刊行前に赤ちゃん学の可能性という視点から，教育学研究科という同じ職場にいながらもそれぞれ別々に研究をしていた研究者たちを繋いでくださった，同志社大学赤ちゃん学研究センター小西行郎教授，執筆者には含まれていないがCedepの研究事業をいつも支えてくれているセンター事務の斉藤美穂さん，森山博樹さん，また事務補佐や研究補佐の皆様，またCedepの調査実験研究に協力してくださっている多くの園，保育者，保護者の皆さまにも心からの御礼を申し上げたい．

2019年7月

監修者
秋田　喜代美

# 目　　次

1. 食　べ　る ……………………………………………………………… 1
   1.1 保育における子どもの食 …………………………〔淀川裕美〕… 2
       a　保育における「食育」 ……………………………………… 2
       b　保育者が食事に関して大切にしていること ……………… 6
       c　保育者が食事の援助に感じる難しさ ……………………… 8
   1.2 家庭における子どもの食 …………………………〔野澤祥子〕… 13
       a　乳幼児期における食の発達 ………………………………… 13
       b　家庭における子どもの食事の準備・提供 ………………… 14
       c　家庭における食事の規範 …………………………………… 18
   1.3 子どもの食物 ………………………………………〔川村美笑子〕… 22
       a　なぜ食べなければならないのか …………………………… 22
       b　食は生命の連鎖 ……………………………………………… 23
       c　食における乳幼児特有の課題 ……………………………… 24
       d　乳幼児期の食べ方の発達 …………………………………… 25
       e　子どもの消化・吸収 ………………………………………… 27
       f　子どもの偏食 ………………………………………………… 29
       g　食のバランス ………………………………………………… 30
       h　おいしさとは ………………………………………………… 32
       i　生活リズム …………………………………………………… 33
       j　脳機能とこころ ……………………………………………… 34
       k　生活習慣と自尊感情 ………………………………………… 37
       l　食環境の重要性 ……………………………………………… 38
   1.4 腸から脳へ …………………………………………〔多賀厳太郎〕… 40
       a　腸　と　脳 …………………………………………………… 40

b　生命現象の基盤としての代謝 ……………………………………… 40
　　c　脳への栄養供給とエネルギー代謝 …………………………………… 41
　　d　発生・発達期における栄養供給の仕組み ………………………… 44
　　e　脳におけるグルコース代謝の発達 …………………………………… 45
　　f　脳を構成する栄養と食物 ……………………………………………… 46
　　g　食と睡眠 ………………………………………………………………… 47
　　h　腸脳相関と腸内細菌 …………………………………………………… 47
　　i　共生システムとしてヒトをとらえる ……………………………… 49

## 2. 眠　　る …………………………………………………………………… 53

### 2.1　睡眠を育む …………………………………〔有竹 (岡田) 清夏〕… 54
　　a　発達に伴う生理的な睡眠・覚醒パターンの形成 ………………… 54
　　b　子どもの生活リズムの実態 ………………………………………… 56
　　c　子どもの生活リズムに影響する因子と望ましい生活リズムのポイント … 59
　　d　生活リズムの乱れが心身に与えるリスク ………………………… 61

### 2.2　睡眠と環境 ……………………………………………〔太田英伸〕… 66
　　a　赤ちゃんはお母さんの子宮にいる時から昼夜がわかる ………… 66
　　b　赤ちゃんはお母さんのおなかの中で，外界で昼夜を区別するために
　　　　出生後の準備をしている …………………………………………… 68
　　c　赤ちゃん・子どもの眠りと体の成長を促す光の調整 …………… 71
　　d　新生児が寝ている時の音の調整 …………………………………… 74
　　e　ま と め ………………………………………………………………… 77

### 2.3　睡眠の始まり …………………………………………〔佐治量哉〕… 80
　　a　「睡眠」は状態 (ステート) という概念の一つである ………… 80
　　b　2つの眠りの型 ………………………………………………………… 80
　　c　AASM による睡眠判定基準 ………………………………………… 81
　　d　「睡眠の始まり」を紐解く視点 ……………………………………… 83
　　e　妊娠第 3 期にはじまる睡眠：妊娠 28 週から 48 週の眠り ……… 83
　　f　乳児期の睡眠 (2 か月～1 歳) ………………………………………… 87
　　g　「睡眠の始まり」にかかわる諸問題 ………………………………… 88

### 2.4　子どもとかかわる人の睡眠 …………………………〔東郷史治〕… 91

|   |   |   |
|---|---|---|
|   | a | 保育者や養育者の不規則な生活とその心身への影響 ················ 91 |
|   | b | 不規則な生活をする保育者や養育者の心身の健康を保つための対策 · 96 |
|   | c | ま と め ··································································· 99 |

## 3. 遊　　　ぶ ························································································ 103

- 3.1 見　　　る ·················································································〔高橋　翠〕··· 104
  - a 赤ちゃんには世界がどう見えているだろうか？：視覚機能の発達と乳児の視覚世界 ······································································ 104
  - b 赤ちゃんは生まれつき「物見高い」存在である：特定のモノに対する注意バイアス ······························································· 106
  - c 乳児の心の世界を知る方法 ························································ 107
  - d 見つめ合いと伝え合いがはぐくむ心の世界：視線を介した親子のコミュニケーションの重要性とその基盤 ······································ 109
  - e 赤ちゃんの"まなざし"を見つめて：ヒトらしさを成り立たせるもの · 111
- 3.2 聴　　　く ·················································································〔針生悦子〕··· 114
  - a 大人から子どもへの話しかけ ····················································· 114
  - b 子どもの受けとめ ···································································· 118
- 3.3 探　　　る ·················································································〔渡辺はま〕··· 124
  - a 眠っている時の「探る」 ··························································· 124
  - b 起きている時の「探る」 ··························································· 126
  - c 個々の探りを見つめる ······························································ 128
  - d ヒトの発達初期の探りの本質 ····················································· 133
- 3.4 泣　　　く ·················································································〔新屋裕太〕··· 135
  - a 赤ちゃんの泣きの多さ (コリック，夜泣き) ································· 136
  - b ヒトとチンパンジーの赤ちゃんの泣きの違い ······························· 137
  - c 養育者への"正直なシグナル"としての泣き ······························· 138
  - d 赤ちゃんの泣きと"ホメオスタシス" ········································· 140
  - e 赤ちゃんの泣きと言語を分ける違い ············································ 142
  - f 泣き声の発達にみる「言語の起源」············································ 143
  - g 泣きから遊び，言語への道筋 ···················································· 146

## 4. 繋がる ……………………………………………………… 151
### 4.1 遊びから学びへ繋げる …………………………〔関　智弘〕… 152
- a 園での遊びを支える行政 ……………………………………… 152
- b 保育・幼児教育アドバイザー ………………………………… 153
- c 幼児教育担当の指導主事 ……………………………………… 154
- d 保育の質を支える人材 ………………………………………… 156
- e 保幼小の連携 …………………………………………………… 157
- f まとめ …………………………………………………………… 158

### 4.2 対話で繋がる ……………………………………〔天野美和子〕… 160
- a さまざまな情報とのつき合い方 ……………………………… 160
- b さまざまな人間関係を繋ぐための対話 ……………………… 164
- c まとめ …………………………………………………………… 169

### 4.3 技術で繋がる ……………………………………〔山﨑俊彦〕… 171
- a はじめに ………………………………………………………… 171
- b IoT/AI カメラシステムの開発 ……………………………… 172
- c 開発した IoT/AI カメラシステムによる測定結果 ………… 178
- d まとめ …………………………………………………………… 183

### 4.4 政策で繋がる ……………………………………〔村上祐介〕… 185
- a 子どもの生活と発達を保障する仕組み ……………………… 185
- b 保育の行政・政策に関する課題 ……………………………… 192
- c 仕組みや政策からみた課題 …………………………………… 193

### 4.5 「ジョイントネス」と「アタッチメント」：他者と繋がる中で拓かれる初期発達 …………………………………………〔遠藤利彦〕… 196
- a はじめに ………………………………………………………… 196
- b 発達の呼び水としてのジョイントネス ……………………… 197
- c 発達の揺籃としてのアタッチメント ………………………… 201
- d むすびとして …………………………………………………… 209

**推薦図書** ……………………………………………………………… 212

**索　引** ………………………………………………………………… 214

# Chapter 1
# 食 べ る

「食べる」ことは，子どもの生活の中心となる営みのひとつである．ここでは，はじめに保育の場や家庭における食の問題を考える．食に関する教育（食育）や，社会・文化的な側面からみた食にまつわる取り組みを知ることにより，子どもを取り巻く食環境に思いを巡らせる．その中で集団生活における食に関する現状や問題点，家庭において形成される食に関わる規範や価値観について考えを深める．また「食べる」ことは，生物として生きるために不可欠な営みでもある．そこで生命を支え，心身の発達を促す栄養摂取の観点から，子どもがどのような食物をどのように体に取り込むことが望ましいのかについて概観する．さらに，腸による栄養の取得と脳への栄養の供給やエネルギー代謝について議論を深めることにより，腸と脳の密接な関係がヒトを形作り，様々な行動をもたらし，生きていく為の根源となっていることに思いを馳せる．

- 保育者は，園での食事について，何を大切に考えているでしょうか
- 保育者は，園での食事について，どのような難しさを感じているのでしょうか

##  a 保育における「食育」

### ◆(1) 保育と食育

　「食育」という言葉を聞いたことのない読者はいないだろう．食育とは，『精選版　日本国語大辞典』(小学館，2006) によれば食生活に関するさまざまな教育のことである．生涯を通じたテーマであるが，保育の領域でも，保育所保育指針が1990年に改定された際に食事が保育内容に明確に位置づけられ，さらに2008年の改定時に「健康と安全」の章に「食育の推進」の節が設けられた．2018年改定時もその内容は継承され，食育が保育の重要テーマとして取り組まれている．幼稚園教育要領でも，2007年に文部科学省通知「幼稚園における食育の推進について」が出され，2008年の改訂で領域「健康」の内容の取り扱いで「食育」について言及している．施設形態の違いによらず，保育における食育を通した子どもの健やかな育ちがめざされている．では，保育における食育とは何か，そしてどのようなことが大切に考えられてきたのだろうか．まず，その変遷を見てみよう．

### ◆(2) 食育基本法の制定

　保育における食育を理解するためには，まず食育基本法についておさえる必要がある．食育基本法は「食育」に関する基本理念を定め，国および地方公共団体の責務等を明記した，2005年に制定された法律である．食育基本法の前文冒頭に

は次のように書かれている．

> 二十一世紀における我が国の発展のためには，子どもたちが健全な心と身体を培い，未来や国際社会に向かって羽ばたくことができるようにするとともに，すべての国民が心身の健康を確保し，生涯にわたって生き生きと暮らすことができるようにすることが大切である．子どもたちが豊かな人間性をはぐくみ，生きる力を身に付けていくためには，何よりも「食」が重要である．

食育基本法制定当時，産地偽装など食の安全を揺るがす事件が多発しており，健全な食育を強調することで消費者の不安や不信感を取り除くことが目指された．しかし食の安全を強調するだけでなく，続く第二条では「食育は，食に関する適切な判断力を養い，生涯にわたって健全な食生活を実現することにより，国民の心身の健康の増進と豊かな人間形成に資することを旨として，行われなければならない」とされている．栄養摂取による健康増進を図るだけでなく，豊かな人間形成にも繋がるものとして位置づけられている．食育は保育の構成要素であると同時に，それ自体，養護と教育を一体的に行うことを通して子どもの生涯にわたる人間形成の基礎を担う保育と目標を一にしているのである．

先の前文は続けて，食育を「生きる上での基本であって，知育，徳育及び体育の基礎となるべきもの」と位置づけるとともに，「様々な経験を通じて「食」に関する知識と「食」を選択する力を習得し，健全な食生活を実践することができる人間を育てること」としている．なかでも乳幼児期は生涯を通した食の基礎を培う時期であり，前文にも子どもたちに対する食育は「心身の成長及び人格の形成に大きな影響を及ぼし，生涯にわたって健全な心と身体を培い豊かな人間性をはぐくんでいく基礎となるもの」と強調されている．

◆ (3) そもそも「食育」とは

食育基本法の前文と同様のことを，石塚左玄[*1]という明治時代の医師・薬剤師が，1898 年の著書『通俗食物養生法：一名化學的食養體心論』の中で，「食育」

---

[*1] 「食育」の定義については，文献 1 を参照した．

という語をはじめて用いて，こう記している．「嗚呼何ぞ学童を有する都会魚塩地の居住民は殊に家訓を厳にして躰育智育才育は即ち食育なりと観念せざるや」．これは，子どもを養育する人々はその家訓を厳しくし，体育，知育，才育がすなわち食育にあると考えるべきであると述べた文章である．ここでは，「一定の食養生法により子どもの心身を育むこと」の意で「食育」の語が用いられている．さらに，石塚左玄に影響を受けた作家の村井弦斎が，1903年のベストセラー小説『食道楽』の中で，「小児には徳育よりも，智育よりも，体育よりも，食育がさき．体育，徳育の根元も食育にある」と記し，登場人物に「智育と体育と徳育の三つは蛋白質と脂肪と澱粉のように程や加減を測って配合しなければならん．しかし先ず智育よりも体育よりも一番大切な食育の事を研究しないのは迂闊の至りだ」と語らせている．ここでは，「食物についての知識を与えることで子どもの心身を育むこと」という意味で「食育」の語を用いている．このように，「食育」の語は子ども時代の食の重要性を強調するために明治時代に登場したものの，その意味合いは限定的であり，一般には普及しなかった．

その後「食育」が再び注目されるのは1990年代以降となる．近年の子どもの「食育」の定義には，食養生法や食物に関する知識に留まらず，より実践的な内容が含まれている．例えば，内閣府設置の食育推進会議の委員でもある料理家の服部幸應は，「食育」を「料理や食体験を通して，主に幼稚園児や小・中学生(保護者を含めて)を対象に「何を食べるか」「どのように食べるのか」を教え，食に関する興味を抱かせること」とした[2]．そして，食育の3つの柱として，①安全な食べ物を知り選ぶ能力，②しつけやマナー，③食料・農業・環境問題を提唱している．食の実体験と関連させた内容である．

### ◆(4) 保育における「食育」の射程

保育の領域では，「食育」をどのように捉えているのだろうか．2004年に厚生労働省から出された「楽しく食べる子どもに―保育所における食育に関する指針」では，①食事のリズムのもてる子ども，②食事を味わって食べる子ども，③一緒に食べたい人がいる子ども，④食事づくりや準備にかかわる子ども，⑤食生活や健康に主体的にかかわる子どもという5つの子ども像の実現がめざされている[3]．「一緒に食べたい人がいる」の項目に代表されるように，「共食」[4]の重要性もふまえ，人と人とがともにある場，食べ物によって媒介される場として，食事を関係

論的に捉えた食育の目標が含まれている．さらに，2008年の保育所保育指針改定時には「第5章 健康及び安全」の中に「食育の推進」の節が設けられた (現行では第3章)．現行の指針を見ると，「(1) 保育所の特性を生かした食育」に以下の3つが挙げられている．

　ア　保育所における食育は，健康な生活の基本としての「食を営む力」の育成に向け，その基礎を培うことを目標とすること．
　イ　子どもが生活と遊びの中で，意欲をもって食に関わる体験を積み重ね，食べることを楽しみ，食事を楽しみ合う子どもに成長していくことを期待するものであること．
　ウ　乳幼児期にふさわしい食生活が展開され，適切な援助が行われるよう，食事の提供を含む食育計画を全体的な計画に基づいて作成し，その評価及び改善に努めること．栄養士が配置されている場合は，専門性を生かした対応を図ること．

このように「食育」の射程範囲は，造語当初の栄養中心の認識から，食事にいたるまでのプロセスを考慮した生態学的な認識 (例えば，文献5) や，他者との関係を含む社会文化的な認識 (例えば，文献4,6,7) へと広がり，園における食事についても関係論的にとらえるようになっている．
　なお，大学等への入学直後の学生を対象に，保育所や幼稚園での食事を思い出してもらい調査した古郡・菊池によると[8]，保育所や幼稚園での食事を楽しかったと回答した群は，現在の食事に関しても有意に楽しいと回答しており，逆もそうであるという結果であった．古郡らは「食べる楽しさは生きるための食欲に支えられている「快」であり，心と深く関係する．そのため，「楽しい食事感」には食物の味の他に，人 (会話など)，場所などさまざまな要因が影響する．（中略）乳幼児期の楽しい食事体験は，原体験としてその後の健康と深くかかわる食生活の基礎となるものである．本研究の結果から，保育所，幼稚園での楽しさと現在の食の楽しさとの関係性はこれらのことを示唆できるものである．」と考察している．乳幼児期の食事の経験が生涯にわたる食の基礎となることを考えれば，同年代の友達とともに食事ができる園ならではの食事の楽しさもふまえて，食事の経験の豊かさを保障していく必要があるだろう (口絵1参照)．

## b 保育者が食事に関して大切にしていること

### ◆(1) 食事場面に関する保育者の意識調査から

それでは，実際に日々子どもたちの食事の援助を行っている保育者は，何を大切にしながら子どもたちの食事に携わっているのだろうか．いくつかの調査結果から考えてみよう．

**国や地域による違いはあるか**

日本の保育者と中国の保育者の食事に関する意識を比較検討した調査によれば，両国ともに保育者が「栄養摂取」「マナーを教える」「コミュニケーション」の3つの観点を重視していたが[9]，その具体的な内容を見ると，国による違いが見受けられる．例えば，栄養摂取に関しては，「好き嫌いをなくす」「適切な量を食べる」「バランスよく食べる」のいずれも，中国の保育者の方がより重視していた．また，コミュニケーションに関しては両国とも「楽しく食べる」を重視している一方で，「おしゃべりしないで食べる」は中国の保育者が重視しているが，日本の保育者はあまり重視していなかった．張らはこの点について，孔子の「食不言」の意識が関係しているのではないかと推察している．国や地域の文化，そこで共有されている価値や規範によっても食事援助に関する意識が違う可能性が示唆される．食事が社会文化的な営みであることを再認識する結果である．

**日本の調査結果から見えてくること**

次に，日本の保育士を対象に子どもの食にかかわる支援について検討した小野ほかの調査がある[10]．その中で食を支援する場合に「大切であると考えていること」を尋ねており (5件法)，もっとも平均得点が高かった順から「食事を楽しみにするなど意欲的に食べられること」(4.72)，「食材にふれて季節を感じるなど興味や関心を持つこと」(4.60)，「食のマナーや食べ物を大切に扱う態度を身につけること」(4.56) と続く．他には，色々な味や食感に慣れる，食具の使い方，好き嫌いなく食べる，年齢に応じた食事量といった項目がある．この調査ではコミュニケーションに関する内容は問うておらず，関係論的な側面は捉えていないが，子どもの食事に対する前向きな気持ちが大切に考えられていることがわかる．

さらに，Cedep で 2017 年度に実施した全国の保育者 (全施設形態の 0〜5 歳児クラス担任，主任，園長：表 1.1) を対象とした「園での食事と睡眠，仕事への認識に

表 1.1 分析対象者の人数

| クラス | 0歳児 | 1歳児 | 2歳児 | 3歳児 | 4歳児 | 5歳児 | 主任 | 園長 |
|---|---|---|---|---|---|---|---|---|
| 人数 | 605 | 652 | 658 | 590 | 612 | 610 | 784 | 848 |

(出典:2017年度 Cedep 保育者調査をもとに筆者作成)

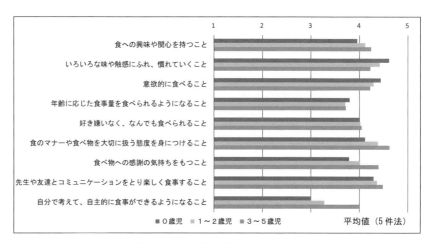

**図 1.1** 食事に関して重視していること
(出典:2017年度 Cedep 保育者調査をもとに筆者作成)

関する調査」では,クラスの食事で「重視していること」を調べている(5件法).

全年齢の担任が重視していたのが,「食のマナーや食べ物を大切に扱う態度を身につけること」(全体平均 4.46),「先生や友達とコミュニケーションをとり楽しく食事すること」(同 4.41),「意欲的に食べること」(同 4.28),「いろいろな味や触感にふれ,慣れていくこと」(同 4.36)であった(図 1.1).コミュニケーションをとり楽しく食べるという項目が上位に入っていることが特徴的である.さらに,年齢群(0歳児,1~2歳児,3~5歳児の3群)によって特徴的な傾向が見られたものを見ていくと,「食のマナーや食べ物を大切に扱う態度を身につけること」,「食べ物への感謝の気持ちをもつこと」,そして「自分で考えて,自主的に食事ができるようになること」で年齢が上がるにつれて,より重視するようになっていることがわかる.いずれも子どもの発達に伴いできるようになることであると考えられる.また,最後の「自分で考えて,自主的に食事ができるようになること」では,特に年齢群による得点の差が大きい.乳幼児期だからこその食事に関する育ちのひとつが,この「自分で考えて,自主的に食事ができるようになること」である

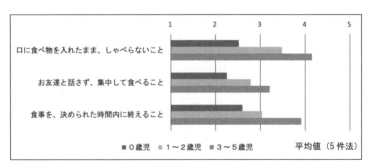

**図 1.2　食事に関して子どもに求めていること (一部項目)**
(出典：2017 年度 Cedep 保育者調査をもとに筆者作成)

といえるのではないだろうか.

　なお，さらに食事で「子どもに求めていること」についても，同じく担任保育者に尋ねた (5 件法).【食事の基本動作】【丁寧な食べ方】【食事中のマナー】【好き嫌いせず食べること】【食事への集中】【時間内に食べること】に関して，複数項目で尋ねたが，そのうちコミュニケーションに関連する項目として，「口に食べ物を入れたまま，しゃべらないこと」，「お友達と話さず，集中して食べること」，「食事を，決められた時間内に食べること」に関して，いずれも年齢群による差が大きく見られた (図 1.2).　子どものおしゃべりは否定しないがマナーは大事であること，また，子どもが自主的に食べられるようになるにつれ，決められた時間内に食事を終えることも求められるようになることがわかる.

## C　保育者が食事の援助に感じる難しさ

### ◆(1)　保育における食事援助の難しさとは

　保育者が「大切にしていること」「重視していること」「子どもに求めていること」は，実際の食事援助では思うように実現されない場合も多い. 子どもの思いと保育者の思いとの葛藤の中で，保育者がどのような難しさを感じているのかを見てみよう.

　保育者は「子どもに食べさせる人」ではなく，子どもと「食べることをめぐって交渉する存在」であり，保育者に求められる技とは，「子どもが能動的に食べる」よう交渉する技であるといわれる[11]. 実際の食事場面では「必要なものを必要なだけ，適切な仕方で食べさせたい」という養育者の意図と，「好きなものを

**表 1.2** 食事援助の難しさを感じる園児の有無 (割合) と，いる場合の該当園児数および標準偏差

| クラス | 0歳児 | 1歳児 | 2歳児 | 3歳児 | 4歳児 | 5歳児 |
|---|---|---|---|---|---|---|
| いない | 37.1 | 26.2 | 23.5 | 17.2 | 22.0 | 32.3 |
| いる | 62.9 | 73.8 | 76.5 | 82.8 | 78.0 | 67.7 |
| 平均人数 | 2.33 | 2.57 | 2.7 | 2.98 | 2.83 | 2.64 |
| 標準偏差 | 1.579 | 1.63 | 1.911 | 1.734 | 1.733 | 1.61 |

(出典：2017年度 Cedep 保育者調査をもとに筆者作成)

好きなだけ，自分の思ったように食べたい」という子どもの意図・能動性が存在し[12]，大人と子どもの間での葛藤が生じやすい．さらに保育における食事場面では，子どもは「食べる」行為をしながら，食事のマナーやルールなどを「学ぶ」と同時に，保育者や友達とのコミュニケーションを通して食事を「楽しむ」という，複数の行為を同時に行っている[13]．一人ひとりが家庭で身につけてきた食事の規範や振る舞いは多様であり，食べ物の嗜好もさまざまである．その中で，保育者は子ども一人ひとりにかかわるだけでなく，集団全体を見通した対応をしており，「絶えず個と集団を往還しながら」食事援助を行っている[13]．その上，一日の生活の流れの中で食事の時間は限られており，その時間内に子どもたちが楽しく「能動性を発揮しながら」(河原，2013) 食べられるよう援助しなければならない．このように，保育における食事援助とは，きわめて複雑で，繊細な，保育者自身の規範や子どもたちとの関係も問われる難易度の高い営みである．

実際，食事援助に難しさを感じる保育者は少なくない．先述の Cedep の全国調査で，食事援助の難しさを感じる園児について尋ねた．そこでは，すべての年齢で6割以上の担任がクラスに「食事援助の難しさを感じる園児がいる」と回答していた (表 1.2)．3歳児クラスにいたっては 82.8％にのぼる．該当園児数は，0歳児から5歳児の全体平均が 2.68 名で，3歳児がもっとも多く平均 2.98 名であった．子どもの年齢が上がるにつれて食事援助の難しさを感じる園児数が減るのではなく，3歳児をピークにしながらも，全年齢で食事援助の難しさを感じる園児がクラスに数名いるという結果であった．

それでは，具体的にどのような食事援助の難しさを感じているのだろうか．

◆ **(2) 食事援助の難しさの実際**
**何に難しさを感じているのか**

先述した Cedep の調査では，「食事援助の難しさを感じる園児がいる」と答え

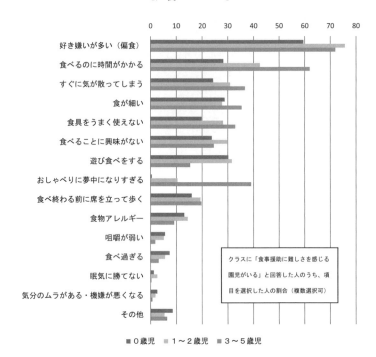

**図 1.3** 担任が感じている食事援助の難しさ
(出典：2017 年度 Cedep 保育者調査をもとに筆者作成)

た保育者に対して，難しさの 15 の項目を提示し，あてはまるものすべてを選択してもらった．「食事援助の難しさを感じる園児がいる」と答えた保育者のうち，各項目を選択した回答者の割合を示したのが図 1.3 である．いずれの年齢でも，「好き嫌いが多い (偏食)」が最多で (全体平均では 71.2%)，1 歳以上は 7 割以上が選択していた．次に多かったのが「食べるのに時間がかかる」(同 49.9%) で，子どもが保育者からの全面的な食事介助を必要としなくなる 2 歳児より上の年齢で半数以上が選んでいた．

**食事に時間がかかるという難しさ**

食事援助の難しさのうち，「好き嫌いが多い (偏食)」は，本人の味覚の嗜好や発達，それまでの食材との接触経験などと関連しており，本人に早急な変化を求めるのは難しい．そのため，例えば嫌いなものに関しては量を調整するなどの対応が考えられる．一方，次に多かった「食べるのに時間がかかる」は，限られた食事時間内に (楽しく) 食べ終えるために，保育者はどのような援助ができるかとい

う課題が浮かび上がってくる．

　食事の時間がかかることに関連する要因を調べるため，食事援助に感じる難しさの 15 項目のうち，「食べるのに時間がかかる」を従属変数とし，他の項目を独立変数として重回帰分析を行った．その結果，「食が細い」（$\beta$=0.44, $p$<.001）「好き嫌いが多い（偏食）」（$\beta$=-2.766, $p$<.01）「おしゃべりに夢中になりすぎる」（$\beta$=2.855, $p$<.01）でそれぞれ関連が示された．この結果からは，好き嫌いが子どもの食事の妨げになっているというよりも，子どもの食が細いことや，子どもたちがおしゃべりをしながら楽しく食事することと，決められた時間内に食べ終えることの両立の難しさが実態として浮かび上がってくる．食の細さに関しては，その子どもの日常的な摂食状況から量を調整するなど配慮することができるが，おしゃべりに関しては，保育者のより高度な援助が求められるであろう．

◈ **(3)　園として食事場面を通した子どもの育ちを支えるために**

　この調査では，保育者が「子どもが自分で考え，自主的に食べられるようになること」の育ちを重視しており，先生や友達とのコミュニケーションや楽しさも大切に考えていることと，その一方で，実際には幼児になると子どもたちがおしゃべりに夢中になりすぎる姿や，食べるのに時間がかかってしまうという難しさを感じていることが明らかになった．また，もっとも難しいこととして好き嫌いの多さが挙げられていた．それらの難しさに対して，どのように子どもにかかわり

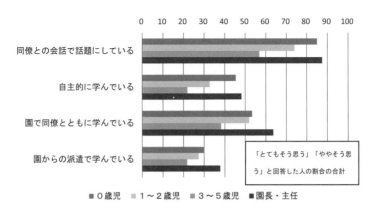

**図 1.4**　乳幼児期の食に関する同僚間の共有・学びの機会の程度
(出典：2015 年度 Cedep 保育者調査をもとに筆者作成)

援助するかが食事場面における保育者の専門性として注目されている[14]．しかし，Cedep の調査では，保育者が食に関して同僚と話したり，学んだりする機会は，3 歳児以上の担任では他の年齢や管理職と比べて少ないという結果であった (図1.4)．食事場面にかかわる保育者の専門性を高めるためには，園としても学びや共有の機会を意識的に設けていく必要があるだろう．食という，生活の質に密に関係する，きわめて社会文化的かつ個人の経験や価値・規範による部分の大きい営みの質を，園としていかに高めていくかが問われている． （淀川裕美）

## 文　　　献

1) 河野公子: 技術用語解説　食育．日本食品工学科学学会誌，**54**(4): 204, 2007.
2) 服部幸應: 食育のすすめ．マガジンハウス，1998.
3) 厚生労働省: 楽しく食べる子どもに―保育所における食育に関する指針，2004.
4) 外山紀子: 発達としての共食：社会的な食のはじまり，新曜社，2008.
5) 足立己幸: 食生態学―実践と研究．食生態学―実践と研究，**1**: 2-5, 2008.
6) 川田学: 8 章 自他関係の発達と離乳食．根ヶ山光一・外山紀子・河原紀子 (編)　子どもと食―食育を超える，東京大学出版会，2013.
7) 長谷川智子: 9 章 仲間・友だちと食．根ヶ山光一・外山紀子・河原紀子 (編)　子どもと食―食育を超える，東京大学出版会，2013.
8) 古郡曜子・菊池和美: 保育所・幼稚園における食の思い出調査―家庭でのしつけとの関連をふまえて―．日本調理科学会誌，**42**(6), 410-416, 2009.
9) 張静・倉持清美: 集団保育の食事場面における中国の保育者の意識―日本との比較から―．日本家政学会誌，**63**(6): 283-291, 2012.
10) 小野友紀・岡林一枝・塩谷香・押村千春・藤澤良和・田中浩二: 保育所における子どもの食に関わる支援に関する研究．保育科学研究，**5**: 21-38, 2014.
11) 石黒広昭: 乳児の食介助場面の相互行為的分析：社会的出来事としての食事．北海道大学大学院教育学研究科紀要，**91**, 25-46, 2003.
12) 河原紀子・根ヶ山光一: 食事場面における 1, 2 歳児と養育者の対立的相互作用：家庭と保育園の比較から．小児保健研究，**73**(4): 584-590, 2014.
13) 伊藤優: 保育所の給食場面における保育士の働きかけの特質．保育学研究，**51**(2), 63-74, 2013.
14) 淀川裕美: 食事場面を支える保育実践と保育者の専門性．中坪史典 (編著)　保育実践の中にある保育者の専門性へのアプローチ，ミネルヴァ書房，2018.
15) 伊藤優: 経験年数による食事場面における保育者の食事指導意識の差異．小児保健研究，**73**(1): 21-27, 2014.
16) 厚生労働省: 保育所における食事の提供ガイドライン，2012.

- 家庭では，どのように子どもの食事の準備・提供がなされているのでしょうか
- 家庭では，食べることについて，どのような規範があるのでしょうか

##  a 乳幼児期における食の発達

　生きていく上で「食べること」は欠かせないものである．しかし，食事は，単に生きるための栄養摂取というだけでなく，社会・文化的な営みでもある．何をどのように食べるかは，社会・文化によって大きな違いがあり，食べ物の好みや食べ方を成長の過程で学んでいくと考えられる[1]．

　生得的な味の好みを調べた実験によると，新生児は甘味には受容を示すのに対し，酸味や苦味に対しては不快を示すという[2]．一方で，妊娠中や授乳中の母親の食事が，羊水や母乳を通じて子どもの味の好みに影響を与える可能性も示されている[3,4]．さらに，幼児期以降，家庭で食品を摂取したり，親の食べる様子を見たりすることを通じて，食の好みを学習することが示されている[5]．また，食べ方に関連して養育者とのやりとりを通じた食事の発達過程[6,7]や，スプーンやフォークといった食具の操作の発達過程[8]についても検討されている．

　以上のように，これまでの研究において，乳幼児は食にかかわる生得的な基盤を持ちながらも，他者との食事の経験を通じて何をどのように食べるかということを学ぶことが示されている．子どもの頃の食環境は，身体的な発育・健康のみならず，生涯にわたる食習慣の形成に影響を与えることが考えられる．

　近年，日本において食に関する教育は「食育」と呼ばれ，2005年に制定された

「食育基本法」のもと,国の取り組みとしても推進されてきている.特に子どもに対する食育は,「心身の成長及び人格の形成に大きな影響を及ぼし,生涯にわたって健全な心と身体を培い豊かな人間性をはぐくんでいく基礎となるものである」と述べられ,生涯発達の基盤をなすものとして位置づけられている.さらに,食育に関する具体的施策を効果的に展開するため,2006年に食育推進基本計画が施行され,2016年には第3次食育推進基本計画が定められている.そこには,食育推進の背景の一つとして,近年の社会環境の変化や生活習慣の多様化により,家庭において食に関する作法や食生活の実践が十分に行われていないという課題認識が示されている[9].

## b 家庭における子どもの食事の準備・提供

以上のように,近年,食育が重視されてきた背景には家庭における食への危機感があるが,具体的には,家庭で準備・提供される食事内容の偏りに加え,欠食や孤食(ひとり食べ)の状況が懸念されている[10].それでは,家庭における幼児の食事の実態はどのようなものなのだろうか.以下に,幼児の家庭において提供される食事の内容と,欠食や孤食の実態について,近年の調査結果から検討する.

### ◆(1) 食事内容の実態:

家庭における乳幼児期の食事の状況に関する代表的な調査の一つに,厚生労働省による「乳幼児栄養調査」がある.この調査は,1985年から10年ごとに全国の乳幼児のいる世帯を対象として実施されており,現時点で最新の調査は2015年のものである[11].この中で,2～6歳児の主要食物の摂取頻度に関して,野菜は「毎日2回以上」の割合が最も高く,肉,卵は「週に4～6日」の割合が最も高いなど,幼児がおおむね栄養バランスを考慮した食事を摂取していることが示唆されている.また,保護者が子どもの食事について気を付けていることに関して,「栄養バランス」が72％で最上位であった.

また,金子他[12]は,私立保育園(1園)および私立幼稚園(1園)に通う幼児の保護者を対象に,食事の内容や状況についてより詳細に調査している.結果として,「ごはん・パン・麺類」は毎日,「牛乳・乳製品」「野菜」「肉」もよく摂取されており,栄養バランスへの配慮がなされていることが示唆されている.一方,食事

表 1.3　分析対象の人数

| 年齢 | 人数 |
|---|---|
| 6 歳児 (就学前) | 3,650 |
| 5 歳児 | 3,494 |
| 4 歳児 | 2,898 |
| 3 歳児 | 2,227 |
| 2 歳児 | 2,047 |
| 1 歳児 | 1,101 |

づくりで気を付けていることについて尋ねたところ，栄養・健康面への配慮だけでなく，「旬の食材を取り入れる」など料理の文化的側面にも配慮がなされていることが示されている．

さらに，Cedep では，上記の先行研究の知見を踏まえつつ，「家庭での子どもの生活・子育てに関する調査」の一部として，家庭の食事に関する調査を行った．この調査は 2017 年 3 月に WEB アンケート調査として実施したものである[*2)]．調査対象は，就学前の子どもを持つ保護者だが，本節で紹介する分析の対象は，子どもが 1 歳以上で，子どもの食事形態として「幼児食 (授乳・離乳食以外)」を選択した場合である．分析対象となった回答者の人数を表 1.3 に示した．

まず，食事づくりにおける配慮について，先述の「乳幼児栄養調査」と金子他[12]等を参考に，栄養バランスと文化的側面への配慮を含む項目 (13 項目) を作成し，「1. まったくあてはまらない」～「5. とてもあてはまる」の 5 段階で回答を求めた．因子分析 (最尤法・プロマックス回転) を実施したところ，2 つの因子が抽出された．項目の内容を考慮し，第一因子は「栄養バランス・健康への配慮」，第二因子は「文化的側面への配慮」とした．各項目について「とてもあてはまる」「ややあてはまる」と回答した人の割合を図 1.5 に示した．栄養バランスへの配慮にあてはまると回答した人の割合が 71.5 ％と最も高いという結果であった．次に，それぞれの因子に含まれる項目の合計値を項目数で割った値について年齢ごとに平均値を算出し，図 1.6 に示した．いずれの年齢においても「栄養バランス・健康への配慮」の方が「文化的側面への配慮」よりも得点が高いという結果だった．また，年齢が上がるにつれて「栄養バランス・健康への配慮」がやや下がり，「文化的側面への配慮」がやや上がるという傾向がみられた．子どもの理解能力の発

---

[*2)] 調査実施は，(株) クロス・マーケティングに委託．東京大学の研究倫理審査を受け，実施が承認されている．

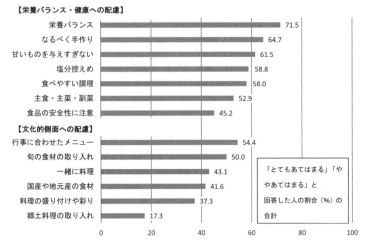

図 1.5 食事づくりに関する配慮

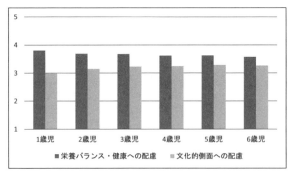

図 1.6 食事づくりに関する配慮の年齢による変化

達に応じて,料理の文化的側面への配慮が増すのかもしれない.

◆(2) 欠食・孤食の実態:

次に,朝食の摂取状況について,「乳幼児栄養調査」[11]では2～6歳の子どものうち「必ず食べる」とした割合は93.3%であり,金子他[12]でも朝食を「ほぼ毎日食べる」割合が98.7%と,いずれも9割を超えていた.一方,孤食の状況に関して,子ども一人で食べる場合の割合は,「乳幼児栄養調査」[11]では朝食で4.7%,夕食で0.3%だった.また,金子他[12]では,朝食で1～3歳が2.3%,4～5歳が5.6%で

表 1.4　朝食の摂取状況

| 朝食 | 人数 (%) |
|---|---|
| 食べない | 112(0.7) |
| 月に 1〜3 回 | 52(0.3) |
| 週に 1〜2 回 | 125(0.8) |
| 週に 3〜4 回 | 221(1.4) |
| ほぼ毎日 | 3,261(21.1) |
| 毎日必ず | 11,677(75.6) |

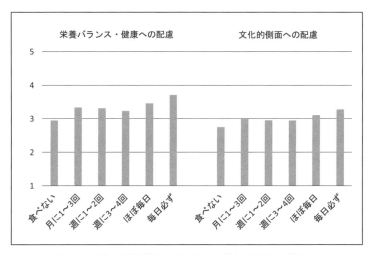

図 1.7　朝食の摂取状況と食事づくりに関する配慮との関連

あり，夕食ではいずれの年齢でも一人で食べるとの回答はみられなかった．

Cedep の調査結果では，朝食について「毎日必ず」が 75.6 %，「ほぼ毎日」が 21.1 %，合計で 96.7 %だった (表 1.4)．一方，子ども一人で食べる割合は，朝食で 7.1 %，夕食で 2.0 %だった．他の調査と同様に，毎日朝食を食べる割合は高く，食事を一人で食べる割合は低いという結果であった．ただし，朝食の欠食がある場合や，食事を一人で食べる場合も一定数は存在するということが示された．さらに，朝食の摂取状況と食事の配慮 (栄養バランス・健康への配慮，文化的側面への配慮) との関連を分析したところ，朝食を毎日必ず食べる場合に比べると，その他の場合は栄養バランス・健康への配慮，文化的側面への配慮の両方について値がやや低い傾向がみられた (図 1.7)．特に，朝食を食べない場合は，朝食を毎日必ず食べる場合と比べて，栄養バランス・健康への配慮，文化的側面への配慮が平均値で 0.5 以上低いという結果だった．これは，朝食の欠食がある家庭では，食事

の質の低さが生じている可能性を示唆していると考えられる．

　以上のように，近年の調査から，多くの家庭では幼児の食事を栄養バランスに配慮して準備・提供し，朝食の摂取や共食を実践している一方で，食の実践が十分でない家庭も一定の割合で存在することが示唆された．ただし，これらの調査は保護者を対象とした意識調査であり，幼児が日々，実際に何を食べているかが十分に明らかになっているとはいえない．長谷川[13]は，食事を写真に撮ってもらう方法によって，中学生や大学生の食の実態を鮮明に示している．こうした方法を参考にしながら，幼児が実際に何を食べているのかについても，より具体的に検討していくことが今後の課題である．

## C　家庭における食事の規範

　食事は，栄養補給だけではなく他者と交流する社会的な場でもある．子どもは，食事の場に参加する中で，どのように食べるかということも学んでいくと考えられる．

　「乳幼児栄養調査」[11]では，子どもの食事で気を付けていることとして，栄養バランスに次いで「一緒に食べること」を挙げた保護者が69.5％，「食事のマナー」が67％であった．金子他[12]では，食事に関して子どもに教えていることとして，「基本的な食事のマナー」「身支度や手洗いなどの衛生」は，1–3歳，4–5歳の両年齢群で得点が高く，「食物に対する感謝の気持ち」「食事の姿勢」「偏食をしないで食べること」は，4–5歳群で得点が高いという結果だった．

　Cedepの調査では，「食事のマナーについて教える」について「とてもあてはまる」「ややあてはまる」と回答した保護者の割合は68.6％であり，他の調査と同様に食事のマナーに関して多くの保護者が配慮していることが示された．この他に，調査では，食事の決まりごとやしつけとして10項目を尋ねた．子どもの年齢による回答傾向の違いがみられたため，各項目に対して「とてもあてはまる」「ややあてはまる」と回答した場合の割合を，1〜2歳と3〜6歳に分けて図1.8に示した．「食事の挨拶を促す」は両年齢群ともに8割を超えていた．「いただきます」「ごちそうさま」といった食事の挨拶は，低年齢の時期から多くの家庭で実践されていることがわかる．その他，「一口でも食べられたら褒める」「好き嫌いなく食べるよう促す」「『一口』など条件を付けて食べさせる」といった項目についても

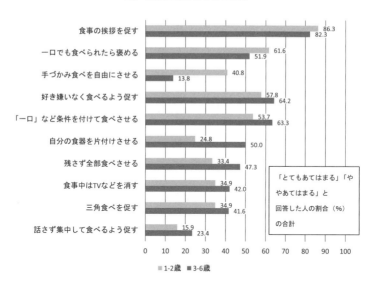

**図 1.8** 食事の決まりごとやしつけ

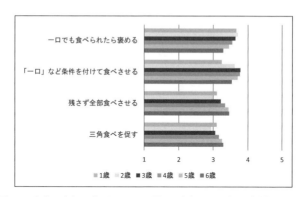

**図 1.9** 食事の決まりごとやしつけに関して年齢による変化が特徴的な項目

両年齢群で5割を超えており，食べることを促す関わりが重視されていることがうかがわれる．一方，「自分の食器を片づけさせる」は1～2歳では24.8％だったのが，3～6歳では50.0％であり，発達とともに食事にかかわる自立的な実践を促す場合も多くなることが示唆される．

次に，各項目の年齢ごとの平均値を算出したところ特徴的な傾向がみられた項目を図1.9に示した．「一口でも食べられたら褒める」は3歳以降に得点が低下するのに対し，「『一口』など条件を付けて食べさせる」は3歳まで高くなった後

に6歳にかけて低下している．また，「残さず全部食べさせる」と「三角食べを促す」は3歳以降に値が高くなっている．これらの結果から，2歳～3歳頃には，食べ方を注意するというよりは，褒めたり条件を付けたりして何とか食べることを促すのではないかということが推測される．この時期は，親とのやりとりの中で食べることそのものを学んでいく時期だと考えられる．子どもの様子を尋ねた項目では，「食べ終わる前に席を立って出歩く」にあてはまると答えた割合が1歳では46.5％であったが，2歳では52.4％，3歳では50.5％となり，それ以降の年齢では割合が減少している．また，「子どもに食事を食べさせるのに負担を感じている」も，1歳では26.6％であったが，2歳では31.7％，3歳では33.2％となり，その後は，割合が低くなっている．これらの結果から，食事の場面で一筋縄ではいかない2～3歳児とそれに戸惑う親の姿が垣間見える．

　子どもの食は，親の配慮や期待に基づく実践のみによって成り立つものではない．食事は親のもつ規範や価値観と，子どもの食べたい・食べたくないといった主張との対立や葛藤が生じる場でもあり，子どもの食の発達は大人と子どもの衝突や調整を通じて促される，協働的な過程だという指摘もある[14]．特に2～3歳児の時期は，自立的に食べることの獲得に向けて，親と子の葛藤を含んだ協働的過程が展開することが，この調査結果にもあらわれているのではないだろうか．

　一方で，先述の根ケ山他[14]の主張は，「大人が子どもの食を正しく導く」という一方向的な食育のイメージへの批判でもある．保護者が食育の理想的なイメージに振り回されないためにも，葛藤を含みつつ展開する親と子の共発達過程の実態とその多様性を，より詳細に明らかにすることが求められる．また，食育に関連して人々の間に浸透している，食卓での家族団らんのイメージや母親の手作りの食事の大切さという価値観も，実は社会・経済的状況や国の政策によって作り上げられてきた面があることが，歴史研究から明らかにされている[15]．人の生命や健康を支え，社会・文化的な生活の豊かさをもたらす食の大切さは否定されるものではない．しかし，食にかかわる規範や価値観は絶対的なものではなく，その社会・文化や時代の中で形成される相対的なものだと考えられる．共働き家庭の増加など家庭の状況が変化していく中で，家庭の食のあり方を実態に即して再考していくこともまた，今後の課題だと考える．

〔野澤祥子〕

# 文　　献

1) 伏木亨: 人間は脳で食べている，ちくま新書，2006.
2) Rosenstein, D. & Oster, H.: Differential facial responses to four basic tastes in newborns. Child Development, **59**: 1555–1568, 1988.
3) Schaal, B., *et al.*: Human foetuses learn odours from their pregnant mother's diet. Chemical Senses, **25**: 729–737, 2000.
4) Mennella, J.A., *et al.*: Prenatal and postnatal flavor learning by human infants. Pediatrics, **107**: 88–95, 2001.
5) Yee, A.Z.H., *et al.*: The influence of parental practices on child promotive and preventive food consumption behaviors: a systematic review and meta-analysis. Physical Activity, **14**: 47, 2017.
6) 川田学ほか: 乳児期における自己主張性の発達と母親の対処行動の変容—食事場面における生後5ヶ月から15ヶ月までの縦断研究—，発達心理学研究，**16**: 46–58, 2005.
7) 外山紀子: 発達としての共食—社会的な食のはじまり—，新曜社，2008.
8) 青木洋子: 食器具操作と身体．根ケ山光一ほか (編): 子どもと食：食育を超える，pp.43–57, 東京大学出版会，2013.
9) 農林水産省: 第3次食育推進基本計画，2016. www.maff.go.jp/j/syokuiku/kannrennhou.html
10) 藤澤良知: 子どもの欠食・孤食と生活リズム—子どもの食事を検証する—，第一出版，2010.
11) 厚生労働省: 平成27年度乳幼児栄養調査の概要，2015.
12) 金子佳代子ほか: 幼児の咀嚼機能の発達と食生活・食行動に関する研究—1–3歳児と4–5歳児の食生活・食行動及び保護者の意識について—．横浜国立大学教育人間科学部紀要，**16**: 19–32, 2014.
13) 長谷川智子: 中学生・大学生の食事—食の外部化とダイエット—．外山紀子ほか (編著): 若者の食卓：自己，家族，格差，そして社会，pp.20–43, ナカニシヤ出版，2017.
14) 根ケ山光一ほか: 食育をめざす・食育を超える．根ケ山光一・外山紀子・河原紀子 (編): 子どもと食：食育を超える，pp.1–5, 東京大学出版会，2013.
15) 表真美: 食卓と家族—家族団らんの歴史的変遷—，世界思想社，2010.
16) 伊藤暁子・竹内美香・鈴木昌夫: 食べる・育てる心理学，川島書店，2010.
17) https://www.mhlw.go.jp/stf/seisakunitsuite/bunya/0000134208.html

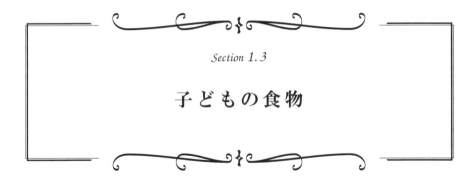

Section 1.3

# 子どもの食物

- 子どもにいつ何を食べさせたら良いでしょうか
- 子どもの食物に関して注意すべきことは何でしょうか

## a なぜ食べなければならないのか

「食べる」という行動は，種の保存においてもっとも自然な営みであり，動物の本能にゆだねられた基本的行動である．人間が生命活動を営むために，どうしても体外から摂取しなければならない必須物質を栄養素という．この重要な栄養素を，一般には3回の食事により，通常の食品から摂取していて，日常食品は栄養素の源になっている．ところが，人間に必要な45～50種の栄養素を必要量だけ含んだ完全栄養食品は存在せず，いろいろな食物を組み合わせて，全体で過不足なく摂取する雑食性を私たちは身につけてきた．

私たちは物を食べて，日常のエネルギーを得るとともに，体の成分組織を作っている．身体を構成する骨や筋肉などもその一つで，私たちが生まれて，現在に至るまでずっとそのまま，伸びたり，大きくなったりしているのではなく，常に入れ替わっているのである．物を食べて，これら成分が順調に入れ替わっていくということは，命をつないでいることに他ならない．

何か一つですべての栄養素が取れる食品は残念ながらなく，私たちはバランスよく組み合わせて，食べることが大事である．それが不十分だと健康を損ねるだけでなく，栄養障害や発達障害，知的障害にまで及ぶことがある．

## b 食は生命の連鎖

　健康な人は口から栄養を摂る．当たり前のようであるが，形がある食物を口から入れ，食塊が細かく小腸の壁(粘膜)を刺激しながら消化，吸収されることは，消化管の健康を守るためにも重要なことである．単に，栄養成分を摂れば良いというものではなく，経口的に食事を摂り消化管を物理的に刺激することが重要である[1]．

　初期の宇宙飛行士は，チューブ入り歯磨きのような宇宙食を利用していたが，地球帰還後の検査で，骨に加え消化管も弱っていることが分かっている．さらにさかのぼって，近代的看護の先駆者であるナイチンゲールが著した「看護覚え書」に，口から入れる食事の大切さが書かれている．神経の働きを強めて自然の治癒力，免疫力の活性化を促すという，医学的な裏付けがある．

　加えて，よく噛むことも欠かせない．噛むことは，あごの筋肉を鍛えるとか，血液の循環をよくするなどと言われているが，噛むことによって内臓脂肪の燃焼を促す「アディポネクチン」という物質が分泌されることが分かってきた．

　早食いは太りやすい，体に良くないと聞いたことがあるだろう．早食いすると脳の満腹中枢に伝達が行くより早く一気に食べてしまうため食べ過ぎとなり，体重が増え，消化にも良くないと考えられていたが，噛む回数が減ることによりアディポネクチンの分泌が促進されなくなる．つまり脂肪の燃焼にも関係があったわけである．

　最近の研究では，栄養は脳機能にも影響していることが分かってきた．脳機能とは，情緒や感受性，記憶・学習等を指し，言うならば「心」である．うつ病や発達障害などにも関わっているようである[2〜4]．

　私達は食事を取るとき，どんな食物が何に効くとか，何を食べればどんな症状が治るかということばかりを気にしていないだろうか．実際には，いろいろな食物を食べれば，必要なひととおりの成分を摂ることはできる．バランスの取れた食生活なら，サプリメントの力を借りる必要はない．

　食は命をつなぐものである．それは自分自身の命をつなぐだけではなく，次世代への連鎖でもある．「日常茶飯事」と言われるように食事は何気なく毎日取っているが，自分自身の頭で，自分自身の食事を考える．それが大人の食育の第一歩

ではないか.

## C 食における乳幼児特有の課題

　大人は,特別な場合を除いて自分自身で食品や食物を選択し,自分自身で食べることができる.しかし,乳幼児は離乳期以降であっても周りの大人が食事の用意をしなければこのことができず,食の自己管理が将来できる力を培っていくライフステージにある.

　乳幼児は発達途上にあり,各器官の構造や機能が成熟する時期はそれぞれ異なる.また,身体的特徴や行動特性によって,食環境中の有害物に対して小児に特有の影響が生じることがある.生理学的機能および生化学的機能が未熟であることなどから,環境中の有害物に対して脆弱である場合がある.乳幼児の食については,乳幼児特有のばく露や脆弱性を考慮しなければならない.

　乳幼児に特異的なばく露形態や化学物質の体内動態の観点からみた脆弱性の要因には以下のようなものがある.

◆(1)　発達期の脆弱性

　血液脳関門[5,6] (blood brain barrier, BBB) は脳に必要な物質を選択的に取り込むバリア (障壁) であるが,生後6ヵ月頃まで機能が不完全である.発達途上にある乳幼児の脳は有害な物質の侵入に対して脆弱である可能性があり,発達中の影響のみならず,その後にも影響を及ぼす可能性がある.

◆(2)　特有のばく露経路

　食物摂取について,乳幼児に特有の摂取様態がある.母乳は乳児にとって重要な栄養源であるが,その一方で,母親の体内に蓄積された脂溶性の化学物質が母乳を介して移行する.また,幼児期においては,果実や乳製品の摂取が多く,成人に比べて摂取する食品の多様性に乏しい.万一,特定の食品への残留傾向の強い有害物が存在する場合,成人と比較してより多くばく露を受ける可能性がある.食物摂取の他にも,乳幼児に特有の行動や環境が,特異的なばく露を生じさせる要因となる場合がある.発達期には,手や物を口に入れる特有の行動 (マウジング) が生じるため,匍匐(ほふく)や遊びによって手に付着した有害物のばく露を受ける可

能性がある．歩行や匍匐ができない乳幼児は，自ら移動できないため，滞在環境に存在する汚染化学物質にばく露を受ける可能性が高くなる．また，乳幼児は，大人と比べて床に近い低い位置で生活していることから，床付近の物質に高濃度にばく露を受ける可能性がある．食物摂取量を体重当たりに換算すると，小児の食物摂取量は成人と比べて多い．このため，環境中の化学物質に汚染された食品を摂取するような場合，小児の体重当たりの化学物質へのばく露量は成人と比べて多くなる．水や大気を介したばく露についても同様である．胎盤を通じて胎児の血中に入り込む胎生期におけるばく露についても考慮が必要である．

### ◆(3) 環境中の有害物の体内動態の特性

環境中の有害物に対するばく露については量的な要因の他に，生理学的機能が発達段階にあることが要因となることもある．

乳幼児の消化管吸収について，有害物の種類によっては吸収率が高い場合がある．鉛の消化管からの吸収率は，成人は約10％と考えられているのに対し，1～2歳児の吸収率は約50％と考えられており，体内ばく露量を増大させる要因となる．

体内における化学物質等の分布は，体内の脂肪や水分の構成によって変化する．動物実験の結果，鉛は成熟期の脳よりも幼若期の脳により多く蓄積されることが分かっている．また鉛は小児の骨に比較的速やかに蓄積される，という知見もある．

薬物代謝酵素類の種類によっては，酵素活性が年齢に依存することがある．小児は成人に比較して，体内における化学物質の代謝，分解が遅いことがあり，それによって化学物質の毒性が増加することがある．

小児の体外排泄能力の未熟さも，化学物質の毒性を増大させる要因となりうる．例えば腎臓で排泄される有害物の量は，腎血流量等に依存し，腎血流量は年齢とともに増加する．

## d 乳幼児期の食べ方の発達

一般に，生後4～5ヵ月頃までは，赤ちゃんは母乳もしくは育児用ミルクで必要な栄養素をとる．母乳は，「最高の食品」と言われるように，赤ちゃんに必要な栄養素を含み，免疫機能を高めてくれる理想的な食事である．しかし，母乳のみでいつまでも赤ちゃんの健やかな発達を促すことはできない．様々な食品の栄養

素が必要となり，加えて生理学的にも消化・吸収が発達を遂げ,「吸う」から「咀嚼」を求めるようになる．

　生後5ヵ月をすぎると，離乳期に入る．離乳期 (初期，中期，後期，移行期) とは，母乳または育児用ミルク以外の食物で，必要な栄養素の摂取を進めていく時期である．1歳すぎまでに離乳を完了するのが一般的である．この頃はまだ歯が生えていないので，赤ちゃんは食物を歯ぐきですりつぶして食べる．最初はすりつぶしてドロドロ状態の離乳食をひとさじ与えることから始め，赤ちゃんの飲み込む能力に合わせて徐々に量と食品数を増やしていく．精神運動発達，口腔機能発達や摂取機能を評価しながら離乳を進めていくことが必要となる．離乳の目的は，①乳児の成長に伴い乳汁だけでは不足する栄養素の補充，②咀嚼機能をはじめとする摂食機能の推進，③精神発達を助長，④適切な習慣の確立である．

　エネルギー量やタンパク質，鉄などが不足すると，体重の増え方がにぶくなるので，こまめに体重を測定することが重要である．生後3ヵ月には体重は出生体重の約2倍，12ヵ月には約3倍となる．身長は出生時平均50 cmであったものが12ヵ月には1.5倍の75 cmとなる．中枢神経系 (脳) の発達を表す頭囲の増加にも注意をし，乳幼児身体発育基準値やカウプ指数等による発育状況の継続的なフォローアップが必要である．ライフステージ別にエネルギーおよび34種類の栄養素が示された日本人の食事摂取基準 (2015年版) (厚生労働省) によれば，推定エネルギー必要量は，0～5ヵ月 (男児550 kcal, 女児500 kcal), 6～8ヵ月 (男児650 kcal, 女児600 kcal), 9～11ヵ月 (男児700 kcal, 女児650 kcal) である．

　1歳を過ぎる頃には，離乳がほぼ完了して，大人の食事に近いスタイルで栄養素がとれるようになっている．乳歯も生えそろってくる頃なので，よく噛むように話しかけることも大切である．この時期には，エネルギー，タンパク質，脂質を十分にとることが大切である．ビタミンC，カルシウム，鉄，亜鉛などが不足しないように気をつける．消化機能は未熟なので，繊維の多いものや固いものなど，消化しにくいものは避ける．正常な味覚を育むためにも，脳が発育途上にあることから，辛いものやカフェインを含むものなどの刺激物は避けるようにする．また，食事のときのマナーや，食事の楽しみ方などを教える．食に対する興味を持たせることが「食育」につながる．

　1歳をすぎると，自分でコップを持って飲んだり，スプーンやフォークを使って自分で食べたりしたがるようになる．2歳後半には一人で食事ができるように

なる．食事を通じて自立心を養う，大切な時期である．1～2歳では，推定エネルギー必要量は，男児950 kcal，女児900 kcalである．

3～5歳は自我が発達して好き嫌いが出てくる頃である．最近，食物アレルギーの子どもが増えている．同じ食品を一度にたくさん食べたり，毎日同じ食品を食べたりしているとアレルギー症状を起こしやすいので，いろいろな食品からバランスよく栄養素をとるようにする．推定エネルギー必要量は，男児1300 kcal，女児1250 kcalである．これは成人男女の約50％に匹敵する．また，この頃には自我が芽生えてくるので，食欲にむらがあったり，好き嫌いが出てきたりする．子どもが食べたがらないときには，調理法や味付けを変えたり，食べやすいように見た目をかえて盛り付けるなどの工夫をする．

食事の基本は「おいしく」「楽しい」ことである．無理強いするより，からだを動かして遊ばせ，おなかを空かせてから食事をすることが大事である．食事中はテレビを消して食べることに集中させるといった工夫も必要である．食事やおやつの時間を決めて，それ以外の時間には，なるべく菓子類や甘い飲み物を与えないように心がける．

乳幼児期の食べ方の発達は，①学習においては哺乳体験，離乳食体験，食事の練習を通してしつけをしていくこと，②生理的成熟においては，哺乳反射，咀嚼，両手・目・口の協応運動の発達を通して社会性の発達に繋げていくこと，③食べ方の面においては，吸啜，咀嚼，一人食べを通して共食を身に着けていくことにある．

## e 子どもの消化・吸収

食べ物を口の中にいっぱいため込んで飲み込めない子どもたちが増えていることをご存じだろうか．小学校の給食で，飲み込めない児童が噴出した食塊が近くの児童の顔にかかってアレルギーを引き起こし，これを契機にアレルギーの子どもたちを別室に移して給食を提供している学校もある．幼稚園や保育所，小学校にあがった子どもたちの中で，食欲もあり，どんどん口の中に食べ物を入れていくけれども，飲み込めないので，総量として食事摂取量が少なくなり，発育に必要な栄養素が摂れない状況を招いている．

また，子どもたちの離乳がうまくいっていない場合もあるようである．理由は

まちまちであろう．「同じころに産まれた知人のお子さんが離乳を始めたので，うちも早くはじめなければ」，「離乳食を用意するのが面倒だし，何を食べさせていいかわからないので，フォローアップミルクを飲ませておけば大丈夫」，「吐き出さず食べるので，自分の好きなさしみ，菓子パンをいつも食べさせる」，「体重が多いから少し早いけど離乳しても大丈夫」，といったような周りの大人の判断が，飲み込めない，噛めない，偏食のある子どもたちを増やしている．

　子どもの消化管の働きは大人のようには発達しておらず，まだ整っていない．胎児期では胎盤を介して母体からの栄養素が供給されているのに対し，新生児は出生を境にして消化管からの栄養摂取ができるように適応していかなければならない．そこで，胎児は子宮内で羊水を嚥下することにより適応のための準備を進めている．授乳は腸管ホルモンを分泌し，腸管の発達を促し，母乳中に含まれる成分も消化管の発達を良くする．胃酸分泌は生後24時間から行われるが，成人レベルになるのは4歳頃で，食物の消化に必要な各種酵素も一斉に分泌されるわけではない．まず，炭水化物消化に関わる酵素が発達し，ついでタンパク質，脂質にかかわる酵素の順で，1歳頃に成人レベルの9割位になる．しかし，この消化管機能の発達も，日々の授乳や離乳食の摂り方によって個人差が出てくる．

　2017年，国内で初めての乳児のハチミツ摂取死亡者が出た(統計で確認できる1986年以降)．1歳未満ではまだ腸内の細菌が整っていないために，菌に対する抵抗力のない1歳未満の乳児がハチミツを食べると，腸内でボツリヌス菌が発芽するからである．乳幼児の食が消化管の機能・発達と深く関係することを改めて関係者にも知らしめた．

　乳汁(液体栄養)だけでは乳児の成長に必要な栄養素が不足してくるため，離乳食(固体栄養)が食べられるようにするのが離乳の目的である．時期は生後5,6カ月頃を目安とするが，子どもの成長・発達の個人差を見極めることが重要で，口や舌の動かし方，食べられる量など機能をよく観察することが大切である．離乳は競争で始めるものでもないし，進めていくものでもない．言うまでもなく，離乳は咀嚼・嚥下機能，消化吸収機構の発達に合わせて徐々に変化させていくことが必要で，そのことが心の発達や適切な食習慣の確立と密接に関係していくのである．子どもの食への適応は連続の中で，徐々に進んでいく．行きつ戻りつする子どもの歩みに沿った対応ができる大人であり，社会でありたい．

　小さい子どもの胃はどのくらいの大きさだろうか．胃の容量は，出生時は30〜

60 ml，6 カ月までに 120～200 ml，6～12 カ月が 200～300 ml で，その後，急速に大きくなる．大人の胃が水平なのに対して，乳児の胃は垂直で，子どもは胃の容量が小さく消化機能が未熟なこともあり，1 回の食事量が限られるため，正常な発育が行われるためにはおやつ (補食) も必要となってくる．3 歳までは，1 日 2 回までくらい，3 歳以降は 1 回くらいで，各食事との間に 2 時間以上間隔があることが望ましい．大人の空の胃はジャバラ状の襞があり，J 字型で太いソーセージ位の大きさである．通常の食事をとると，胃はほぼ 1500 ml 前後にまで拡大し，時には 1800 ml (一升) ぐらいの容量に膨らむという．過食し続けるとそれに応じて胃も拡張し，ゴム風船のようにすぐにはもどらなくなる．

　おやつと共に子どもの偏食にも気を配る必要がある．偏食の定義は定められていないが，長期間にわたって特定の食品の好き嫌いが続いている状態である．不足すると考えられる栄養素を他の食品で補うことにより，栄養上の問題は解決できるため，嫌いな食品が多い場合は別として，あまり神経質に考えなくてよいが，偏食の原因となる生活の見直しは必要である．例えば，早寝早起きをして生活リズムを整え，おやつの与え方の見直しをして，食事の前には空腹感を覚えることができるようにする．また，一方では画一的な濃い味付け，大人に人気のドレッシングや化学調味料によるおいしさをできるだけ避け，食材の本来のうま味を引き出すよう薄味にこころがけたりするといった工夫が必要である．何よりも，家族や，食事を準備する大人が偏食をしないように努めることが大切である．年長児においては，栄養の大切さについてわかりやすく話し，理解させて偏食を直していくことも大切であろう．

## f 子どもの偏食

　「夕食ってなに？　夜は面倒だから家族でスナック菓子とか食べて寝る」，「食事ってなに？」，「ケーキもおかずよね，ケーキといっしょだったら子どもも食べる」，「ロールケーキをご飯代わりにしておかずを食べる」．こんな会話が珍しくなくなりつつある．「生活習慣病の危険要因」となる肥満，偏った食事，高脂血症予備軍が増えようとしている．この状況を打開してゆく手立てはないものだろうか．

　各自が，食べたいものを，食べたいときに，食べたいだけ，食べる勝手食い状態が広がり，「主食 (ご飯やパン)，汁物，おかず (主菜，副菜)」，「食品群 (食品の

種類分け)」,「1日3食」の考え方が崩れかけている．食の質，食のリズムがなおざりにされている．

　親が考えている子どもの食事と実際の子どもの食事には隔たりがある．親は「自分の子どもは家庭の食卓に並べたものは何でも食べるので，子どもに嫌いな物はない」というが，保育所や幼稚園，小学校の給食で出される物を食べない現実がある．これを調べてみると，家庭では親が好きな食品や食物しか食卓に出さないので，知らず知らずのうちに子どもは偏食に陥っている．「用意した料理を子どもが食べなかったから」という理由で，二度とその料理は食卓にのらず，出される料理がどんどん少なくなっていく．子どもの好き嫌いは，味だけでなくその日の気分や，色や触感，好きな友達あるいは嫌いな友達が食べていたかどうか，不規則な食事時間，夜ふかしによる睡眠不足や遅い起床時間など理由はさまざまである．

　文部科学省の幼児児童生徒の食生活習慣調査によれば，自律神経不調の子どもが増えてきていることが心配されている．発育に必要な栄養が十分に供給されていないことによる脳の血液流量低下や低栄養を原因の一つとするエビデンスに基づいたデータがでてきている．

　通常，栄養学的に重要な意味を持たないようなもの，栄養摂取を主要な目的とせず，香味や快い刺激などを楽しむため用いるものを嗜好品(菓子・ケーキ類等)として扱ってきた尺度が変化してきているようである．嗜好品の定義については稿を改めるとして，先に述べたような食生活に変わっていくことで，はたして健康長寿を目指していけるだろうか．未来社会を担う子どもの食がこのような状態ではとても困難だと言わざるを得ないだろう．産業振興でも多様な嗜好品が生み出されているが，その食べ方についても情報発信をあわせてしていかなければ，将来において大きな反省を強いられることになるであろう．

　大人の勝手が，栄養・食生活と健康について，十分な価値判断ができない子どもに影響を及ぼしている．

## g 食のバランス

　めまぐるしく変動する社会の中で，食事の在りようも変化してきている．食の基本とは別に，ご飯はパン・パスタ食へ，おひたし・漬物はサラダ・ふりかけへ，

高でんぷん食は高脂肪食へ，手作り・家庭内食は加工品・外食・中食へ，調理法の工夫は選択食・輸入食へ，週末グルメ食は毎日グルメ・毎日ハレ食へ，生命・健康維持食は楽しむ食へ，食卓の団欒・共食は個食・弧食・子食・固食・粉食・小食へと食の2極分化が起きているのである．

　しかし，社会がどんなに変わろうと，食べ方の変化があろうと，選択する食品が多様になろうと，「人間は食物から生命に必要な成分を摂取して，生命活動を営む」ことに変わりはない．各自が食べたいものを食べたいときに食べたいだけ食べる「勝手食い」で過ごせればどんなにいいかと，人は思う．だが，そうはいかなくて，基本ルールを無視し続けると，健康を害することにつながっていく．なぜだろうか．

　自動車が，ボディ，ガソリン，エンジンオイルとそろってこそ，その役割を果たすことができるのは言うまでもないことである．身体も，ご飯・パン・麺類のように主としてエネルギー源となるもの(熱量素)，肉・魚・卵のように熱量素でもありながら主として体の構成成分となるもの(構成素)，野菜・海藻類・きのこ類のように主として生体内の化学反応や生理作用を調節するもの(調節素)が，過不足なくそろってこそ，生命の営みは続いていく．加えて，量の過不足だけでなく，質の確保も重要である．消化吸収された食物の栄養成分を原料にして，体内では新たな成分や組織が作り出されているが，構成素や調節素の中には，体内で作ることができず必ず食事から摂らなければならない栄養素もある．脳機能やメンタルヘルスと関係の深い栄養素もこの部類に入る．できるだけ好き嫌いなく，いつも同じものばかりを食べないようにして，主食とおかず(主菜・副菜)の基本で食事をすれば，量・質ともに必要な栄養素は自然に摂れていく．必須の栄養素で主食のご飯には少ないものでもおかずの魚・肉などには多く含まれるため，「主食とおかず」の取り方は不足している栄養素を補うことでまことに理にかなっている．

　しかし，ご飯・から揚げでは，ほとんど熱量素と構成素だけになり，調節素がないとせっかくの熱量素や構成素を利用できない組織が出てくる．幅広い世代に人気のフライドポテトは，ジャガイモに多種類の栄養素が含まれていても，量の選択を間違うと食塩過剰になる．インスタント麺は便利でも，味が濃いので離乳の目的である味覚形成には適切ではない．自らの食の選択が，自らの生命の営みばかりでなく次世代までも影響を及ぼすことになる．

## おいしさとは

　食事をどう選ぶか，何を食べるか，何を買うかについて，多くの人は，健康を最優先には考えていないのが現状である．人が健康より優先する食事選択の動機は「おいしさ」が一般的で，それ以外にも値段が安い，家事等が楽になる，錯覚・知識不足，見栄，ストレス解消，勝利者意識や自分へのご褒美，トラウマなど様々である．

　テレビ番組でも異常なまでに，「おいしいもの」がもてはやされている．食に対する興味が高まっているのではなく，より強い快感を与えてくれるものを探しているようである．おいしさの要因には，生理的欲求，食文化，情報，偶然のおいしさ，仲間とのコミュニケーション等が関係していると言われていて，これらのそれぞれが「おいしさ」を主張しあっている．

　今，実際にそれを味わって「おいしい」というよりも，情報で味わっている人も多い．行列ができているだけでメニューがおいしいと伝わるなど，先入観としての情報が「おいしさ」をリードしている．モール等の埃っぽい区画で，何の覆いもなくパンやケーキが販売されていても，人々が群がっているからおいしいと情報に寄りかかり，食の衛生・安全性についてはみじんも考えない．

　栄養素の有無とは関係なく，偶然出会うおいしさ，例えば香辛料やファストフードの味付けといった執着の起きる味があり，中でも病みつきになるおいしさは，「油」，「砂糖」，「ダシ」と言われている．

　最近の研究で，舌には油の受容体があって，油をとったことによる興奮が脳に伝わり，油で興奮している最中に食べたものは何でもおいしく感じられるということが分かってきた．高脂肪食が普及するのは当然である．「味覚」を通して「脳」がそれを「おいしい」と感じさせている，このメカニズムは砂糖やダシでも同じである．また，離乳期前後にダシを与えたマウスは，ダシの味を好きになることが分かっている[7]．日本には油の代わりにダシの旨味をうまく利用してきた文化がある．

　動物は自分の舌だけを頼りに的確な栄養素を摂り，自らの生命を守っているが，人間は味から得た情報の価値を自分の舌で判断する直前に「情報のおいしさ」を取り入れる．自分の舌から得た情報を感知する能力を育むには，離乳期からの刷

り込みも大切である．生後から乳児期は味をつかさどる「味蕾」の数が最も多く，味覚が鋭敏なときで味覚が形成され始める大切な時期，離乳期の赤ちゃんの腎臓はまだ成長途中で大人とは違いしっかりした味付けの食事を処理できるような状態ではない．しかし日常的に，食塩の多いポテトチップ，砂糖，油の濃度の高いパンや市販の中食 (惣菜)，食品の味や香りをわからなくするほどのマヨネーズやタレ等をそのまま乳幼児に提供している光景がある．これでは，素材そのものの味や匂い，食感などを味わうことはできず，食材本来の「おいしさ」を伝えていくこともできない．

## 🌱 生活リズム

　時間栄養学とは，人間の体に備わって生体リズムを調整する「体内時計 (サーカディアンリズムー)」と，栄養学を結び付けた研究分野のことである．2017 年，体内時計に関する研究で米国の研究グループがノーベル生理学・医学賞を受賞したのを機に注目を集めている．元々，体内時計は朝日を浴びることでリセットされると言われてきたが，最近の研究で，食事を取ることでもリセットされることが分かってきた．この関連で，現在「どの栄養をどの時間に摂取するのが適切なのか」という観点から，時間栄養学の研究が盛んになっている．特に，体内時計と朝食には密接な関係がある．体内時計は，そのままの状態では，本来の 24 時間よりも約 0.5 時間ずつ後ろにずれてしまう．このズレをリセットするため，朝食が欠かせない[8,9]．規則正しい食生活を送ることで，体内時計を司る時計遺伝子のリズムを整えることができる．そのためにも，1 日の始まりである朝食は，体内時計のスイッチを入れ，体を起こすために必要である．朝昼夕の 3 食を規則正しく取ったマウスは，昼に時計遺伝子の発現量がピークになったのに対し，1 日 2 食に加えて夜食を与えたマウスは，夜に時計遺伝子の発現量がピークになっていた．朝食をきちんととることに加え，朝昼夕の規則正しい食事が，体内時計のリズムを整え，日中にしっかり活動するためには大事だといえる．体内時計に基づくと，朝食は午前 6 時から 7 時まで，昼食は正午から午後 1 時まで，夕食は午後 6 時から 7 時までにとるのが適切であろう．

　夜食は太るというのはよく知られているが，実は，夜更かし自体が過食の元で

もある．この原因となっているのが，胃から産生されるペプチドホルモンの一種「グレリン」である．グレリンには食欲を増進させる働きがあり，睡眠時間が少なくなると，このグレリンの分泌量が増加する．反対に，同じくペプチドホルモンの一種で，食欲を抑える作用がある「レプチン」は分泌量が少なくなる．その結果，食欲がコントロールできなくなり，「たとえ食べる意思がなくても食べたくなる」のである．健康的な食生活のためには，何より早めに寝ることも重要である．

断食について，「生活リズムの修復の在り様と食生活」といった視点からマレーシア人大学生を対象に，断食と身体状況，生活習慣，食習慣，食事内容，睡眠時間との関連を分析した報告がある[10]．断食中の食事は，主食の量が減少した一方で，甘い嗜好飲料の摂取量(エネルギー)の増加が，ムスリム(断食をしている)男女ともに認められた．これには，嗜好飲料の主成分であるグルコースの代謝が関与していると考えられる．断食期間中の生活リズムの変化により，インスリンの分泌が一時的に減少するという報告に基づくと，インスリンの減少によって取り込まれたグルコースが効率よくエネルギーとして利用されず，血中で増加していることが予測される．しかし体としてはグルコースを必要とするため，液状で吸収されやすい嗜好飲料の摂取が増加したのではないかと考えられる．自らが欲しなくとも，体の生理的状態がそうさせたのではなかろうか．日の出前，日没後と1日に2食しか食べない食リズムの変化が，身体，食事，睡眠や運動等に影響を及ぼしている．断食による生活リズムの一時的な変化やそれへの適応の諸現象は，日本人が現在直面している生活リズムの変化による生活習慣病の予知・予防に資する上で重要なことである．特に，大人の生活にひきずられている小児の生活リズムの変化への対応が求められる．

 脳機能とこころ

脳は活発で複雑な神経活動を営み，情報処理や精神活動といった高次な機能を有している．脳も臓器の一つであり，活動のためにはエネルギーが必要で，それは食物から供給されている．また，脳の構成成分も，脳内で合成される神経伝達物質も，材料は食物から供給されている．摂取する食物，また栄養状態は，脳および脳機能の維持において重要な役割を担っているといえる．

栄養と脳の発達との関係については，脳細胞の数が増加する時期および細胞の大

きさが増大する時期に低栄養状態が脳の機能に及ぼす影響について，エネルギー代謝やタンパク質，脂質，ビタミンなどの栄養素との関係を中心に多くの実験的研究がなされてきた．一方，完成した脳においては，脳機能の代表でもある神経情報伝達系の機能に関する多岐にわたる研究が展開されており，老化や性別などの生理的因子の他に，諸種の嗜好性食品も，その量によっては神経受容体の機能変化をひき起こすことが明らかになりつつある．

最近，脳機能と栄養についての研究が行われるようになり，栄養が神経伝達物質の分泌状態に変化を来たし，ひいては精神状態にまで影響することも明らかにされてきている[11]．脳に関する研究では，再現性や負荷条件の設定などヒトではできない実験が多く，実験動物を用いる基礎的研究が重要となる．事実，脳に関する多くの研究は実験動物を用いて行われてきている．

脳への栄養物質の取り込みは血液脳関門を通じて行われる．BBBの特殊機能によって脳機能は正常に保たれているが，この関門が損傷されれば脳に不変の環境を作り出すことは困難になり，その機能の低下につながる．生体が異常な状況に陥った場合，BBBの機能が変化し，通常では通過しない食物成分が脳内に輸送され，脳機能に影響を及ぼしていると推定される事例も知られてきており，いわば食環境に由来する複合要因が脳に与える影響を明らかにする研究が進められてきている[12]．

食環境因子として，ビタミンC (AsA:アスコルビン酸) や亜鉛を例に，血液脳関門の完成した脳でも，食事性栄養因子，特に体内で合成されない必須の微量成分の変動が，BBBの状態変化を介して脳機能にまで影響を与える可能性が明らかにされている．すなわち，AsAの欠乏が，神経伝達系の異常に加えて神経細胞の形態的変化もひき起こし，また，脳への透過性の変化はAsA欠乏により脳血管が損傷を受け，血液脳関門が機能変化を起こしている．必須微量栄養素欠乏ラットにおいて，開発途上国の人々の暮らしの中でみられる，通常ではBBBを通過しない神経興奮性の毒性アミノ酸が脳内に入って起こると推測される"神経ラチリズム"[13〜15]を再現し，欠乏を回復させたラットではこの症状は認められないことが明らかにされた．

ヒト脳の異常老化に伴う老人性痴呆症など，脳疾患の増加は，21世紀に日本が直面している大きな問題でもある．今後，BBBに対する環境因子，とりわけ日々の食生活と直結する栄養因子の影響について，脳機能との関わりをさらに追究す

ることが必要であるが，消化・吸収を考慮に入れたうえで脳やその他の臓器がどのような影響を受けるか，また脳への物質の通過にあたって個々の物質間でどのような相互作用を示すかなど，複合効果のメカニズムの解析が期待される．

　先に述べたように，乳児期の血液脳関門はまだ不完全であるからこそ，またこの時期はスキャモンの臓器別発育曲線が示すように脳の発育がライフステージにおいて最も盛んに行われることからもバランスのとれた食が重要で，このことが血液脳関門の完成に大きな影響を及ぼす．

　脳の脂質含有量は出生後の年齢による変化が大きく，12歳頃に最大となる．レシチンやガングリオシドなどは生後2ヶ月頃に最大値の約80%に達する．コレステロールやスフィンゴミエリンなどは1歳でも最大値の20〜80%であり，その後12歳までに最大値に達する．コレステロールは，小児期から脂質異常症で問題になるが，幼若時には脳の発達を妨げないためにコレステロールが必要であることを念頭に置かなければならない．

　ネット上のサイトや薬局などでも，牛乳を飲むと安眠効果が得られるという話がよく出ている．また，この話の中で，牛乳に多く含まれるアミノ酸の一種「トリプトファン」が，精神を安定させる神経伝達物質「セロトニン」を生成し，その後，セロトニンが脳内で「メラトニン」という快眠を促すホルモンを生み出すが，トリプトファンが脳内に到達するまでに時間が掛かるため，朝に飲むことをすすめている．しかし，この仕組みはそのように単純ではない．セロトニンは消化管に90%，血液に8%，脳に1〜2%の割合で存在するが，血液や腸のセロトニンは脳では使えず，脳内に取り入れられたトリプトファンからできるセロトニンしか作用しない．脳内にトリプトファンが取り入れられれば大丈夫かというと，そこにもう一つの関門BBBがある．脳内にトリプトファンが取り入れられるには他のアミノ酸との競合があり，この時にグルコースの存在が脳内への取り込みを増加させる．トリプトファンを摂取しても，単純に脳内に入るというわけではない．ここにも，いろいろな食物をバランスよく摂ることが求められている．

　そもそも，セロトニンはトリプトファンを前駆物質としているため，タンパク食の場合に増加し，炭水化物の摂取で低下すると考えられていた．炭水化物を摂取したときに血糖が上昇し，それに伴い膵臓からのインスリン分泌が亢進し，血中インスリン濃度が増加することにより，インスリンは糖代謝を亢進するが，アミノ酸のタンパク質合成などへの利用も促進する．血中アミノ酸の中で，主にタン

パク質合成などに利用される分岐鎖アミノ酸(ロイシン，イソロイシン，バリン：筋肉に多く含まれる)などが顕著に低下するなど，アミノ酸組成が変化し，トリプトファンは血液脳関門において分岐鎖アミノ酸などと拮抗し，炭水化物の摂取によりこれらのアミノ酸が相対的に低下することから，結果としてトリプトファンは脳内に取り込まれやすくなる．その結果，脳内トリプトファン濃度が増加し，それから合成されるセロトニン量も増加すると考えられている．これはインスリンを投与した際にも確認されており，また，グルコース量を変化させた場合に脳内トリプトファン濃度および脳内セロトニン濃度がグルコース量に依存的に増加することも確認されている．血中インスリン量は糖の種類により異なり，各種糖を摂取した際に，それぞれ血中インスリン量依存的に脳内セロトニン濃度が増加することも確認されている．

　最近の暮らしの中では，野菜不足や穀物摂取不足，加工品の多様摂取，清涼飲料水の多飲，ストレスなどが原因で，マグネシウムが不足している人も多い．マグネシウムは糖代謝やインスリン代謝に必要な微量元素である．マグネシウム欠乏食継続摂取あるいはマグネシウム欠乏食継続摂取という条件に甘味料溶液摂取というインスリン代謝に関与する条件を負荷した場合の脳内セロトニン分泌についても動物実験による研究が行われた[15]．マグネシウム欠乏下での甘味料溶液継続摂取を例に，マグネシウム欠乏単独では変化しない脳内セロトニン量が，甘味料の種類によってはマグネシウム欠乏状態に甘味料の継続摂取が重なることにより，より減少したことが明らかになった．この研究はマグネシウムおよびインスリンとセロトニンに着目し，マグネシウム欠乏食および甘味料溶液継続摂取という食歴により，マグネシウム欠乏により惹起されるインスリン代謝異常に加えて，甘味料溶液継続摂取によりその代謝異常を起因・亢進すると推測し，インスリン動態が異なることにより，脳内セロトニン濃度の反映に何らかの違いが生じるのではないかという仮説の下に行われた．このメカニズムについてはこれからの解明が期待される[16～19]．

##  生活習慣と自尊感情

　幼児や児童生徒を対象に実施した食生活と生活スタイルの調査結果から次のことが明らかにされている．幼児では，朝食を食べない子どもと時々食べる子ども

は，起床時間，就寝時間ともに遅く，便秘傾向にある割合が高かった．児童生徒では，自尊感情レベルが高い子どもほど，毎日朝食を食べ，定期的な排便があるなど基本的な生活リズムができていた．自分なりに良さがある，友達に大事にされている，家族の中で大事にされているなどの自尊感情レベルの高さと生活リズムは有意な相関がみられた[20]．問題行動と自尊感情は深い関連があり，心が疲れたり，荒れたりすると暴力やいじめ，タバコやアルコール，薬物への依存などにつながっていく．「早寝，早起き，朝ごはん」に代表される望ましい生活習慣の実践，生活リズムの確立が自尊感情を高め，問題行動の予防につながっていくものと思われる．学校，家庭，地域が連携した食育の推進，子どもも家庭も地域も元気になれる取り組みの実践が望まれる．

 食環境の重要性

　ここでは，発達期のヒトにおいて，食べることの生理学的仕組み，食に関する発達期特有の問題，栄養素としての食べ物，おいしさ，生活習慣，食の心の発達への影響等について述べた．換言すれば，栄養と食生活の関係を考慮した身体的・精神的状態と，加えてその背景となっている広義の環境条件や将来的な状況に対しての気くばりや対処を述べた．

　発達期のヒトの変化と栄養は決して一元的ではない．発達期の次世代を含めたすべての人の健やかな生活習慣形成の礎を築く時期である．栄養学的には一生のうちで最も食環境(周りの大人，提供される食物，五感の目覚め，生活リズム，食リズム，遊び(運動)，睡眠等)に影響をうける時期として捉えられる．

　子どもの豊かな感性を育むために，豊かな心の育ちのために，人間形成の基礎を育てるために，「食」を欠くことはできない．子どもの「食べる」について，無(低)関心層への啓発，子どもの食事への接点拡大，エビデンスの構築・強化といった社会の仕組みづくりやその導入を積極的に行う食環境づくりの推進が重要である．現在，世界が共起してその実現を目指す『『誰一人取り残さない』持続可能で多様性と包摂性のある社会」は子どもの「食べる」が目指す社会と重なる．

(川村美笑子)

# 文　　献

1) Kawamura, M. and Kimura, S.: The response of rat intestinal mucosa,epithelial cell renewal and plasma lipoprotein to intravenous feeding. J. Nutr. Sci. Vitaminol, **27**: 353–360, 1981.
2) Zimowska, W., et al.: Morphological and immune response alterations in the intestinal mucosa of the mouse after short periods on a lowmagnesium diet. British Journal of Nutrition, **88**: 515–522, 2002.
3) Kaplan, B.J., et al.: Vitamins, minerals, and mood. Psychol Bull, **133**(5): 747–60, Review, 2007.
4) Copani, A., et al.: Beta-amyloid increases neuronal susceptibility to injury by glucose deprivation. Neuroreport, **12**: 763–765, 1991.
5) Mooradian ADEffect of aging on the bloodbrain barrier. Neurobiol Aging, J **9**(1): 31–39. Review, 1988.
6) Cornford, E.M., Cornford M.E.: Nutrient transport and the blood-brain barrier in developing animals. Fed Proc, Jun, **45**(7): 2065–2072. Review, 1986.
7) 川崎寛也ほか:「鰹だし」風味の食餌の初期経験が後の嗜好性に及ぼす影響．日本調理科学会誌，**36**(2): 116–122, 2003.
8) Hamada1, T., et al.: In vivo imaging of clock gene expression in multiple tissues of freely moving mice. Nature Communications **7**: Article number: 11705, 2016.
9) Oike et al.: 栄養成分による体内時計のリセット（2011）PLoS ONE. **6**(8): e23709.
10) 島田郁子，川村美笑子: イスラム教徒の断食による生活リズムの変化が食習慣および睡眠にもたらす影響―日本人の生活習慣病予防への一考察― Trace Nutrients Research, **25**: 100–107, 2008.
11) Craft, S.: Insulin resistance syndrome and Alzheimerdisease: pathophysiologic mechanisms andtherapeutic implications. Alzheimer Dis Assoc Disord, **20**(4): 298–301, Review, 2006.
12) Kawamura, M., et al.: Alterration of the bolld–brain function as a result of changes in the nutritional environment: Effect of ascorbic acid deficiency and vanadium excess on rat brain. Proceedings of second inter-national conference on nutrition and aging, 95–96, 1995.
13) Spencer, P.S. et al.: Lancet, II: 1066–1067, 1986.
14) Haque, A. et al.: Bangl. J. Neurosci., **7**: 60–71, 1991.
15) Lambein, F. et al.: Toxicon., **132**: 461–466, 1994.
16) Mg 欠乏食―甘味料溶液継続摂取がマウス脳内セロトニン濃度に及ぼす影響，Trace Nutrients Research，**30**: 58–63, 2013.
17) Modak, A.T., et al.: Magnesium Deficiency: Brain Acetylcholine and Motor Activity. Neurobehavioral Toxicology, **1**: 187–191, 1979.
18) Amyard, N., et al.: Brain catecholamines, serotonin andtheir metabolites in mice selected for low (MGL) and high (MGH) blood magnesium levels. Magnesium Research, **8**(1), 5–9, 1994.
18) Poenaru, S., et al.: Vigilance States and Cerebral Monoamine Metabolism in Experimental Magnesium Deficiency. Magnesium, **3**: 145–151, 1984.
19) Chutkow, J.G., Tyce, G.M.: Brain Norepinephrine Norepinephrine, Dopamine, and 5-Hydroxytryptamine in Magnesium–Deprivation Encephalopathy in Rats. J. Neural Transmission, **44**: 297–302, 1979.
20) 川村美笑子ほか: 高知県の幼児の食生活と生活スタイル，児童生徒の食生活と生活スタイル及び自尊感情に関する考察，高知女子大学紀要 (生活科学部編)，**57**: 43–50, 2008.

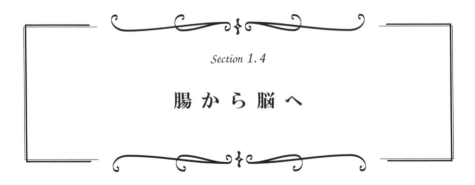

Section 1.4

# 腸 から 脳 へ

- 食べ物はどのようにして自分の身体の一部になるのでしょう
- 腸内細菌の働きと脳の活動にはどのような関係があるのでしょう

## a 腸 と 脳

　生物は，外界との間で，物質・エネルギー・情報をやりとりしながら，自らの身体を発達させ，生きている状態を維持している[1]．ヒトにおいて，外界との相互作用を担う重要な場は，腸と脳である．身体を途切れのないシートに包まれたものととらえると，腸はドーナツの穴のようなものである[2]．腸は，体内にありながら外界と直に接して食物や微生物などと物質的な相互作用をしており，いわば「内なる外部」である[3] (図 1.10 左)．一方，脳は，感覚器や運動器の活動により外界と相互作用をし，情報における内なる外部を有している (図 1.10 右)．食べることによって摂取された栄養物質は，代謝され血液を通じて脳に供給され，神経細胞の活動を作るためのエネルギー代謝や，脳組織を維持し発達させるための物質代謝に用いられる．ここでは，発達期のヒトにおいて，物質やエネルギーの流れと代謝が，脳のはたらきとその発達にどのように寄与しうるかについて述べる．さらに，腸と脳の相互作用や腸内細菌の役割についても述べる．

## b 生命現象の基盤としての代謝

　食べることは，消化・吸収・代謝・排泄という一連の機構とともに，生命の基本

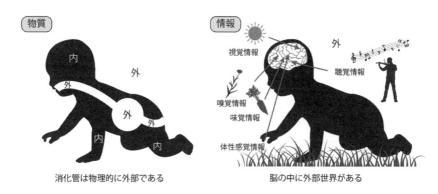

**図 1.10** ヒトにとっての内と外

**図 1.11** 物質・エネルギーの流れによって維持される代謝

である．代謝には，エネルギーを産生するため，外界から摂取した食物を分解する異化過程と，外界から取り込み分解した物質から生体に必要な物質を合成する同化過程がある．その基本的な機構はすでに解明されている[4]．1個の細胞では，エネルギー物質であるアデノシン三リン酸 (ATP) が，毎秒 1000 万個消費され，1日あたり，全身で 100 kg もの ATP が作られては消費されている[5]．ヒトを構成する細胞は約 60 兆個あり，それぞれの細胞には 80 億個のタンパク質が含まれていると考えられている．それらのタンパク質は異化と同化の代謝機構により，分解と生成を繰り返している[3]．体重 70 kg のヒトでは，1日あたり，70 g のタンパク質が摂取され，70 g のタンパク質が尿や便から排出されるが，体内では 180 g のタンパク質がアミノ酸から合成され，同じ量のタンパク質が分解されている．このように，きわめてダイナミックな物質やエネルギーの流れの中で，自分の体を常に更新しながら，生命は生きている状態を作り出しているのである[1](図 1.11)．

## C 脳への栄養供給とエネルギー代謝

脳は体の 2％の重量を占めるが，安静にしている時，体全体で必要な代謝エネ

ギーの20％は，脳で消費されている[3]．なぜ，脳はそれほどのエネルギーを必要としているのだろうか．神経細胞は，千分の1秒程度で生じるスパイクと呼ばれる電気的活動を作り出すことで，情報を作り伝達している．この活動は，細胞の内外での急激なナトリウムやカリウム等のイオンの流れによって生じる[6]．活動を即座に作り出すには，神経細胞の内と外とで，イオンの濃度の違いを一定に保つ必要がある．細胞にはイオンチャンネルと呼ばれる機構があり，カリウムイオンを細胞のうちに取り込み，ナトリウムイオンを細胞の外に汲み出すはたらきをしている．このポンプを動かすのには膨大なエネルギーが必要であり，グルコース(ブドウ糖)と酸素を大量に消費し，ATPを作っているのである[4]．また，神経細胞の活動に伴い，神経細胞の間で情報を伝えるシナプスが変化する．シナプスの形成や削除のためにもエネルギーが使われていると考えられている(図1.12右)．

炭水化物から摂取したグルコースは，血管中を運ばれて脳に運搬される．一方，肺から取り込まれた酸素は，血液中のヘモグロビンと結びつき，酸素化ヘモグロビンとなって脳に運ばれる．酸素を脳に供給したヘモグロビンは，脱酸素化ヘモグロビンとなる．脳の活動を維持するためには，必要な場所に十分な量のグルコースや酸素を送り届けることが重要である．この調節は，神経ネットワークに匹敵する複雑な血管のネットワークによって行われる．心臓から出た動脈は，脳に到達した後，枝分かれして細動脈となり，脳組織に入り込んでさらに枝分かれして毛細血管となる．毛細血管は，神経細胞の活動にあわせて，拡張し血流を増やす[7](図1.12左)．

神経細胞は，エネルギーの原料を運搬する毛細血管と直接つながっていない．神経細胞と毛細血管との間には，アストロサイトと呼ばれるグリア細胞があり，物質の輸送や代謝，毛細血管の調節など，重要な役割を果たしている[8](図1.12中)．特に，毛細血管を運ばれてきた物質のうち必要なものだけを取り込んで，それ以外の物質を通さない仕組みは，血液脳関門と呼ばれている[9]．グルコースの他，特定のアミノ酸や，脂肪酸などに対して，それらを能動的に脳に取り込む輸送体がある．血液脳関門は，脳を有害な物質から守り，食物等から摂取した物質によって神経伝達物質のような脳内の信号のはたらきが乱されないようにしている．

毛細血管とアストロサイトと神経細胞との間には，図1.12に示すような，物質・エネルギー・情報の循環があると考えられる[10]．アストロサイトは，脳のエ

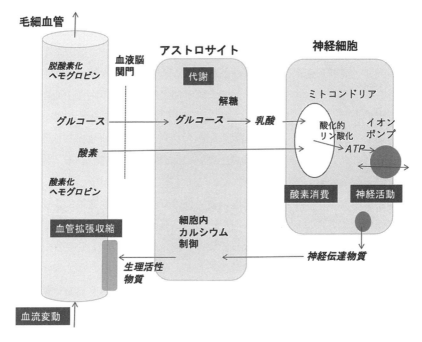

**図 1.12** 活動を支える栄養供給とエネルギー代謝

ネルギー源である毛細血管中のグルコースを能動的に取り込む．そして，解糖反応によって乳酸を作る．これはパンや酒を作る酵母菌の発酵と同様に，酸素を必要としない代謝反応である．乳酸は，さらに神経細胞に受け渡され，ミトコンドリアで，酸素を消費して酸化的リン酸化と呼ばれる反応によってATPへと変換される．神経細胞の活動は，ATPのエネルギーを使って生じる．アストロサイトは，神経細胞にエネルギーを供給する一方で，神経活動が高まった時に，エネルギー源の供給を増やすよう血管を調節する機能も担っている．神経細胞が活動する時には，神経伝達物質が放出される．アストロサイトは，これを検出して，内部のカルシウムの濃度を変化させ，それがさらに血管を拡張する物質の濃度を調節することで，血流を増加させる．その結果，神経細胞が活動してエネルギーを必要とする場所の近くの毛細血管で，血流が増加する．このような複雑な相互作用によって脳機能が維持されているが，これらがどのように発達するかについては，不明な点も多い．

## d 発生・発達期における栄養供給の仕組み

　ヒトの発生・発達において，栄養の供給は主として次の4段階の仕組みによると考えられる．ヒトでは，受精後8週間を胚子期と呼び，その間に主要なすべての器官の形成がはじまる．9週以降に，胎児と呼ばれるようになる．第一に，胚発生においては，卵黄嚢から栄養物質が供給され，胚での組織形成が進行する[11]．胚の伸長とともに，背側では神経管が，腹側では消化管が形成される．後に，この神経管から大脳，中脳，脳幹，脊髄などが成長する．また，消化管から，食道，胃，小腸，大腸などが成長する．胚に栄養を供給した卵黄嚢は次第に小さくなるが，消化管と一続きになっている．消化管の口と肛門になる部位は最初閉じられている．言い換えれば，まだ管になっていない消化管に外づけの栄養タンクがつながっている状態で，組織形成が進む．そして，栄養タンクは，空になると切り離される．その代わり，口と肛門が開いて，外部から栄養を取り込む準備がなされるのである．

　第二に，胚子期に母体の胎盤が成長し，胚子側からは臍帯を通して血管が成長し，出生までの間，栄養やガスや老廃物などを母体血と胎児血の間で交換するようになる[12]．これにより，胎児が成長するのに必要な栄養物質や酸素などが，母体から供給される．ただし，胎盤には胎盤関門と呼ばれる機構があり，母体の血中の物質は，選択的に胎児に輸送される．細菌等も通過できないようになっている．胎盤では，物質代謝も行われており，グリコーゲン・脂肪酸・コレステロール等が合成されている．従来，胎盤が関門を担っている胎児では，血液脳関門は未熟であるといわれてきた．しかし，胎児期の早い段階から，血液脳関門が機能していることが近年明らかにされつつある[13]．また，胚子・胎児期には，出生後の食行動に関連する現象も見られる[14]．例えば，腸の蠕動運動は，7週にすでに認められる．16～17週の胎児では，羊水を飲む嚥下行動が見られる．これらは栄養の摂取に大きく寄与するものではないが，後の摂食行動の準備にあたる行動であると考えられている．

　第三に，出生後は，主として哺乳行動により栄養が供給される．母乳には，多くの栄養素が含まれている[9]．糖質は，乳糖が大部分を占めるが，新生児は乳糖分解酵素を持っており，グルコースへと分解することができる．タンパク質とし

ては，カゼインが最も多く含まれているが，タンパクの分解能は未熟である．脂質は，リノール酸やリノレン酸のような高級不飽和脂肪酸や，アラキドン酸やドコサヘキサエン酸 (DHA) のような長鎖高級脂肪酸を含んでいる．これらはよく吸収される．

　第四に，自律した食行動が成熟すると，食物から栄養を摂取することができるようになる．食物を分解し，吸収し，代謝によってエネルギーを得て生命活動を維持し，身体を構成する物質を生合成する．

　このようにヒトでは，4段階の栄養供給の機構がある．卵で生まれる生物に比べると，母親の胎盤や母乳によって栄養がもたらされる分，多重の供給経路を持つことが大きな特徴である．ただし，後で述べるように，腸内細菌のような共生微生物が第五の大きな役割を担っている．

## e 脳におけるグルコース代謝の発達

　脳のエネルギー源は，グルコースであるが，以下のように，その代謝は発生・発達に伴って劇的に変化することが指摘されている[15]．グルコースを能動的に取り込む輸送体の遺伝子は，受精後3週までに脳で発現する．また，21週までに，全身で消費されるグルコースの3分の1が脳で消費され，そのうち半分は酸化的リン酸化によるエネルギー生成に利用されている．それ以外は，グルコースからグリコーゲンの生成，解糖系におけるピルビン酸を経由した乳酸生成，グルコースからペントースリン酸経路を経て DNA・RNA・脂質・タンパク質の合成等に用いられている．したがって，グルコースを構成する炭素は，エネルギー生成に使用されて二酸化炭素として放出されるだけでなく，体を構成する物質の生合成にも使用されている．また，胎児期には，グルコースだけでなく，酪酸，ケトン体，脂肪酸，乳酸もエネルギー源として使われている．新生児では，感覚野などの部位では機能的活動が生じ，グルコース代謝率が急激に増加する．生後肺呼吸が起動し，ヘモグロビンも胎児型ヘモグロビンから成人型ヘモグロビンに変化し，より多くの酸素の摂取が可能になり，酸化的リン酸化によって得られるエネルギーも急激に増加すると考えられる．ただし，酸化的リン酸化以外の代謝経路での消費も依然として多い．3歳までに脳重量は成人の85％になり，グルコース代謝率は成人の2倍を超える．そのうち30％は酸化的リン酸化以外の代謝にまわってお

り，この時期に特有のシナプスの形成と削除やミエリネーションのために，エネルギー生成だけでなく，体の構築に使われている．成人では，グルコース代謝のほとんどを酸化的リン酸化が占め，10％程度がそれ以外の経路である．ただし，前頭葉等一部の脳領域ではそれ以外の経路が25％に達している．前頭葉が他の脳領域に比べて，より多くの物質の代謝回転を維持していることは興味深い．このように発達初期には，グルコースは脳の活動に必要なエネルギーを生成するだけでなく，脳の構築を行うための素材になっている．また，成人であっても，グルコースがすべて酸化的リン酸化によるエネルギー代謝のみに使われているわけではない．

##  脳を構成する栄養と食物

　食物から摂取した栄養が脳に与えうる影響について，以下のような点が指摘されている[9]．脳内には多数の神経伝達物質があるが，それらの多くはアミノ酸，アミン，ペプチドである．これらのほとんどは，血液脳関門のはたらきにより，外界から摂取しても直接脳内に入ることはなく，アミノ酸等を原料として脳内で生合成される．ただし，アミノ酸にも，体内で合成可能である非必須アミノ酸と，外界から摂取する必要のあるがある．したがって，神経伝達物質の材料として，食物から摂取することが必須でないものと必須のものとが存在する．例えば，神経伝達物質であるグルタミン酸，アスパラギン酸，グリシンは，いずれも非必須アミノ酸であり，脳内で生合成される．セロトニンはトリプトファンから，ヒスタミンはヒスチジンから構成されるが，トリピトファンやヒスチジンは非必須アミノ酸であるため，食物から摂取する必要がある．トリプトファンの摂取が，トリプトファンの脳内への取り込みやセロトニンの合成に影響を与えることが知られている．ドパミン，ノルアドレナリン，アドレナリンは，非必須アミノ酸であるフェニルアラニン，チロシンから構成されるが，チロシンは脳内では生合成できないので実質的に必須アミノ酸である．アセチルコリンを作るには，フォスファチジルコリンを摂取する必要がある．脳の乾燥重量の50％は脂質である．神経細胞の細胞体から伸びる軸索は，ミエリンと呼ばれる脂質によって被覆されている．これはオリゴデンドロサイトと呼ばれるグリア細胞の突起が軸索に巻き付いたもので，神経活動の伝達に重要な役割を果たしている．ミエリンは，DHAやコレス

テロールから構成される．また，神経細胞の細胞膜も脂肪酸から構成されている．飽和脂肪酸に比べて不飽和脂肪酸が多い時，細胞膜の流動性が増え，神経伝達物質の伝達効率が上昇することが知られている．DHA のような不飽和脂肪酸は必須脂肪酸であるため，食品から摂取することが重要だと考えられている．その他，種々のミネラルやビタミン等の不足が，脳の発達に影響を与えることが知られている．

## g 食と睡眠

代謝は生体のホメオスタシスを動的に維持している．代謝過程ではさまざまな時間スケールのリズムが生成されることが，多くの系で報告されている[1,16]．例えば，解糖系では，数十秒から数分サイクルのリズムが生じる．一方，睡眠も動的な過程であり，成人ではノンレム睡眠・レム睡眠，乳児では静睡眠・動睡眠のような睡眠ステートの間の遷移が，数時間サイクルで生じる．これは脳の自発活動の変化によるものである．そして，代謝活動と脳の自発活動は，密接に関連していると考えられる[17]．また，睡眠・覚醒の 24 時間のサーカディアンリズムは，時計遺伝子の作り出すリズムが，太陽光の周期に同調することで生み出されている．このサーカディアンリズムは食のリズムと相互作用している．生活習慣の乱れが代謝疾患と関連しているのはこのためである．したがって，食物の内容だけでなく，いつ食べるかというタイミングや，睡眠を含めた生活のリズム形成の全容を知ることが，ヒトの脳や身体の健康維持と発達のメカニズムを理解するために必要である[18]．

## h 腸脳相関と腸内細菌

腸と脳の間には，自律神経系・神経伝達物質・ホルモン等を介した強い相互作用があり，腸脳相関と呼ばれている[19,20]．腸には，1 億個を超える腸管神経が存在し，内臓刺激に応じて，腸管の運動や分泌等の機能を調節する機構がある．精神的ストレスが，自律神経を介して，腸に影響を及ぼすこともよく知られた事実である．腸は外的環境にさらされている組織であり，免疫系の活性化においても重要な役割を果たしている．腸には膨大な細菌が生息しているが，腸脳相関に深

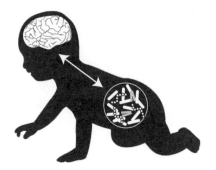

**図 1.13** 脳と腸内細菌

く影響を及ぼしている (図 1.13).

　ヒトは自己の細胞数をはるかに超える微生物と共生している[21]．その数は，100兆を超え，自己の細胞数の 3 倍以上ともいわれている．細菌は病原性を持つことがあるため，抗生物質などによる撲滅の対象と考えられてきた．一方，共生細菌は，ヒトが代謝できない物質を代謝することで，栄養素の供給に寄与したり，病原性を持つ細菌の繁殖から生体を防御する免疫機能を担ったりしている．つまり，われわれの健康にさまざまな恩恵を与えている．

　腸内細菌の多くは，無酸素状態で生存しており，腸から取り出して酸素の多い環境にさらされると生存できない．ところが，次世代 DNA シークエンス解析の技術により，便の中にある腸内細菌の断片から，どのような種類の細菌がいるか (細菌叢) を調べることができる．腸内細菌叢は母親から子へ受け継がれ，生後の発達において個人ごとに特有の細菌叢が形成される．帝王切開による出生や母乳栄養の終了が細菌叢の発達に影響を及ぼすこと，さらには，それらの違いが代謝疾患につながる可能性があることが報告されている[22]．また，乳児は母乳に含まれているオリゴ糖を代謝することができないが，オリゴ糖は生体に有用な乳酸菌や植物組織を代謝可能な細菌の栄養として寄与している[9]．このように，ヒトと腸内細菌は，ともに進化・発達し，ヒトが持つ遺伝子の限られたはたらきをはるかに超える微生物の遺伝子のリソースを利用して，全体としての生存が成立しているといえる[19,21]．

　腸内細菌は，脳の発達や行動にも影響を及ぼすと考えられている．その機構としては，腸内細菌による代謝産物が，脳の発達にとって必須な栄養の一部になっていることが挙げられる[15]．また，腸内細菌と腸との相互作用により，セロトニ

ンのような腸神経伝達物質や，サイトカインのような免疫応答物質が生成され，それらが脳の信号伝達に影響を及ぼす[19]．近年，乳幼児において，腸内細菌叢と発達検査・脳の構造画像との相関を示す報告もある[23]．このように，一見信じがたいことであるかもしれないが，ヒトと共生する腸内細菌のはたらきが，ヒトの健康から認知まで深く関連しているのである．

## 共生システムとしてヒトをとらえる

食べること，生きること，そして，発達することを理解するには，脳・身体・環境との相互作用やダイナミクスの理解が必要である．脳の代謝は，母体あるいは外部環境との間で，血管系・呼吸器系・消化器系等を介し，栄養素や酸素等の

**図 1.14** 共生システムとしての脳の発達

物質流を維持する機構を必要とする．代謝によってエネルギーを供給されつつ，神経系は自発的に活動し，感覚器や運動器を介した情報流に応じて刻々と変化することができる．つまり，脳と身体は非平衡開放系として環境と強く相互作用することを前提とし，時空間秩序を自己組織していると考えられる．このような代謝や神経活動は，遺伝子発現の調節にも関与し，環境に応じて脳や身体自体も変わっていく．さらに，ヒトの腸に共生している腸内細菌との相互作用が，脳の発達に深く寄与している．図 1.14 にまとめたように，食べることは，個体が母親・他生物，環境との動的な相互作用のもとで，代謝・自発活動・形態形成を営み，共生を実現するための基礎として捉えられるのである． 〔多賀厳太郎〕

## 文　　献

1) 清水博: 生命を捉え直す，中央公論新社，1978.
2) 本多久夫: シートからの身体づくり，中央公論新社，1991.
3) 永田和宏: 生命の内と外，新潮社，2017.
4) 杉晴夫: 栄養学を拓いた巨人たち，講談社，2013.
5) ニック・レーン，斎藤隆央 (訳): 生命，エネルギー，進化，みすず書房，2016.
6) 杉晴夫: 神経とシナプスの科学—現代脳研究の潮流—，講談社，2015.
7) Watanabe, H., *et al*.: Hemoglobin phase of oxygenation and deoxygenation in early brain development measured using fNIRS. PNAS, **114**: E1737-E1744, 2017.
8) R・ダグラス・フィールズ，小西史朗 (監訳) 小松佳代子 (訳): もうひとつの脳—ニューロンを支配する陰の主役「グリア細胞」—，講談社，2018.
9) 中川八郎・葛西奈津子: 子どもの脳を育てる栄養学，京都大学学術出版会，2005.
10) Allaman, I., *et al*.: Astrocyte–neuron metabolic relationships: for better and for worse. Trends in neurosciences, **34**(2): 76–87, 2011.
11) ジェイミー・A・デイヴィス，橘明美 (訳): 人体はこうしてつくられる—ひとつの細胞から始まったわたしたち—，紀伊国屋書店，2018.
12) 河井昌彦: 新生児医学，金芳堂，2015.
13) Goasdoué, K. *et al*.: The blood-brain barrier; protecting the developing fetal brain. Placenta, **54**: 111–116, 2017.
14) 仁志田博司: 新生児学入門，医学書院，2012.
15) Goyal, M. S.: *et al*.: Brain nutrition: A life span approach. Annual review of nutrition, **38**: 381–399, 2018.
16) 蔵本由紀: 非線形科学—同期する世界—，集英社，2014.
17) Taga, G. *et al*.: Developmental changes in cortical sensory processing during wakefulness and sleep. NeuroImage. **178**: 519–530, 2018.
18) 井上昌次郎: 眠りを科学する，朝倉書店，2006.
19) エムラン・メイヤー，高橋洋 (訳): 腸と脳—体内の会話はいかにあなたの気分や選択や健康を左右するか—，紀伊國屋書店，2018.

20) Sudo, N. *et al.*: Postnatal microbial colonization programs the hypothalamic–pituitary–adrenal system for stress response in mice. The Journal of physiology, **558**: 263–275, 2004.
21) マーティン・J・ブレイザー，山本太郎 (訳): 失われてゆく，我々の内なる細菌，みすず書房，2014.
22) Stewart, C. J.: Temporal development of the gut microbiome in early childhood from the TEDDY study. Nature, **562**: 583, 2018.
23) Carlson, A. L. *et al.*: Infant gut microbiome associated with cognitive development. Biological psychiatry, **83**: 148–159, 2018.

# Chapter 2

# 眠　　る

「眠る」ことは，子どもの生活においてかなりの時間を占めている．ここでは，眠りを含む生活のリズムに関して，発達にともなう変化，リズムの乱れの原因，それが発達に与える影響等について考え，子どもの生活リズムをどのように調整することができるか議論する．また，発達初期の子どもが持っている様々なリズムに光や音などの環境が与える影響に関して理解を深める．眠りの様子は，脳波を見ることによりその細かな特性を知ることができる．そこで，脳波に関する専門的な知識に触れることにより，睡眠の発達的変化を理解する．最後に，子どもを取り巻く保育者や養育者の眠りの問題に焦点を当てる．保育や育児の過程で生じる不規則な生活が心身の健康にもたらす影響について議論し，どのように健康を保つことができるかに関して考えを巡らせる．

Section 2.1

# 睡眠を育む

- 子どもの生活リズムはどのように作られるのでしょうか
- 生活のリズムが乱れるとどのようなリスクが生じるのでしょうか

　子どもの生活リズム，すなわち睡眠習慣や生活習慣はどう整えていけばよいのだろうか．ヒトではこの世に生まれてわずか1年の間に眠りと覚醒の昼夜の生活リズムの基礎が形成される．そのため昼夜の生活リズムができ始める乳幼児期から，適切な睡眠習慣を継続できる環境づくりが重要であると考えられている[1]．私たちの現代社会はライフスタイルの変化(高光環境，夜型化，夜勤など)によって就床時刻は遅くなり[2]，このことが少なからず乳幼児の睡眠習慣へ影響していることは否めない．このセクションでは，はじめに①発達に伴う生活リズムの基礎すなわち生理的な睡眠・覚醒パターンの形成について，次に，②乳幼児の生活リズムへの影響因子と望ましい子どもの生活リズムづくりのポイントを述べる．そして，③生活リズムの乱れが与えるリスクについても言及し，生活リズムを整えることの大切さを伝えたい．

## a 発達に伴う生理的な睡眠・覚醒パターンの形成

　睡眠習慣，生活習慣といった生活リズムの基盤は発達過程においてどのように形成されていくのだろうか．生まれて間もない乳児は脳や脊髄といった中枢神経系の発育が不十分であり，生物時計による約24時間のサーカディアンリズムはまだ整っていない[3]．生後1か月までの新生児期においては，睡眠時間が1日あたり15〜20時間と1日の中でほとんど眠って過ごしており，睡眠と覚醒がそれぞれ

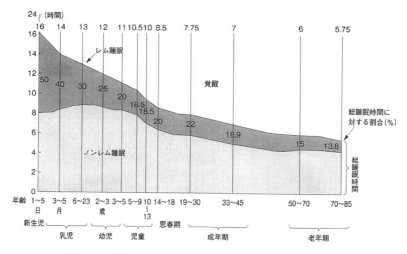

**図 2.1** 年齢別の睡眠時間と睡眠構造の変化 (文献 5 より一部改変)

出現する時間帯が昼夜定まらず分散したかたちの多相性睡眠の状態である[4]．生後約 1 か月を過ぎると，体内時計の調整ホルモンであるメラトニンの分泌がはじまり，昼の覚醒と夜の睡眠というサーカディアンリズムが現れはじめる[3]．そして，この時期から 1 歳頃までは急速にメラトニンの分泌量が増加し，昼間の睡眠が急速に減少していく．1 歳頃の幼児期に入ると，1 回ないし 2 回の昼寝がおとずれる程度になり，夜間の睡眠も持続的で 1 日あたりの睡眠時間は 13 時間程度になっていく[5]．2,3 歳頃には睡眠時間は 12 時間程度に，4 歳頃になると日中の睡眠は午後だけになり，この時期の睡眠時間は 11 時間程度になる．そして 6 歳頃になると，1 日あたりの睡眠時間は 11 時間を下回るようになり，昼間の睡眠は消失し成人の睡眠構造に近づいた単相性睡眠のかたちをとっていく[4]．10 歳頃 (思春期) になると，睡眠時間は 10 時間程度に落ち着き，睡眠・覚醒パターン (昼夜の生活リズム) が確立されていくといわれている[4]．

睡眠・覚醒パターンや睡眠時間の変化に加えて，睡眠の質 (睡眠構造) はどのように変化するのだろうか．図 2.1 は，睡眠ポリグラフ検査で調べた新生児期からの加齢による睡眠構造の推移を示している[5]．国際的なメタアナリシス[6] による平均的な睡眠構造の年齢推移を示す有名な研究報告があるが，5 歳以降の幼児からを対象としている研究であるため，本セクションでは新生児期からの睡眠構造の推移を示している Roffwarg らの有名な図を用いて説明したい．図の横軸は年齢，

縦軸は1日の睡眠時間と構成される睡眠の種類を示している．これを見ると，1歳未満の乳児では，出生後1か月頃までは1日の睡眠の約半分が"急速眼球運動 (rapid eyes movement: REM) を伴う睡眠"のレム睡眠であるが，その後，レム睡眠の割合は急激に減少していき，幼児期の3歳頃にはほぼ成人と同程度の20％ほどになる．乳幼児ではレム睡眠が多い理由に脳の発達との関連が考えられており，その後のレム睡眠の減少や睡眠時間そのものが減少するのは乳幼児期の睡眠中の脳の発達に関連していると考えられている[5]が，はっきりとはわかっていない．また，レムを伴わない睡眠のノンレム睡眠の中でも深いノンレム睡眠 (徐波睡眠，深睡眠ともいわれている) の出現時には，成長ホルモンが盛んに分泌され，脳内の神経機構の形成や細胞の修復と生育，骨や筋肉の形成が行われるが[3,7]，幼児期にはこの深いノンレム睡眠の割合も多く，思春期あたりをピークに減少していく[6]．

## b 子どもの生活リズムの実態

先に述べた子どもの生理的な睡眠・覚醒パターンとこれまでの研究報告から望ましい平均的な睡眠時間，就床時刻，起床時刻を考えてみることにしよう．米国立睡眠財団 (National Sleep Foundation) が米国の睡眠科学，睡眠医学，疫学，生理学，小児科学，神経学などの各専門家のもと2015年に発表した，各年齢層における推奨睡眠時間，許容睡眠時間によると[8]，推奨の総睡眠時間は，生後0〜3か月齢の新生児では14〜17時間，乳児では12〜15時間，幼児では11〜14時間である (表2.1)．乳児，幼児全体では13〜15時間あるとよいといったところであろうか．それでは実際の日常生活時における子どもたちの睡眠時間はどのくらいなのだろうか．スイス (チューリッヒ) の子ども500人を対象にした16年以上にわたる追跡調査では，生後6か月齢における1日の総睡眠時間は14.2時間であり，1歳児では13.9時間，3歳時で12.5時間，5歳時で11.4時間と，その後も月齢が上がるにつれ徐々に短縮していく[9]．就床時刻は，6か月で20:16, 1歳で19:46, 3歳で20:07, 5歳で20:11とおおむね20時前後である．起床時刻は，6か月で07:13, 1歳で07:19, 3歳で07:35, 5歳で07:20とおおむね7時半前後である．これらの睡眠時間，就床時刻，起床時刻は，米国立睡眠財団が推奨する生理学的なあるいは理想的な睡眠時間にほぼ沿うような結果となっている．

それではスイス以外の国の子どもの睡眠習慣はどうなのだろうか．17カ国にお

表 2.1 各月齢・年齢における推奨される睡眠時間，許容される睡眠時間 (文献 8 より改変)

| Age | Recommended(h)<br>(推奨睡眠時間) | May be appropriate(h)<br>(許容睡眠時間) | Not recommended(h) |
|---|---|---|---|
| Newborns<br>0–3 months | 14 to 17 hours | 11 to 13 hours<br>18 to 19 hours | Less than 11 hours<br>More than 19 hours |
| Infants<br>4–11 months | 12 to 15 hours | 10 to 11 hours<br>16 to 18 hours | Less than 10 hours<br>More than 18 hours |
| Toddlers<br>1–2 years | 11 to 14 hours | 9 to 10 hours<br>15 to 16 hours | Less than 9 hours<br>More than 16 hours |
| Preschoolers<br>3–5 years | 10 to 13 hours | 8 to 9 hours<br>14 hours | Less than 8 hours<br>More than 14 hours |
| School-aged Children<br>6–13 years | 9 to 11 hours | 7 to 8 hours<br>12 hours | Less than 7 hours<br>More than 12 hours |
| Teenagers<br>14–17 years | 8 to 10 hours | 7 hours<br>11 hours | Less than 7 hours<br>More than 11 hours |
| Young Adults<br>18–25 years | 7 to 9 hours | 6 hours<br>10 to 11 hours | Less than 6 hours<br>More than 11 hours |

ける 0 歳から 3 歳までの乳幼児を対象とした睡眠習慣に関する国際比較によると，1 日あたりの総睡眠時間が最も短かったのは日本 (総睡眠時間：11.62 時間) であり，次いでインド，韓国，台湾，香港とアジア諸国が占めていた (表 2.2)[10]．就床時刻については，最も遅かったのは香港 (22:17)，次いでインド，台湾，韓国とアジア勢が続き，日本は 8 番目で 21:17 であった．香港や台湾は就床時刻がかなり遅いが，起床時刻も遅く (香港：07:47，台湾 07:42)，昼間の睡眠時間も多いことから，日本のように総睡眠時間が 12 時間を切ってしまうことにはいたらないという状況である．その一方で，日本は就床時刻が遅いだけでなく起床時刻も早く (07:08)，夜間睡眠時間は最短ではないものの短く (9.42 時間)，昼間の睡眠時間も最も短い (2.19 時間) ことから，結果として国際比較の中で最短の 11.62 時間という総睡眠時間になっていると考えられる．日本の乳幼児の睡眠について，何時間必要なのかという適切な睡眠時間を示すデータは確立していないが，上述する研究報告を含め諸外国の研究データを考慮すると，20～21 時には就床し，6～7 時に起床するといった最低 10 時間の夜間睡眠時間は必要と考えられるだろう[11,12]．しかしながら，本来の発達過程における生理的な睡眠時間を考えると，現在のわが国における乳幼児の睡眠時間は十分であるとは言えないだろう．さらに，アジア諸国と非アジア諸国の間での夜間睡眠時間や就床時刻などを各月齢層で比較し

表 2.2 乳幼児の各睡眠時間の国際比較 (文献 10 より改変)

| | 総睡眠時間 (h) | 就床時刻 | 起床時刻 | 夜間睡眠時間 (h) | 昼間睡眠時間 (h) |
|---|---|---|---|---|---|
| 日本 | 11.62 ± 1.48 | 21:17 | 7:08 | 9.42 ± 1.09 | 2.19 ± 1.29 |
| インド | 11.83 ± 2.51 | 22:11 | 7:11 | 9.15 ± 1.35 | 3.41 ± 1.72 |
| 韓国 | 11.90 ± 1.72 | 22:06 | 7:59 | 9.42 ± 1.25 | 2.49 ± 1.41 |
| 台湾 | 12.07 ± 2.39 | 22:09 | 7:42 | 8.73 ± 1.86 | 3.34 ± 1.87 |
| 香港 | 12.16 ± 2.1 | 22:17 | 7:47 | 9.02 ± 1.46 | 3.14 ± 1.79 |
| シンガポール | 12.36 ± 2.23 | 21:38 | 7:28 | 9.26 + 1.54 | 3.11 + 1.80 |
| マレーシア | 12.46 ± 2.38 | 21:47 | 7:28 | 9.19 ± 1.54 | 3.27 ± 1.88 |
| 中国 | 12.49 ± 1.93 | 20:57 | 6:54 | 9.49 ± 1.24 | 3.00 + 1.69 |
| インドネシア | 12.57 ± 2.16 | 20:27 | 5:56 | 9.15 ± 1.36 | 3.14 ± 1.72 |
| フィリピン | 12.69 ± 2.37 | 20:51 | 6:52 | 9.15 ± 1.58 | 3.53 ± 1.89 |
| タイ | 12.71 ± 2.06 | 20:53 | 6:52 | 9.90 ± 1.31 | 2.81 ± 1.53 |
| カナダ | 12.87 ± 1.99 | 20:44 | — | 9.96 ± 1.52 | 2.90 ± 1.61 |
| 米国 | 12.93 ± 2.09 | 20:52 | — | 9.74 ± 1.59 | 3.18 ± 1.82 |
| ヴェトナム | 12.99 ± 2.19 | 21:44 | 7:11 | 9.32 ± 1.12 | 3.67 ± 1.88 |
| 英国 | 13.10 ± 2.03 | 19:55 | — | 10.51 ± 1.56 | 2.61 ± 1.79 |
| オーストラリア | 13.16 ± 1.87 | 19:43 | 6:35 | 10.17 ± 1.46 | 2.99 ± 1.68 |
| ニュージーランド | 13.31 ± 1.84 | 19:28 | 6:40 | 10.61 ± 1.35 | 2.70 ± 1.63 |

てみると,アジア諸国では非アジア諸国に比べて,すべての月齢で就床時刻が遅く,総睡眠時間が短く,夜間覚醒の回数が多かった.そして興味深いことにアジア諸国では圧倒的に添い寝(親と同じベッドや部屋で眠る)率が高かった[10].他の研究報告においても,日本を含めたアジア諸国の子どもの睡眠時間は,非アジア諸国の子どもに比べて睡眠時間が1時間近く短いことが報告されている.このような地域間の比較研究からは,睡眠時間が短い背景の一つとして,添い寝をするかどうかといった文化的背景やあるいは気候などが関連している可能性が考えられるが,人種間で区別される特異的な機序や遺伝的特性などが関連している可能性も否定できないといわれている.

一方,日本の研究調査においても幼児の睡眠習慣に着目したものがいくつかある.図2.2は日本小児保健協会が10年度毎に実施している調査の結果で,22時以降に就寝する幼児の割合の変化を示している[13].2000年における1歳児,2歳児,3歳児の22時以降に就床する割合が50%を上回るという事実があった.しかしながら,2006年からはじまった文部科学省「早寝・早起き・朝ごはん」国民運動や種々の研究者の働きかけにより,2010年の調査では22時以降に就寝する幼児の割合は著しく減少している.しかし1歳児で30%,2歳児で35%,3歳児で31%,4歳児26%,5歳児25%という,どの年齢においても25〜30%の幼児が依然

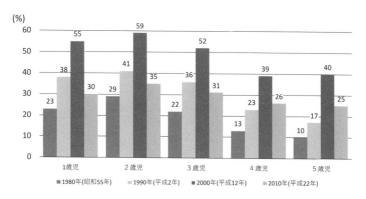

**図 2.2** 22 時以降に就床する幼児の割合 (文献 13 より改変)

22 時以降に就床している．2020 年には再び調査が実施されると思われるが，22 時以降に就床する幼児の割合がさらに減少していることを願いたい．

ベネッセ教育総合研究所が 5 年毎に実施している「幼児の生活アンケート」[14]でも，2000 年の調査では，幼児の睡眠が夜型になり，22 時以降に就床する子どもの割合は 39 % と高頻度であった．その後 2010 年に行った同調査では早寝早起きの傾向が強まりつつあったが，22 時以降に就寝している幼児は依然として存在している (約 24 %)．その後 2016 年に実施した調査結果においても減少は見られてない．また，大阪大学のグループが 3〜6 歳の幼児を対象に行った研究調査でも[11]，22 時以降に就寝する子どもの割合は全体の約 40 % と高頻度であった．

## C 子どもの生活リズムに影響する因子と望ましい生活リズムのポイント

このように日本においてどの調査においても顕著に目立つ就床時刻の遅れが，夜間睡眠時間を短くする可能性を浮き彫りにしているようにもうかがえる．すなわち，乳幼児の夜間の睡眠にいたるまでの環境 (光環境，TV 視聴，食事の時刻，入浴時間帯) なども大いに関連するであろう．そこで，現代社会において乳幼児の睡眠習慣が乱れる主な背景要因をいくつか挙げ，望ましい生活リズムについて考えていくことにしよう．成人の夜型化などのライフスタイルの変化が就床時刻の後退，夜間睡眠時間の短縮に大きく影響していることは前述しているが，保護者，特に母親の生活習慣が乳幼児の睡眠習慣・生活習慣の形成に大きくかかわること

が指摘されている[11,15,16]．1歳から6歳の未就学幼児を対象にした調査では，保護者が0時以降に就床する場合，幼児が22時以降に就床する割合が多くなると報告されている[16]．一方，福田らが行った研究では，母親の帰宅時刻が遅いほど幼児の就床時刻も遅いことが示されている[17]．さらに，彼らは午睡の夜間睡眠に対する影響を調べており，睡眠を客観的に計測できるアクチグラフィ（腕時計型活動量計測）を用いた検討で，午睡をとる幼児は午睡をしない幼児に比べて，入眠時刻が2時間程度遅くなっていたことを示している．神山らも就床時刻の遅れや夜間睡眠時間の短縮の原因が昼寝にあると指摘しているが[18]，幼児の就床時刻の遅さが昼寝のせいだけではないという意見もある[11]．幼児の年齢により生理的に昼寝が減少していくことも念頭に入れながらも，年齢に応じた必要な睡眠時間の確保も考えると，午睡を取らないという選択肢は現実的には難しいのかもしれない．午睡の時間をとりすぎない，すなわち年齢に合わせて午睡時間を減らしていく，午睡のタイミングを遅めにしないなど，就床時刻を後退させないように留意することが必要であろう．

　他にも睡眠習慣が乱れる要因はある．0〜3歳の乳幼児を対象とした調査研究において，カフェイン含有飲料を1日1杯以上摂取する幼児の割合が約30％であるという驚きのデータがある[19]．カフェインは覚醒度を上げ，睡眠を分断する作用があるが，これが睡眠量に影響している点にも改めて留意すべきである．さらに，幼児の睡眠時間とテレビ視聴の関連も指摘されており，寝室にテレビがある児の割合は，1〜2歳で17％，3〜5歳で30％であり，寝室にテレビがある子どもは寝室にテレビがない子どもに比較して約20〜30分睡眠時間が短縮しているという報告もある[19]．また，子どもの就床時刻に影響を与える要因として「夜9時以降に親子でTV娯楽番組を見ている」をあげており，親の生活習慣が子どもの睡眠習慣の不規則性に影響する可能性も指摘されている[20]．これは夜遅くまでのテレビ視聴行為そのものにも問題があるが，光環境の点からも寝つきを悪くする可能性が大きい．冒頭にも記述したメラトニンは光感受性が強く，体内時計の重要な調整ホルモンでありサーカディアンリズムを呈する．メラトニンは分泌されることで睡眠が促進される，いわば睡眠誘発作用があり，本来夜眠る1.5〜3時間前から体内で分泌がはじまる．しかしながら，夜遅くまで明るい光環境下で過ごしているとメラトニンの分泌が抑制され，再び分泌されるタイミングが後ろにズレて

しまう．結果として乳幼児のサーカディアンリズムが後退し，就床時刻は遅くなる，寝つきが悪くなるといった状況に陥るのである．対策の一つとして，夕方から就床にかけて徐々に照度を落としメラトニンの分泌を促すなどの保護者・養育者の積極的な心がけが必要である．逆に朝は太陽の光あるいは室内を明るくし，メラトニンの分泌を抑制させて体内時計をリセットすることで，目覚めをよくすることが重要である．日中の身体活動量も睡眠習慣を左右する関連要因として重要である．早起きの子どもは遅起き (朝寝坊) の子どもよりも日中の身体活動レベルが高いことや[21]，就寝時刻が 21 時以前である幼児では，21 時以降就寝の幼児に比べて身体活動量が多いことも示されている[22]．

　これらの知見も踏まえ，子どもにとって望ましい生活リズムを作るには[23]，①毎日同じ時刻に起床し，太陽の光を浴びる，②朝ごはんをきちんと食べて，遅い時間帯の夜ごはんはなるべく避ける (消化のよいものにする)，カフェインは摂らせない，③昼間に運動する，④昼寝しすぎず，午睡のタイミングは早めに，⑤日没後は室内を明るくしすぎず，オレンジ色の灯り (白熱灯色) にし，夜に光を浴びすぎない (TV も見すぎない)，⑥お風呂は早めに入る，⑦眠りやすい環境をつくる，⑧平日と休みの日の睡眠時間帯をずらしすぎない，ということに心がけることである．①は太陽の光でメラトニンの分泌を抑えて体内時計をリセットさせる，②は夜遅くごはんを食べると消化がその分遅くなり，カフェインは覚醒作用があることから結果として就床時刻が遅くなるのを防ぐ，③は昼間に体を疲れさせることで夜に眠りやすくする，④は後述もするが昼間に眠り過ぎて，夜に眠れなくなるのを防ぐ，⑤は前述した通りでメラトニンの分泌を促し眠りやすくする，⑥眠る直前に熱いお風呂に入ると体温が上がりすぎ下がりにくくなり眠りにくくなるのでこれを防ぐ，⑦は寝姿勢や寝床環境，睡眠時の光環境あるいは音環境の問題による睡眠の質の低下を防ぐ，⑧は言うまでもなく生活リズムを崩さないためである．

##  生活リズムの乱れが心身に与えるリスク

　それでは幼児の就床時刻の遅れ，短時間睡眠などの生活リズムの問題は子どもたちの脳や身体の発達にどのように影響を与えるのだろうか．乳幼児期の就床時刻や睡眠時間，生活リズムの不規則性が神経発達[24,25]，問題行動 (恐怖，不安，引

きこもり，身体的訴えや攻撃，非行，多動性，癇癪，非応諾性など），肥満リスクに影響するという報告がある．

　日本で行われた約 1,000 名 ($n = 973$) を対象とした出生後追跡調査では，子どもの性別，在胎週数，出生体重，出産時の両親の年齢，両親の教育年数，世帯年収，妊娠中の喫煙，母の精神疾患の有無に関するデータのほか，乳児の生後 10 か月時点の質問票 (BISQ: Brief Infant Sleep Questionnaire) を用いた睡眠の評価とともに生後 10 か月，14 か月，18 か月，24 か月の 4 時点における運動や言語に関する神経発達の評価が行われている[24]．BISQ から得られた就寝時刻から 5 群 (早寝群 (20:30 前に就寝)，やや早寝群 (20:30～21:00 に就寝)，標準群 (21:00～21:30 に就寝)，やや遅寝群 (21:30～22:00 に就寝)，遅寝群 (22:00 以降に就寝)) に分けて検討した結果，性別や在胎週数，出生体重，出産時の両親の年齢，両親の教育年数，世帯年収は 5 群間で大きな差は見られなかったが，早寝群では遅寝群に比べて夜間睡眠時間が長く (早寝群：10.02±0.90 時間; 遅寝群：8.88±1.13 時間)，睡眠潜時が短くなるという良い結果が得られている．興味深いことに，生後 10 か月から 24 か月にかけて，遅寝群では標準群に比べて全身を使ったつかまり立ち，歩くなどの粗大運動，手や腕を使った物を掴むなどの微細運動，視覚受容，表出言語における神経発達の伸びが低かったと報告している．さらに，長時間睡眠群 (9.5 時間以上) と比べて短時間睡眠群 (9.5 時間未満) では，生後 10 か月時点における表出言語領域の発達が低下しており，1 歳未満での夜間睡眠時間の短さが，特定領域の発達に影響する可能性を否定できない．

　226 人の幼稚園・保育所に通う 5 歳児クラスの子どもを対象に 2 週間の睡眠調査，保育者との面談調査とともに幼児本人による三角形の模写を行わせた研究によると，昼夜の生活リズムが不規則な子どもでは，三角形を上手く書けない割合が高く，規則的な子どもに比べて三角形を上手く書けない可能性が 5.9 倍といわれている[25]．さらに，三角形の模写ができなかった幼児では「話を集中して聞くことができない」「理解していない」「持続力がない」「姿勢が悪い」「手足をふってきちんと行進できない」「突然攻撃を仕掛ける」などの集中力，情動面や姿勢の問題が見られている[25]．また，睡眠時間や就床時刻の変わりやすさ，就床時刻の遅さといった子どものリズムの不規則性が，通園している保育施設での適応性を低下させるといった報告もある．

　睡眠問題と問題行動の関連については，米国ノースウエスタン大学の研究者ら

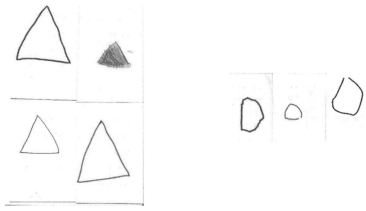

**図 2.3** 三角形を模写できた例 (左) と模写できなかった例 (右) (文献 25 より引用)

が行った 2.5 歳の幼児約 500 人を対象とした研究がある．彼らは睡眠時間の短縮が，子どもの行動チェックリスト (CBCL: Child Behavior Checklist，養育者が記入する質問票) で評価される問題行動と関連すると指摘している．また，カナダの研究では，2～3 歳児の就寝への抵抗や夜間覚醒などの睡眠問題が問題行動に関連し，さらにその背景には親のうつ症状，親の育児への態度，子どもの気質が関与するとしている．日本の研究でも，就床時刻の遅延や夜型傾向が前述の CBCL で評価される引きこもり，不安・抑うつ，攻撃的な行動を高めること，怒りっぽいあるいはうつ様の症状を誘発しやすいことが報告されている．また乳幼児初期の短時間睡眠が多動性のリスクを増加させ，男児であること，親の低収入，母親の低い教育水準，夜間覚醒時にベッドに出て遊ぶことがこの関係に影響する要因であることも知られている．

身体的な面での影響についても見てみると，3 歳の時点での総睡眠時間がそれぞれ 9～10 時間の児，8～9 時間の児は，11 時間以上睡眠を取っている児に比べて中学 1 年時点での肥満のリスクがそれぞれ 1.24 倍，1.59 倍であり，幼児期の睡眠時間がその後の肥満と関連することが報告されている[26]．また英国の研究でも，3 歳時の睡眠時間が 10.5 時間未満であることが，幼少時の肥満のリスク要因の一つとなり，幼児期の睡眠不足が将来的に肥満と関連することが示されている．

これらの就床時刻の遅延や睡眠時間の短縮などの睡眠問題の慢性化が認知機能や情動面，問題行動，肥満へのリスクに与える影響は，幼児期周辺の問題ではなく将来的にも問題になる可能性を認識しておく必要がある．すなわち，学童期におけ

るイライラや落ち込みなどの精神的健康度の悪化[27]，青年期における学業成績や認知機能，眠気の悪化を招き，倦怠感や肥満 (睡眠呼吸障害も含む) などの身体的な不調も合わせた健康上の問題を深刻化させること，さらに不登校や引きこもり，多動傾向などの社会生活への適応問題にまでも発展する結果になりうる．とりわけ現在の社会問題としてメディアにもよく取り上げられているインターネットやスマートフォンの依存[28,29]によって引き起こされる中高生の概日リズム睡眠・覚醒障害 (CRSWD) や注意欠如多動性障害 (ADHD)，うつ病も，今やネット依存の低年齢化が進み小学生が受診する世の中になっている[30]．これらの将来的な懸念を念頭においた乳幼児期からの長期的な睡眠衛生，睡眠衛生教育が求められる．

　睡眠は子どもの健やかな成長と密接に関連することは言うまでもない．乳幼児期からはじまる体内時計の調整が妨げられないように，これまで以上に保護者や養育者が乳幼児の脳や心身の発達に対する睡眠の重要性を理解し，子どもたちが昼夜の睡眠・覚醒リズムに合わせた適切な睡眠習慣を継続できるような環境づくりが必要である．

〔有竹 (岡田) 清夏〕

## 文　献

1) 有竹清夏: 乳幼児の睡眠と発達．心理学評論，**60**(3): 216–229, 2018.
2) 三島和夫ほか:【特集／睡眠障害の基礎と臨床】現代社会と睡眠障害．精神科，**12**: 149–154, 2008.
3) Carskadon, M.A. and Dement, W.C.: Normal Human Sleep: An Overview, in Principles and Practice of Sleep Medicine. pp.16–26. 2010.
4) 大熊輝雄: 睡眠の臨床，医学書院，1977.
5) Roffwarg, H.P., *et al.*: Ontogenetic development of the human sleep-dream cycle. Science, **152**(3722): 604–619, 1966.
6) Ohayon, M.M., *et al.*: Meta-analysis of quantitative sleep parameters from childhood to old age in healthy individuals: developing normative sleep values across the human lifespan. Sleep, **27**(7): 1255–1273, 2004.
7) 大川匡子: 子供の睡眠と脳の発達．学術の動向，**15**(4): 34–39, 2010.
8) Hirshkowitz, M.P., *et al.*: National Sleep Foundation's sleep time duration recommendations: methodology and results summary. Sleep Health, **1**: 40–43, 2015.
9) Iglowstein, I., *et al.*: Sleep duration from infancy to adolescence: reference values and generational trends. Pediatrics, **111**(2): 302–307, 2003.
10) Mindell, J.A., *et al.*: Cross-cultural differences in infant and toddler sleep. Sleep Med, **11**(3): 274–280, 2010.
11) 三星喬史ほか: 日本の幼児の睡眠習慣と睡眠に影響を及ぼす要因について．小児保健研究，**71**(6): 808–816, 2012.

12) 神山潤: 子どもの睡眠―眠りは脳と心の栄養―，芽ばえ社，2003.
13) 日本小児保健協会: 幼児健康度に関する継続的比較研究．平成 22 年度幼児健康度調査報告書，2011.
14) ベネッセ教育総合研究所: 幼児の生活アンケート・国内調査　報告書．2000, 2010, 2016.
15) 矢野香代: 母と子における睡眠行動の関連性と課題．川崎医療福祉学会誌，**17**: 175–183, 2007.
16) 文部科学省: 平成 22 年度 子どもの生活習慣づくりに関する家庭や企業の認識度及び課題分析調査．2011.
17) 福田一彦: 保育園の昼寝は是か非か．平成 22 年度 科学研究費補助金研究成果報告書，2010.
18) Kohyama, J., *et al.*: Sleep characteristics of young children in Japan: internet study and comparison with other Asian countries. Pediatr Int, **53**(5): 649–655, 2011.
19) Sadeh, A., *et al.*, Sleep and sleep ecology in the first 3 years: a web-based study. J Sleep Res, **18**(1): 60–73, 2009.
20) 鈴木みゆき: 保育と睡眠―睡眠とメンタルヘルス―，ゆまに書房，2006.
21) Kohyama, J.: Early rising children are more active than late risers. Neuropsychiatr Dis Treat, **3**(6): 959–963, 2007.
22) Nakano T, *et al.*: An examination of the appropriate physical activity level related to lifestyle and motor ability for kindergarten children. Hatsuiku Hattatsu Kenkyu, **46**: 49–58, 2010.
23) 文部科学省: 子供たちの未来を育む家庭教育．http://katei.mext.go.jp/contents2/index.html.
24) 奥村明美・高貝就: 乳幼児期の睡眠と幼児期における神経発達についての前方視的検討．子どもの心と脳の発達，**7**(1): 46–54, 2016.
25) Suzuki, M., *et al.*: Children's ability to copy triangular figures is affected by their sleep-wakefulness rhythms. Sleep and Biological Rhythms, **3**(2): 86–91, 2005.
26) Sekine, M., *et al.*: A dose-response relationship between short sleeping hours and childhood obesity: results of the Toyama Birth Cohort Study. Child Care Health Dev, **28**(2): 163–170, 2002.
27) 原田哲夫: 現代夜型生活とこころの健康．小児保健研究，**63**: 202–209, 2004.
28) 大井田隆: 未成年者の喫煙・飲酒状況に関する実態調査．平成 24 年度総括研究報告書．構成労働科学研究費補助金　循環器疾患・糖尿病等生活習慣病対策総合研究事業．2013.
29) 中山秀紀: 若者のインターネット依存．特集:現代の若者のメンタルヘルス，心身医学，**55**(12): 1343–1352, 2015.
30) 三原聡子: ネット依存症の低年齢化への危惧 (特集 スマホ時代の子どもたち)．児童心理，**70**(11): 830–834, 2016.

Section 2.2

# 睡眠と環境

- 赤ちゃんは昼夜がわかるのでしょうか
- 子どもが寝ている時にどのような光や音の環境が大切でしょうか

## a 赤ちゃんはお母さんの子宮にいる時から昼夜がわかる

　ヒトの胎児は，体動や心拍数に約 24 時間のリズム (サーカディアンリズム) をもつことが知られている[1]．早い胎児では，妊娠 22 週ですでに心拍数にサーカディアンリズムが観察される．また，マントヒヒの胎児に外科的に脳波電極・心電図電極を装着し，子宮内に戻して胎児をモニターすると，その活動状態にサーカディアンリズムがあることも明らかになった．さらにげっ歯類 (マウス・ラット)，霊長類 (オマキザル) の胎児においても，睡眠を制御する脳内の生物時計「視交叉上核」(図 2.4) で，糖代謝，時計遺伝子にサーカディアンリズムが存在することが報告されている．

　このような胎児の体動や心拍数といった「生理指標」に観察されるサーカディアンリズムは，母体が胎盤を経由して伝えるホルモンや栄養のサーカディアン信号に依存している．特に母体から夜に分泌されるメラトニンが胎盤を通過して「胎児」の視交叉上核に到達し，そのメラトニン受容体に結合することにより，胎児は夜であることを知覚している．そのため，いったん赤ちゃんとして子宮から娩出され，母体からのサーカディアン信号が途切れると，体動や心拍数に観察されていたサーカディアンリズムは消失してしまう．満期前に生まれてしまった早産児は，子宮の外で生活する胎児であり，その典型例である．治療のために保育器

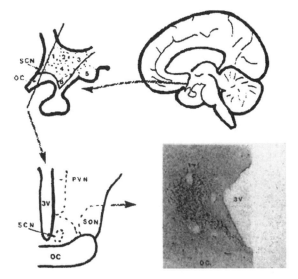

**図 2.4** ヒトの生物時計「視交叉上核 (SCN: suprachiasmatic nucleus)」[13]
頭部のほぼ中心 (視床下部) にあり，2 個の神経核のペアとして構成される．
OC: optic chiasm (視交叉)，3V: third ventricle (第 3 脳室)，
PVN: paraventricular nucleus (室傍核)，SON: supraoptic nucleus (視索上核)

管理される早産児の体には電極が装着され，心電図・呼吸数・血中酸素飽和度，そして時に脳波が 24 時間連続モニタリングされるが，これらの生理指標にサーカディアンリズムを確認することはない[2]．その代わりに，約 3〜4 時間周期のリズム (ウルトラジアンリズム：24 時間より短い周期をもつリズム) が観察される (図 2.5).

また，早産児の「睡眠」においてもサーカディアンリズムは観察されない．妊娠 24〜26 週の早産児には，睡眠・覚醒の特徴を十分に満たした状態の周期性はみられないが，28〜30 週になると睡眠・覚醒の区別が可能となる．はじめ，体動や眼球運動のみられるレム睡眠 (動睡眠とも呼ばれる) が明らかになり，次いで呼吸や心拍が規則的なノンレム睡眠 (静睡眠とも呼ばれる) が出現し，32 週になると約 40〜90 分周期の動・静睡眠のウルトラジアンリズムを認めるようになる．比較的安定した睡眠のウルトラジアンリズムが確立するのは妊娠 36 週以後で，40 週でほぼ完成する[3]．また，子宮内の胎児を超音波で観察した結果でも，体動や眼球運動に早産児と同様のレム・ノンレム睡眠のウルトラジアンリズムが認められ[4]，胎児は自立的なウルトラジアンリズムと，母体信号に依存するサーカディアンリ

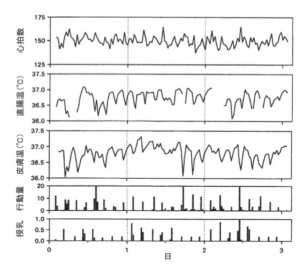

**図 2.5** ヒト早産児 (妊娠 34 週相当) の生理指標はウルトラジアンリズムをもつ[2)]
上段から心拍数・直腸温・皮膚温・行動量・授乳の変化を連続 3 日分示す．約 3 時間毎のウルトラジアンリズムが認められる．

ズムという，二つの制御を受けている．

## b 赤ちゃんはお母さんのおなかの中で，外界で昼夜を区別するために出生後の準備をしている

### ◆(1) 発達早期にはウルトラジアンリズムとサーカディアンリズムが混在する

　失われた胎児期のサーカディアン環境を取り戻すため，生後，新生児は新しい環境に適応しながら，自らの体の中に，自立したサーカディアンリズムを形成するメカニズムを急速に発達させる．しかし，全くのゼロからのスタートではなく，すでに一部の生物時計は 24 時間のサーカディアンリズムを出生時に刻み始めている．例えば，動物モデルでは，生物時計の本体である「視交叉上核」は，前述したように妊娠後半からすでにサーカディアンリズムを安定して刻む能力をもつ．さらに，胎児のもととなる胎芽が分化を開始した発生初期の細胞でさえも，妊娠中期の段階で生物時計が動き始めることも明らかになった[5)]．

　実際，生後 1 か月の新生児期には，大部分の赤ちゃんに睡眠・ホルモン分泌にはウルトラジアンリズムを認める一方で，体動計で計測される行動量にはサーカディアンリズムを認めるという，周期の異なるリズムが混在する．この原因の一

つとして，新生児の脳の他の部位や臓器が視交叉上核からのサーカディアン信号を受け取る準備が十分できていないことがあげられる．つまり，新生児の視交叉上核ではすでにサーカディアン信号を発信しているが，他の組織・臓器が未熟なため，視交叉上核からのサーカディアン信号を受け取ることができないという仮説だ．例えば，赤ちゃんの血中メラトニンにサーカディアンリズムが安定するのは，生後3～4か月以降であることから，視交叉上核と松果体の間の神経連絡が構築され，かつ松果体でメラトニンを十分に分泌する能力を獲得するのに，3か月間かかることが予想される．

この新生児の未熟な生物時計のシステムを，胎児期の母体信号のようにサポートする方法はいくつか存在する．最も影響が大きいと考えられるのは光環境だ．霊長類に属する我々「ヒト」は，げっ歯類よりも眼球網膜の光センサーの発達が早く，妊娠後期の妊娠30週前後から光を感知することができる[6～8]．そのため，出生時にはすでに昼夜の明暗環境を知覚することができ，この明暗環境が眼球から視神経を介して，視神経に直結する「視交叉上核」の生物時計のはたらきを調整する．マウス新生児の実験から，恒明環境が新生児の生物時計を細胞レベルで乱すことが明らかになった．生物時計の本体である視交叉上核は約2万個の神経細胞の集合体である．この神経細胞一つひとつは，明暗環境ではサーカディアンリズムを持ち，24時間周期で活動レベルの上昇・下降を一斉に繰り返している．ところが，恒明環境では，この神経細胞間の協調が崩れ，個々の神経細胞がバラバラのタイミングで活動し始める．つまり，新生児の生物時計にきちんとした24時間のリズムを刻ませるのには，明暗環境を整えることが重要である[9,10]．

### ◆(2) なぜ新生児の睡眠はウルトラジアンリズムなのか？

一方，脳波や行動で計測される赤ちゃんの「睡眠」に安定したサーカディアンリズムを認めるのは生後3～4か月になってからである(図2.6)．このような新生児期のウルトラジアンリズムをもつ睡眠には，中脳のドパミン神経系が関与する可能性が動物研究で近年報告された[11]．マウスにドパミン分泌を促進するメタンフェタミンを投与すると，4時間のウルトラジアンリズムの周期が延長する．反対に，ドパミン受容体をブロックし脳内のドパミン作用を抑えるハロペリドールを投与すると，ウルトラジアンリズムの周期が短縮する．つまり，新生児のウルトラジアンリズムを刻む睡眠は脳内ドパミン神経系の発達を基礎に形成される可

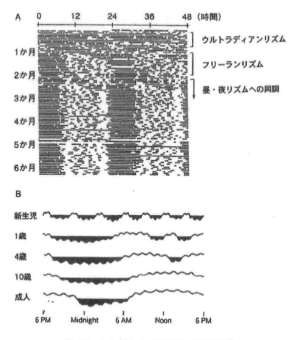

**図 2.6** ヒト新生児～乳児期の睡眠発達[3]
A. 生後 6 か月までの睡眠・覚醒リズムの発達
B. 新生児から成人までの睡眠・覚醒リズムの発達

能性が示された．このウルトラジアンリズムという土台に，発達に伴い視交叉上核から発信されるサーカディアンリズムが積み上げられるかたちで，新生児の睡眠は形成されていくようである．

このように生後 1 か月未満ではウルトラジアンリズムの短い覚醒と睡眠の繰り返しがみられるが，生後 3 週間頃から覚醒の時間帯と睡眠の時間帯が分かれてくる．しかし，この時期の睡眠覚醒リズムには周期が 24 時間より長いフリーランの状態がみられる場合もあり，これは生物時計「視交叉上核」がもつ固有のリズムである．2 か月目になると，明らかに覚醒・睡眠のそれぞれの時間帯は昼と夜に集中するようになり，3～4 か月には昼夜の区別に同調した睡眠・覚醒の安定したサーカディアンリズムが形成され，夜の入眠時刻がほぼ一定となる．また，新生児期ではレム睡眠が総睡眠時間中の約 50％を占めるのも特徴的である．その割合は，年齢とともに減少し，生後 3～6 か月では 30％，生後 1 歳までに 25％となり，3 歳以降は成人と同じ 20％となる．また興味深いのは，新生児の睡眠の入り

方である．成人は「ノンレム睡眠」から入り，通常，覚醒→ノンレム睡眠→レム睡眠→覚醒のサイクルである．一方，新生児は「レム睡眠」から入り，覚醒→レム睡眠→ノンレム睡眠→レム睡眠→覚醒のサイクルであり，睡眠を制御するメカニズムが未熟であることが睡眠段階の順番からも観察される[3]．

### ◆(3) なぜ新生児期の睡眠は大事なのか？

　新生児・乳児期の睡眠の重要性については，実はまだ謎の部分が多い．例えば，生まれたばかりの新生児は1日16～18時間も眠っている．どうしてこんなに長い時間眠るのか，まだ明確な解答は出ていない．1つの仮説としてあげられているのが，睡眠，特にレム睡眠が脳の発達を促すというものだ．この仮説は主に動物実験で確認され，ラット新生児を対象にこのレム睡眠だけを薬物で妨害した研究がある．このような保育を受けたラットは，脳の発達を促すような教育効果が高い環境で育てても，脳(特に大脳皮質)の重量が有効に増えず，さらに新しい環境にうまく適応できなかったという．また，別の研究では，レム睡眠に入ろうとする子猫を手でゆさぶって繰り返し覚醒させると，視覚情報を処理する脳の「外側膝状体」のサイズが，レム睡眠を経験した子猫より小さかった[1]．

## C　赤ちゃん・子どもの眠りと体の成長を促す光の調整

### ◆(1)　光環境が新生児のサーカディアンリズムの発達を促し生物時計を微調整する

　胎児にとっても新生児にとっても，その生育環境の基本はサーカディアン環境といえる．出生前の子宮では母体からのホルモン(メラトニンなど)や栄養といった液性因子が，そして生後は光環境や授乳が，発達初期の未熟な生物時計「視交叉上核」をサポートしている．とても興味深いのは，入力経路は異なるが，胎盤を経由して胎児へ送られるメラトニンも，新生児の目から入ってくる光信号も，ともに同じ脳の部位「視交叉上核」で情報処理され，睡眠を調節することだ．

　その意味で睡眠にサーカディアンリズムを認めない生後3～4か月間は，赤ちゃん(新生児・乳児)にとって外の新しい環境に適応するための移行期といえる．この移行期に，赤ちゃんは自立したサーカディアンリズムを獲得するためのメカニズムを昼夜の区別のある光環境を利用して自分の体の中に急速に発達させ，子宮

の中の安定したサーカディアン環境を取り戻そうとしているかにも見える．その鍵となるのが，妊娠後期からすでに機能を開始し，約24時間のサーカディアン信号を発信する視交叉上核である．誕生した後，「視交叉上核」と「睡眠中枢」との連絡が完成する以前の生後1～4か月の期間は睡眠にウルトラジアンリズムのみが存在し，一度「視交叉上核」と「睡眠中枢」との連絡が完成すれば，睡眠にサーカディアンリズムが出現するというのが，背後に隠れている生物学的なストーリーなのかもしれない．

そして，新生児期に経験する光環境が，生物時計「視交叉上核」の性能を決めてしまうという「光インプリンティング現象(光環境の刷り込み現象)」も動物モデルで近年報告された[12]．これは新生児マウスを対象とした研究で，昼16時間・夜8時間という昼間の時間が長い光環境で保育されると，生物時計が刻む周期が短くなるという結果だ．この周期は新生児マウスが成体になって，昼と夜の長さが同じ光環境で生活しても(昼12時間・夜12時間)，新生児期に形成されたものと同じ短い周期が維持されることがわかった．このように新生児期の光環境は，睡眠を制御する生物時計「視交叉上核」の性能を決め，その後の睡眠の発達あるいは睡眠習慣が関連する肥満・高血圧といったさまざまな症状に影響を与えているのかもしれない．ヒトの新生児において昼夜比をどのように設定するのが生後の発達にベストなのかは，まだ明確な答えは出ていない．

## ◆(2) 明暗環境は新生児の睡眠・覚醒のサーカディアンリズムの獲得と体重増加を促す

早産児・正期産児が入院する新生児室は，救急医療という性格上，光環境が乱れやすく，時に重症の赤ちゃんを継続して治療する場合，常に照明が必要となり，恒明環境となることもある．すでに1980年代の臨床研究から，恒明環境で保育された早産児が，明暗環境で保育された早産児より睡眠の発達が遅れ，体重増加さえも妨げる可能性が報告されていた．しかし，実際の現場では，治療を行うために夜間は特に照明が必要だ．このジレンマを解決するため，私たちは早産児の目の発達特性を利用した光フィルター(「メラノカバー」：(株)ライフメッド)を開発した．

大人の眼球の網膜では，メラノプシン・ロドプシン・コーンオプシンという3つの光センサー(光受容体)が働いている．一方，発達が未熟な早産児では，この

## 2.2 睡眠と環境

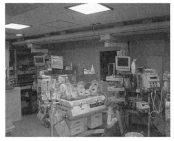

**図 2.7** 病棟において光フィルターを使用している様子[7] (口絵 2 参照)
A: 従来の新生児集中治療室では早産児の緊急事態に対応するため，夜間も照明を連続点灯している．そのため，透明な保育器フードを通して蛍光灯の光が直接児の目に到達していた．B: 一方，光フィルターを使用することにより同一の光環境でも保育器内に人工的な夜を導入でき，かつ医療従事者も早産児を観察できる．

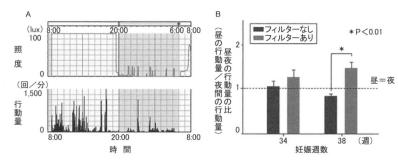

**図 2.8** 早産児の行動リズム[7]
A: 満期 (妊娠 40 週) 相当における光フィルター使用した早産児における行動パターンの典型例．B: 妊娠 34，38 週相当の早産児の行動リズム．光フィルター保育器内の妊娠 38 週相当の早産児には昼優位の行動リズムを有意に認めた．横軸は行動計で測定した行動量の比 = [(昼の行動量) / (夜間の行動量)]．

うちメラノプシン・ロドプシンの 2 つの光センサーしか働いていないことが確認された[6〜8]．そこで，早産児で機能するメラノプシン・ロドプシンが知覚する波長 610 nm 以下の光をフィルターで遮断すると，早産児は周囲の環境が真っ暗と勘違いしてしまう (図 2.7)．一方，成人である医療従事者は，この光フィルター越しでも，残りの光受容体「コーンオプシン」を使って赤ちゃんを観察し，医療行為を行うことができる．この光フィルターを夜間のみ保育器にかけ，人工昼夜を導入することにより，早産児の睡眠をコントロールできるかどうか，検討を行った．

その結果，妊娠 38 週相当の早産児においては，①光フィルターを使用せず恒明環境で哺育された早産児では夜間により活動するパターンを認め，②光フィルター装着し明暗環境で哺育された早産児には，昼間により活動する行動パターン

を認めた.この結果は,従来の報告に比較し,光フィルターの使用により,3か月早く新生児の睡眠・覚醒にサーカディアンリズムを形成できる可能性を意味する(図2.8)[7,13].

また,過去の臨床研究では,昼夜の区別のある明暗環境で保育された早産児は,恒明環境(24時間明るい環境)あるいは恒暗環境(24時間暗い環境)で保育された早産児より体重が有意に増加することが報告されている[14].そこで私たちも,光フィルターで導入した人工昼夜が早産児の発達に与える影響について長期継続評価を行った.その結果,修正55週までの発達過程において,光フィルターを使用した明暗環境の早産児のグループは,使用しない恒明環境のグループに比べて有意な体重増加を認めた[7].

## d 新生児が寝ている時の音の調整

光と同じように胎児と新生児が接する音環境は違う.また,生後,新生児の生物時計「視交叉上核」がすでに機能していることを考えると,音環境に対する新生児の脳の情報処理も昼夜差がある可能性が高い.そのため,どのような音環境が新生児の眠りにとって最適なのかはまだ明確な答えは出ていない.おそらく昼寝と夜間の眠りに最適な音環境も異なるだろう.

◆(1) 胎児は子宮の中でどんな音を聞いているのか?

胎児は遅くとも妊娠28週までに音を聞くことができるようになると考えられている[15].そのため,胎児はお母さんの子宮の中でさまざまな音を聞いているだろう.この子宮の中の音「子宮内音」は実際に出産直前の妊娠母体で録音され,胎児が聞く音の主な成分が,心拍リズムに合わせた母体大動脈血流音であること,そして母親の発する音声や外界の音も子宮の内部に到達することが明らかになった(図2.9).その音のレベルは50〜90dBと比較的強く,子宮内の胎児は24時間持続して母親の大動脈血流音を聞いて育っていることになる[16〜18].母体の外で発生した音が大きく急激に変化した時,妊娠末期の胎児では心拍数が増加し,胎動が活発になることも知られている.また,出生後,泣いている新生児に録音した子宮内音を聞かせると,泣きやんで安静になり,呼吸・心拍も安定することが報告されている[16].

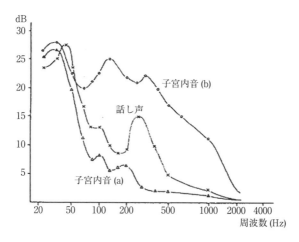

**図 2.9** 子宮内音および母体音声伝搬音の周波数スペクトラム[16]

◆**(2) 音は赤ちゃんのサーカディアンリズムの発達を促すことができるのか？**

　光と違い，音が赤ちゃんのサーカディアンリズムの発達を促す可能性は低いと考えられている．ヒトの新生児を対象とした研究は存在しないが，ヒトと同じ昼行性のリスザルを対象とした研究が報告されている[19,20]．この研究では，昼夜の明暗環境が維持されている光環境において，昼夜の光環境のサーカディアンリズムに同調した行動リズムのみが観察され，音環境のサーカディアンリズムに同調した行動リズムは観察されなかった．つまり，視交叉上核が正常に機能している生体では，光が音の影響を上回り，行動(睡眠・覚醒)リズムをコントロールすることが明らかになった．一方，同じリスザルでも生物時計の視交叉上核を破壊すると，音環境のサーカディンリズムに同調する行動リズムが観察される．つまり，光情報を処理する視交叉上核がない状態では，例外的に音が睡眠・覚醒リズムをコントロールする可能性が残されている．

　これらの結果を考慮すると，ヒトにおいてはすでに妊娠30週前後から胎児の視交叉上核は目から光の情報を受け取り，光に同調したサーカディアンリズムの形成を促すことができる．そのため，一般的なヒトの新生児では，出生後に音が睡眠・覚醒のサーカディアンリズムの発達に与える影響は少ないと考えられる．またマウスを対象に聴覚情報の処理を行う脳の下丘のはたらきを調べた研究においても，下丘の神経細胞にサーカディアンリズムが存在するものの，音に対する下丘の反応性は昼夜で変わらず，下丘の生物時計の針の動き(位相)も音によって影

響されることはなかった[21]．つまり，聴覚情報の処理が新生児の脳のサーカディアンリズムに影響する可能性は低いと考えられる．

◆(3) どうして音は赤ちゃんの睡眠にとって重要なのか？

それでは，睡眠・覚醒のサーカディアンリズムの発達を促す光とは違い，音は赤ちゃんの睡眠にとってどんな重要な意味をもっているのだろうか．1つの答えとして，寝ている時の音環境を調整することで赤ちゃんの知的発達を伸ばす可能性が考えられている．

赤ちゃんが寝ている時の音環境の調整には重要なことが2つある．1つは赤ちゃんの知的発達を促す音刺激を準備することで，その音刺激として周囲の大人の話し声や音楽が発達を促すのに適切であることが近年明らかになってきた．もう1つは，赤ちゃんの周囲の騒音レベルを下げることである．大きな騒音は知的発達を促す大人の話し声や音楽といった音刺激を赤ちゃんが聞き取ることを妨げ，かつ呼吸・循環そして自律神経を不安定にする．以下，赤ちゃんの音環境を客観的に評価しやすい NICU (neonatal intensive care unit: 新生児集中治療室) での研究を中心に紹介する．

これまでは，できる限り騒音レベルを下げ，赤ちゃんの状態を安定させることが重要だとされてきた．例えば米国小児科学会は，早産児が哺育される NICU の平均騒音レベルは 45 dB 以下，最大騒音レベルは 65 dB 以下とするように勧告している[22]．騒音の原因には大きく3つがあり，病棟の建築構造そのもの，医療機器の作動音，そして医療スタッフ・家族の活動音・会話があげられる．NICU の建築構造として，保育器が複数ある大部屋より保育器が1台しかない個室の方が騒音レベルは低い[23]．また，騒音を発生する医療機器は，保育器から離れたところに設置し，赤ちゃんの周囲の騒音を抑える配慮が必要である．医療行為，面会時の大人の足音も騒音の原因であり，医療スタッフと家族が NICU で歩行するルートをあらかじめ設定することも重要である．そして，医療スタッフ・家族の会話から発生する騒音を抑えるには，赤ちゃんの近くで大声を出さないこと，そしてスタッフと家族が自ら意識的に講義の時間を設けて騒音による赤ちゃんへの悪影響を理解しその対策を実行することが重要だ．

さらに最近の研究から赤ちゃんの耳に入る騒音を小さくするだけでなく，赤ちゃんの発達を促す音刺激を積極的に提供することも奨励されている．例えば，音量

レベルの高い大部屋の NICU で保育された赤ちゃんの方が，音量レベルが低い個室の NICU で保育された赤ちゃんより 2 歳時における知的発達がよかったという研究が報告された[24]．その原因として，個室では無音の時間が長く赤ちゃんの知的発達が抑制された可能性が指摘された．また，音環境は脳の構造にも影響し，大部屋で哺育された早産児の方が，個室で哺育された早産児より正期産児の脳の形態に近かった[25]．

そして，両親やスタッフの話し声や歌，音楽などは新生児の呼吸・循環を安定させ，体重増加や知的発達を促し，かつ早産児では聴覚野のサイズが増加することも報告されている[26]．実際，赤ちゃんは新生児早期からメロディーや抑揚を識別し，自分の母親の声と他人の母親の声では脳の反応が異なることが報告されている[27,28]．また，NICU 入院中，無音状態と子守唄，海原の音，波の音などの環境音が早産児の睡眠に与える影響を評価したところ，無音状態よりも子守唄，海原の音，波の音を聞いたほうが，早産児の動睡眠 (レム睡眠) の割合が増えることがわかった[29]．この研究では動睡眠時に吸啜行動が起こることに着目しており，子守唄が動睡眠を効果的に促進し，吸啜行動を増加させ，栄養摂取を促す可能性を指摘している．これは，無音の状態よりも，子守唄のような環境音を聞かせるほうが，早産児の栄養摂取によい影響を与えることを示す興味深い研究である．また，NICU で大人の話し声を聞いた回数の多い早産児の方が，入院中に大人に対して会話のような発声を行う傾向が強く，その後の知的発達がよかったとする報告も存在する[30]．

## まとめ

赤ちゃんの哺育に最適な光環境については，サーカディアンリズムの発達を調整する生物時計 (視交叉上核) の研究が進んだことから，明暗環境がよいことが明らかになってきた．明るさの調整は昼寝の時は普通に明るく，夜間の眠りの時は 5 ルクス以下 (真っ暗) にすることで安定した夜の眠りを促すことができる[31,32]．一方，赤ちゃんに最適な音環境については，その情報処理の中心が知的発達と関連する大脳皮質であるため，赤ちゃんの大脳皮質の発達過程を科学的に把握できていない現状では，まだ明確な答えは出ていない．ただ，これまでの知見をまとめると，音の大きさは昼寝時には 65 dB 以下の大きさで養育者が話しかけたり，子

守唄などの環境音を聞かせたりすることが赤ちゃんの知的発達を促す可能性がある．また夜寝る時は 45 dB 以下の静かな音環境が赤ちゃんの夜間睡眠を促す可能性が高い．今後，音環境を人為的に調整できる NICU の研究を通して赤ちゃんの発達に最適な音環境のヒントが明らかにされるかもしれない． 　　　　（太田英伸）

## 文　　献

1) 太田英伸: おなかの赤ちゃんは光を感じるか，岩波書店，2014.
2) Glotzbach, S.F., et al.: Biological rhythmicity in preterm infants prior to discharge from neonatal intensive care. Pediatrics, **95**: 231–237, 1995.
3) 田中総一郎・大川匡子: 発達加齢に関連した睡眠障害．太田龍朗・大川匡子 (編): 臨床睡眠医学，朝倉書店，pp330–337, 1999.
4) Koyanagi, T., et al.: REM Sleep Determined Using in utero Penile Tumescence in the Human Fetus at Term. Biol Neonate, **60** Suppl 1: 30–35, 1991.
5) Yagita, K., et al.: Development of the circadian oscillator during differentiation of mouse embryonic stem cells in vitro. Proc Natl Acad Sci U S A, **107**: 3846–3851, 2010.
6) Hanita, T., et al.: Monitoring Preterm Infants' Vision Development with Light - only melanopsin is functional. J Pediatr, **155**: 596, 2009.
7) Watanabe, S., et al.: Designing artificial environments for preterm infants based on circadian studies on pregnant uterus. Front Endocrinol, **4**: 1–11, 2013.
8) Kaneshi, Y., et al.: Influence of light exposure at nighttime on sleep development and body growth of preterm infants. Sci Rep, **6**: 21680, 2016
9) Ohta, H., et al.: Constant light desynchronizes mammalian clock neurons. Nat Neurosci, **8**: 267–269, 2005.
10) Ohta, H., et al.: Constant light disrupts the developing mouse biological clock. Pediatr Res, **60**: 304–308, 2006.
11) Blum, I.D., et al.: A highly tunable dopaminergic oscillator generates ultradian rhythms of behavioral arousal. Elife, **3**: e05105, 2014.
12) Ciarleglio, C.M., et al.: Perinatal photoperiod imprints the circadian clock. Nat Neurosci, **14**: 25–27, 2011.
13) Rivkees, S.A.: Developing circadian rhythmicity in infants. Pediatrics, **112**: 373–381, 2003.
14) Morag, I., Ohlsson, A.: Cycled light in the intensive care unit for preterm and low birth weight infants. Cochrane Database Syst Rev, **8**: CD006982, 2013.
15) Birnholz, J.C., Benacerraf, B.R.: The development of human fetal hearing. Science, **1983**: 222:516–518.
16) Murooka, H., et al.: Analyse des sons intrauterines et leurs effects tranquillisants sur le nouveau-ne. F gyn Obst Biol Repr, **5**: 367, 1976.
17) Querleu, D., et al.: Fetal hearing. Euro J of Obs & Gyn & Repro Bio, **29**: 191–212, 1988.
18) Parga, J.J., et al.: A description of A description of externally recorded womb sounds in human subjects during gestation. PLoS One, **13**: e0197045, 2018.
19) Sulzman, F.M., et al.: Environmental synchronizers of squirrel monkey circadian rhythms. J

Appl Physiol Respir Environ Exerc Physiol. **43**: 795–800, 1977.
20) Fuller, C.A., *et al*.: Auditory entrainment of primate drinking rhythms following partial suprachiasmatic nuclei lesions. Physiol Behav, **31**: 573–576, 1983.
21) Park, J.S., *et al*.: Identification of a Circadian Clock in the Inferior Colliculus and Its Dysregulation by Noise Exposure. J Neurosci, **36**: 5509–5519, 2016.
22) American Academy of Pediatrics. Committee on Environmental Health.: Noise: a hazard for the fetus and newborn. Pediatrics, **100**: 724–727, 1997.
23) Pineda, R., *et al*.: Auditory Exposure in the Neonatal Intensive Care Unit: Room Type and Other Predictors. J Pediatr, **183**: 56–66.e3, 2017.
24) Vohr, B., *et al*.: Differential Effects of the Single-Family Room Neonatal Intensive Care Unit on 18- to 24-Month Bayley Scores of Preterm Infants. J Pediatr, **185**: 42–48.e1, 2017.
25) Pineda, R.G., *et al*.: Alterations in brain structure and neurodevelopmental outcome in preterm infants hospitalized in different neonatal intensive care unit environments. J Pediatr, **164**: 52–60.e2, 2014.
26) Webb, A.R., *et al*.: Mother's voice and heartbeat sounds elicit auditory plasticity in the human brain before full gestation. Proc Natl Acad Sci U S A, **112**: 3152–3157, 2015.
27) Arimitsu, T., *et al*.: Functional hemispheric specialization in processing phonemic and prosodic auditory changes in neonates. Front Psychol, **2**: 202, 2011.
28) Uchida, M.O., *et al*.: Effect of mother's voice on neonatal respiratory activity and EEG delta amplitude. Dev Psychobiol, **60**: 140–149, 2018.
29) Loewy, J., *et al*.: The effects of music therapy on vital signs, feeding, and sleep in premature infants. Pediatrics, **131**: 902–918, 2013.
30) Caskey, M., *et al*.: Importance of parent talk on the development of preterm infant vocalizations. Pediatrics, **128**: 910–916, 2011.
31) 太田英伸，中川真智子，大石芳久，大川匡子: 胎児・新生児の眠りの発達．ベビーサイエンス，**16**: 1–10, 2017.
32) 仁志田博司，大城昌平，渡辺とよ子，太田英伸，儀間裕貴 (編): 標準ディベロップメンタルケア・テキスト (改訂第 2 版), メディカ出版，2018.

## Section 2.3 睡眠の始まり

- ヒトの眠りはいつから始まるのでしょうか
- 子どもの眠りはどのように発達するのでしょうか

あなたの人生の中で,あなたがはじめて眠った日はいつだろうか.この問いに対する多くの人の回答は「生まれたその日」かもしれない.しかし……私たちの睡眠の始まりは,生まれるずっと前,つまり母親の子宮内まで遡る.本節では,妊娠第3期から乳児期にかけての睡眠について述べていこう.

### a 「睡眠」は状態(ステート)という概念の一つである

状態(ステート)とは,生理学的指標および(または)行動が一定のパターンを示し,またそれらが安定し,繰り返して出現する場合に定義される概念である.「睡眠」と「覚醒」は,妊娠第3期から乳児期の児の代表的なステートである.とりわけ「睡眠」には,脳波,顎筋電,眼球運動,呼吸,開閉眼や筋活動によって規定されるさまざまなステートがある.

### b 2つの眠りの型

妊娠第3期の児に限らず,乳児から私たち大人まで人間の睡眠には大きく分けて2つの眠りの型が存在する.1つは瞼の下で目がギョロギョロと動く"急速眼球運動を伴う睡眠"のレム睡眠と,もう1つは"REMを伴わない睡眠"のノンレム睡眠である[1,2].

レム睡眠中の児をよく観察してみると，呼吸のリズムは不規則で，顎の筋緊張が低下している．一見すると"ぐったり"と眠っているが，両手足の末端がピクピクと動くことや，四肢のビクッとした動きなど一過性の筋活動が比較的よく観察される．この筋活動は，妊娠第 3 期から乳児期の睡眠の特徴の 1 つで，身体の筋緊張を制御する神経機構が未熟なために観察される現象である．

一方，ノンレム睡眠では，規則的な呼吸リズムでスヤスヤと眠っている様子が観察できる．ただし，ノンレム睡眠時の身体の筋緊張は覚醒時に比べれば少し低下している程度なので，0.5 秒以上続く骨格筋の収縮や体位変動を伴うモゾモゾとした動き，また手足をパタパタさせるような複合筋活動が散発的に観察される．

妊娠第 3 期から乳児期の児の「睡眠」を理解するためには，これらレム睡眠とノンレム睡眠を，ステートの概念を用いて細分化していくことが必要である．

## C　AASM による睡眠判定基準

妊娠第 3 期から乳児期の児の睡眠のステート判定[3]は，Anders ら (1971) によって編纂されたマニュアルが有用な基準として用いられてきた．しかし，このマニュアルは，当時すでに国際的なスタンダードとなっていた成人の基準を準用するかたちで作られた．このため，睡眠と覚醒の間の傾眠 (＝うとうと) を赤ちゃんでも成人と同じように判断しようとしていた．実際の赤ちゃんの傾眠判断は，かなり難しく，主観性が含まれる可能性が高い．このことから，ステートとしての傾眠のあり方は長く議論の対象であった．そして 2007 年，米国睡眠医学会 (American Academy of Sleep Medicine: AASM) は，脳波を中心に児のステートについて生理的指標と開閉眼／筋活動を基準にした新しい睡眠および随伴イベントの判定マニュアルを作成・公開し，赤ちゃんの眠りのステート判定に一律化をもたらした[4]．以降，本セクションで記述する睡眠のステートにかかわる用語 (ステージ R やステージ N など) は，その最新版 ver. 2.3 に則る．

AASM のマニュアルによれば，妊娠第 3 期の胎児，または妊娠第 3 期に早く生まれた早産児の「睡眠」を，脳波，顎筋電図，眼球運動，呼吸の 4 つの生理的マーカーと開閉眼／筋活動観察の合計 5 項目から，REM を伴う睡眠 (レム睡眠) の "ステージ R" と，REM を伴わない睡眠 (ノンレム睡眠) の "ステージ N" の 2 つのステートに分類する (図 2.10 参照)．しかし，この時期は，いくつかの生理的マー

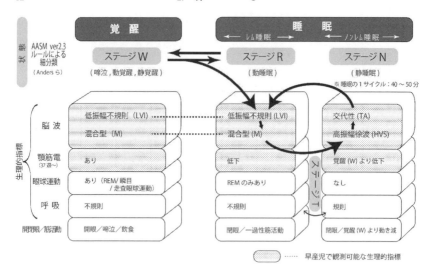

**図 2.10** 妊娠第 3 期 (28 週〜) の児のステートと生理的マーカー・開閉眼・筋活動の関係 (AASM ver 2.3 を参考に著者が作成)

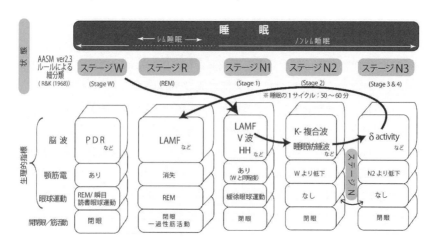

**図 2.11** 乳児 (2 か月〜) の睡眠のステートと生理的マーカー・開閉眼・筋活動の関係 (AASM ver 2.3 を参考に著者が作成)

カーがステージ R の特徴を示し,他はステージ N の特徴を示すような場面もよく観察される.このような生理的マーカーが一つのステートに一致しない睡眠を,移行期を意味する"ステージ T"に分類する.この基準は生後 2 か月になるまで適用する.2 か月以降の乳児の「睡眠」は,脳波を主に眼球運動と顎筋電図の 3 つ

の生理的マーカーと開閉眼／筋活動観察の合計4項目から，レム睡眠は"ステージR"，そしてノンレム睡眠は"ステージN1"，"ステージN2"，"ステージN3"と"ステージW"の4つに細分化される(図2.11参照).

## d 「睡眠の始まり」を紐解く視点

妊娠第3期から乳児期の児の睡眠とその発達を理解するために重要な視点は，睡眠を構築する2つの眠りの型，すなわちレム睡眠とノンレム睡眠は，児の発育に沿って，時間的・内容的に巧みに組み合わさっていくという点である．これは中世ヨーロッパの工芸品として広く知られる織物(タペストリー)の製織を例にすると理解しやすい．タペストリーは，縦糸と横糸を交互に組み合わせながらカラフルな絵柄や模様を織り上げていく織物で，中には完成までに何年も要する作品もあるという．このタペストリーの縦糸と横糸の関係は，まさに睡眠を構築する2つの眠りの型の関係性に類似している．さらに縦糸の間に横糸を交互にくぐらせながら次第にカラフルな絵柄や模様を描いていく製織工程は，下位脳幹の橋・延髄を中枢とするステージRに，大脳皮質(視床－大脳皮質神経回路ネットワークなど)の発達に伴い，徐々に睡眠に彩りを添えるステージN1, N2, N3, Wが加わっていく様を連想させる．

「睡眠の始まり」を理解すること，それは「睡眠」という模様が織り込まれたタペストリーの縦糸(レム睡眠)と横糸(ノンレム睡眠)の関係を少しずつ紐解いていくことに他ならない．そして，そのスタートラインは妊娠第3期にある．

## e 妊娠第3期にはじまる睡眠：妊娠28週から48週の眠り

c.で述べたように，妊娠第3期の児の睡眠ステートは4つの生理的マーカーと開閉眼／筋活動の観察により判定される．しかし母胎にいる胎児の場合，われわれが外からモニターすることができるマーカーは，呼吸，眼球運動，そして開閉眼／筋活動観察の3つである．一方，妊娠第3期に早く生まれた早産児の場合は，保育器の中で治療が行われているが，脳波を計測可能な場合もある．このように妊娠第3期の児のステート判定では，判定基準となるマーカーが胎児の場合と早産児の場合で異なることや，顎筋電図は37週くらいまで待たないと判定に利用

できないマーカーもあることに注意を要する．

さて，超音波断層法で母胎の胎児を観察すると，眼球運動のREMは16週ごろから単発的に観察される．そして，28週頃になると安定して観察（1分間に数回程度）されるようになる．また，横隔膜の移動による呼吸様の胎児運動も28〜30週頃に観察できるようになる．さらに，四肢のゆっくりとした胎児運動は9週頃から認められるが，28週頃にはその頻度がますます増加してくる[5]（その一部は母親に認識される）．このように妊娠第3期に入った頃の胎児は，胎児神経系の急速な成熟に下支えされ，睡眠のステート判定に用いる生理的マーカーにも安定したパターンが見いだされるようになる．その結果として，28〜30週の胎児では，眼球運動と呼吸，開閉眼／筋活動観察の3つのマーカーを利用して，ステートとしての睡眠が判定できるようになっていく（早産児であれば脳波をマーカーに加えることも可能）．以下では，「睡眠の始まり」を装飾するいくつかのランドマークとなる時期の睡眠について述べていこう．

### ◆(1) 28〜30週：睡眠の始まり

睡眠がはじめて判定できるようになる28〜30週はREMがよく観察される．したがって，胎外からの観察ではほとんどがステージRと判定されることが多い．しかし，もし脳波を取ることができれば，このREMを伴う睡眠はステージTの脳波の特徴を示す．また，この時期はREMが観察され，呼吸運動も不規則であるが，体の動きがないというように，生理マーカーが，一貫して1つのステートの特徴だけを示さないことも多く，このような理由からステージTと判定することが多い．つまり，マーカーそのものは一貫したパターンを示すようになるが，まだ睡眠のシステムとしてはしっかりと統合されていないような発育途上の段階ともいえるだろう．

### ◆(2) 31〜32週：2つの眠り型の始まり

31〜32週になるとステージRやステージTの眠りの合間に，明らかにREMがなく，かつ呼吸パターンも規則的な睡眠，すなわちステージN（ノンレム睡眠）がはじめて認められる．ただしこの頃のステージNは，まだ幾分不安定でその継続時間は短い．大体10分程度継続してステージRやステージTへと移行してしまうことが多い．したがって，感覚的にはREMを伴う睡眠を続けているような印

象を持つ．しかしよく観察すると，時間は短いが確実に2つの眠り型が観測できるようになっている．

◆ **(3) 35〜36週：安定した2つの眠り型，4つの脳波パターンへ**

2つの眠り型を始めて4週間経つ頃には，ずいぶんと安定して観察できるようになる．35〜36週の児の睡眠中には，見た目ではわからない脳活動の変化が起きている．

睡眠の開始直後はREMを伴う睡眠，すなわちステージRである．この時の脳波は，脳の全領域で低振幅不規則 (low voltage irregular; LVI) パターンと呼ばれる活動を示す．しばらくすると，少し脳波の連続性が少し増加した混合型 (mixed: M) パターンと呼ばれる活動に変化する．すなわち睡眠のステートはステージRのままであるが，ステートの中で脳活動は変化しているのである．

その後REMがピタッとやみ，呼吸も規則的になり，外見上もスヤスヤと眠っている様子が観察できる．これはステージNへの移行を意味する．この時の脳波は高振幅徐波 (high voltage slow: HVS) パターンで，HVSは高振幅の$\delta$波 (0.5〜3.0 Hz) とそれに続く$\theta$波 (3.0〜5.0 Hz) が持続的・連続的に出現する脳波のパターンである．さらにしばらくすると，脳波は交代性 (tracé alternant: TA) パターンへと変化する．TAは高振幅の$\delta$波と低振幅部分 (10〜30 $\mu$V) が交互に出現するパターンで，低振幅部分の継続時間が発達 (妊娠週数) とともに短くなっていく特徴がある．ステージNの場合も同様に，見た目ではわからないが脳活動は明らかな変化を起こしているのが特徴である．このように，児のひと眠り (ステージRとN) を通して4つの脳活動パターンを示すようになるのがこの時期の特徴である．

◆ **(4) 37〜40週：頤筋電が利用可能になりステート判定精度が上がる**

37〜40週になると，ステージTが占める割合は3割以下になり，その他はステージRかステージNにはっきりと分類できる．ただしステージRのほうが若干多く観測される．また脳波はステージRと同じであるが，間欠的な開眼や発声，そして泣きや泣き叫びで特徴づけられるステージWが1割程度観察されるようになる．より正確にいえば，ステージRとステージWでは脳波・呼吸は全く同じ特徴を示す．この意味で，37〜40週の児は睡眠 (ステージR) と覚醒 (ステージW) の2つのステートが脳の中では共存しているといってもよいだろう．一方で

37週頃には，顎筋電図の睡眠と覚醒時の活動性にメリハリが出てくる．それゆえステージWとRを見分けるために，顎筋電図をマーカーして利用するとよい．

◆**(5) 41〜44週：2つの眠り型の割合が同程度になる**

ステージTが急速に減少し始め，ステージRの出現割合も少し減少する．この2つのステート(ステージTとR)の減少分を相殺するように増えるのが，ステージNである．そして44週くらいには，ステージRとステージNの割合が同程度になっていく．ステージNでの脳波は，HVSパターンがより多くを占めるようになり，次第にTAパターンは観察されなくなる．

◆**(6) 45〜48週：TAの消失**

ステージNがステージRに比べて多く観測されるようになる(6：4)．またステージNでは完全にTAが見られなくなり，HVSパターンがステージNを特徴づける主な脳波パターンになる．また時期を同じくしてステージNで睡眠紡錘波(sleep spindle: SS)が見られることもあり，SSはステージN2の萌芽が近いことを実感させる．

図2.12は，ここまで述べた28週〜48週までの2つの眠り型の発達[6〜12]を模

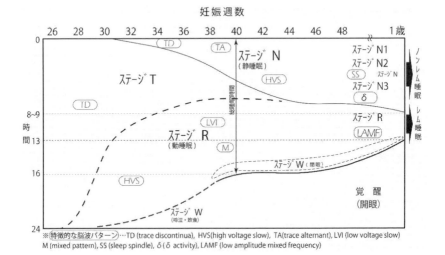

**図2.12** 睡眠の縦糸(レム睡眠)と横糸(ノンレム睡眠)の発達変化とAASMによるステート分類(文献11他を参考に筆者が作成)

## f 乳児期の睡眠 (2か月〜1歳)

　生まれた時に 3 kg 程度であった体重も，2 か月を過ぎる頃には 5 kg を超え，1 歳を迎える頃には 9 kg 程度になっているだろうか．外見上の身体発育のみならず，脳の中の睡眠機序もずいぶんと成熟を遂げている．タペストリーの例えでいえば，妊娠第 3 期でのシンプルな縦糸・横糸を使った製織から，装飾的な飾り糸にそっくり入れ替えたカラフルな柄模様を織り込む製織が，ここからはじまるようなものである．

　乳児期の「睡眠」も REM を伴うレム睡眠と，REM を伴わないノンレム睡眠の 2 つに大別される．しかし，生理的マーカーには妊娠第 3 期には見られなかった特徴が次第に観察され，睡眠の細分化に役立つようになる．例えば，脳波は妊娠第 3 期の 4 パターン (LVI, M, HVS, TA) に比べさらにバリエーションが増した波形パターンになる．眼球運動では緩徐眼球運動 (slow eye movement: SEM) と呼ばれる 0.5 sec を超える眼球の緩やかな振れも観測されるようになる (このステートをステージ N1 とする)．顎筋電は妊娠第 3 期に比べ，さらにステートごとの活動性にメリハリ (W とステージ N1 では同等であるが，ステージ N2, N3 となるにつれて段階的に低下し，ステージ R では完全に消失する) を示すようになる．こうして乳児期の睡眠は，レム睡眠はステージ R，ノンレム睡眠はステージ N1，ステージ N2，ステージ N3 へと細分化される．またノンレム睡眠中に閉眼しているが覚醒しているステート (ステージ W と呼ぶ) も発現する．

　生まれた後の脳波の発達変化を追っていくと，ノンレム睡眠の 3 ステート (N1, N2, N3) は，まったく同じタイミングで発現するわけではないことがわかる．まず，ステージ N1 の脳波の特徴の一つ，頭頂部鋭波 (V 波) は生後 5 か月頃が初発年齢になる．入眠期過同期波 (hypnagogic hypersynchrony: HH) は生後 6 か月頃になる．同様に，ステージ N2 の脳波の特徴の一つ，K 複合波 (K-complex) は生後 4 か月頃，SS は生後 2 か月頃に初発する．ステージ N3 の徐波活動 ($\delta$ activity) は生後 4 か月頃が初発になる．したがって，これら特徴的な脳波波形の初発年齢をまとめると，ノンレム睡眠を構成する 3 つのステートの完成時期は，ステージ N2 と N3 が生後 4 か月頃で，その後ステージ N1 が生後 6 か月頃と推測される．この

ことは, 48 週まではステージ R とステージ N の 2 つの眠りが, 生後 4 か月にはステージ W, R, N2, N3 の 4 つになり, 6 か月以降はそこに N1 が加わって 5 つの眠りの型へとノンレム睡眠のサブタイプが発達とともに増えていくことを意味する.

## g 「睡眠の始まり」にかかわる諸問題

### ◆(1) 不連続な睡眠発達

　妊娠第 3 期と乳児の睡眠ステート判定は, AASM によって一律性はもたらされたが, 依然大きな問題が残されている. それは, 妊娠第 3 期のレム睡眠, すなわちステージ R が乳児期のステージ R に相当することは間違いないが, 両者の間を滑らかにつなぐメカニズムが詳細に解明されていないのである. つまり, 妊娠第 3 期に見られていた脳波の LVI と M パターンから低振幅周波数混在波 (low amplitude mixed frequency: LAMF) パターンへの移行は, どこかのタイミングで生じているのであるが, 現在の知見では 2 か月の時点で特異点的に変化しているような印象を与えている. 妊娠第 3 期のノンレム睡眠も同様である. 妊娠第 3 期のステージ N から乳児期への接続は, おそらくステージ N → ステージ N2, N3 と分化していくのかもしれないが, 45〜48 週にステージ N の大半を占める HVS が, 乳児の N3 で観測される $\delta$ activity に単純に遷移しているとは必ずしもいい切れない. このように睡眠のステート判定は AASM でしっかりと規定されたものの, 年齢に特異的な脳活動を基準に考えると, その発達変化を十分に解明できていないのが問題点である.

### ◆(2) 5 万人／年の早産児

　平成がはじまった頃 (1990 年) は, 1 年間に 120 万人を超える赤ちゃんが生まれていた[12]. それから 30 年経た今日では, 1 年間に生まれてくる赤ちゃんの数は約 100 万人弱にまで減少している (946,065 人, 2017 年)[13]. この新生児の中には予定より早く・小さく生まれる児 (早産児) が少なからずいる. 1990 年のデータでは, 約 4.5 % (55,231 人) が早産児であった. そして 2017 年は 5.7 % (53,558 人) である. 生まれてくる新生児の数は減っているにもかかわらず, 早産児の数は減っていないのである. もう少し詳しく早産児を出生週数別 (31 週未満と 32 週〜36 週) で分けてみると, 31 週未満で生まれた児は全出生数に対し 0.7 % を占めている

(2017年).これは約143人に1人の割合であるが,これらの児は予定よりかなり早く母胎の外に出て,温湿度が完全にコントロールされた保育器に入って治療を始めていることになる.

### ◆(3) 早産児は保育器の中で眠れているのか

e.でも述べたように31週以前の胎児は1日のほとんどを「睡眠 (ステージTとR)」に費やしている.したがって,31週以前に生まれた早産児もまた保育器の中で睡眠をとっていることは間違いない.はたして彼らは保育器の中でよく眠れているのだろうか.保育器の中での睡眠と母胎での睡眠は同質なのだろうか.児にとって光や音を含めた劇的な環境変化はその後の発育に影響を及ぼしているのだろうか.早産で生まれる児が一定数いる今日において,彼らの睡眠模様のタペストリーが保育器の中できちんと製織できているのかどうか私たちは常に気を配らなければならない.

### ◆(4) 脳波研究が拓く早産児のこれから

われわれは妊娠第3期に早く生まれた早産児の脳波には,脳の急速な成熟を反映するさまざまな情報が含まれていると考えている[14].例えば,脳波の連続性,周波数,振幅の変化の3観点から,児の脳の急性期異常を判断することができる.また脳の慢性期異常に対しては発達遅滞を示す特徴的なパターンがあることも報告されている.これら以外にも脳室周囲軟化症などの脳深部の白質障害を反映するようなパターンも知られている.早産児の脳波は,児の脳成熟度の判定,脳機能異常の検出とその発達の経時的変化をとらえるための重要な手段として今後ますます研究していかなければならないだろう.

(佐治量哉)

文　献

1) 井上昌二郎: 眠りを科学する,朝倉書店,2006.
2) 神山潤: 子どもの睡眠―眠りは脳と心の栄養―,芽ばえ社,2003.
3) Berry, R.B. *et al.* (Eds): The AASM Manual for the Scoring of Sleep and Associated Events: Rules, Terminology and Technical Specifications, Version 2.3, 2016.
4) Anders, T. *et al.* (Eds): A Manual od standardized Terminology, Techniques and Criteria for Scoring of State of Sleep and Wakefulness in Newborn Infants. UCLA Brain Information Service, NINDS Neurological Information Network, 1971.

5) 高石昌弘・小林寛道 (編): 発育・成熟・運動, 大修館書店, 1995.
6) 太田龍朗ほか (編): 臨床睡眠医学, 朝倉書店, 2010.
7) Parmelee, A.H. *et al.*: Sleep state in premature infants. Dev Med Child Neurol, **9**: 70, 1967.
8) Louis, J. *et al.*: Sleep ontogenesis revisited: a longitudinal 24-hour home polygraphic study on 15 normal infants during the first two years of life. Sleep, **20**: 323, 1997.
9) Mindell, J.A.: Sleeping through the night, revised edition: How infants, toddlers, and Parents can get a good night sleep, HarperCollins Publishers, 2005.
10) Galland, B.C. *et al.*: Normal sleep patterns in infants and children: A systematic review of observational studies. Sleep Med Rev, **16**: 213, 2012.
11) National Sleep Fundation: 2004 Children and Sleep in America Poll, https://www.sleepfoundation.org/professionals/sleep-america-polls/2004-children-and-sleep
12) 政府統計の総合窓口 (e-stat) https://www.e-stat.go.jp/stat-search/files?page=1&toukei=00450011&tstat=000001028897
13) 厚生労働省: 人口動態調査. 平成29年 (2017) 人口動態統計 (確定数) https://www.mhlw.go.jp/toukei/saikin/hw/jinkou/kakutei17/index.html
14) Saji, R. *et al.*: Probability distributions of the electroencephalogram envelope of preterm infants. Clin Nuerophysiol, **126**: 1132, 2015.

Section 2.4

# 子どもとかかわる人の睡眠

- 保育者や養育者の不規則な生活は，心身にどのような影響を与えるのでしょうか
- 不規則な生活をする人が心身の健康を保つためのコツはあるのでしょうか

## a 保育者や養育者の不規則な生活とその心身への影響

　保育者や養育者では，日勤と夜勤を繰り返す勤務シフト(交代制勤務)や乳児の睡眠時間帯等の変動が不規則な生活の要因となりうる．また，交代制勤務は，睡眠[1]，さらには心身の健康や労働安全に対して望ましくない影響を及ぼしうること[1~4]，産後の母親では，夜間中に乳児の世話をするために，夜間睡眠が分断化し，抑うつ度や疲労感が高いことが示唆されている．ここでは，保育者や養育者の日々の生活で欠かせないことの中で，社会環境因子(勤務時間帯，乳児の睡眠時間帯等)により不規則化する睡眠や食事の習慣と，それらによって生じうる心身の不調について概説する．

### ◆(1) 不規則な生活：勤労者について

　保育園での保育士の勤務には，早番，中番，遅番，さらには夜勤も含めて，勤務時間帯が日によって変わる形態がある．また，残業によって勤務終了時刻が日によって変わる可能性もある．これらにより勤務時間帯が変わると，それに従って睡眠や食事の時間帯も変わる可能性がある．

　勤務時間帯の変動が最も大きい勤務形態には，日勤と夜勤を繰り返す勤務シフ

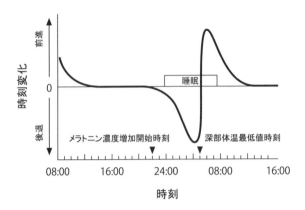

**図 2.13** 光にさらされるタイミングと生物時計の時刻変化との関係 (文献 41 をもとに作図，一部改変)

網膜から入力される光によって，生物時計の時刻 (または時計の時刻を刻む速さ) が変化する．また，光が入力される時刻 (ここでの時刻は生物時計の時刻，すなわちメラトニン濃度増加開始時刻や深部体温最低値時刻を基準とする時刻) に応じて，時計の時刻が遅れたり進んだり (または時刻を刻む速さが遅くなったり速くなったり) する．さらに，光が明るい (照度が高い) ほど，また光に青色成分が多く含まれるほど，変化の量は増大する．ここで示されている関係は，これまでの研究結果を総合して得られたものである．ただし，生物時計が 24 時間周期の太陽の明暗リズム (横軸の時刻) に同調している状況での関係を示している．

ト (交代制勤務) がある．この勤務シフトは，例えば，病院内保育所等の 24 時間型の保育所での勤務形態の一つである．また夜勤は夜の時間帯に働く勤務であり，すなわち，太陽光による照度が低く，屋外が暗い時間帯に働くことが特徴である．ただし勤務中は，人工的な照明によって明るくされた室内でも働くことが必要である．これらが身体に及ぼす影響には，行動等の日周リズムを生成する生体内の時計 (生物時計) の時刻が遅れる (または時刻を刻む速さが遅くなる)，といったことがある (図 2.13)．

ヒトの生物時計は 24 時間よりやや長いリズム (サーカディアンリズム) を自律的に生成する発振体で，主要な部分は脳にある視交叉上核と呼ばれる神経細胞群で構成されている．生物時計は，外部の時刻を参照して自身の時刻を調整する．具体的には，目の網膜から入力される光を利用して，時計の時刻を遅らせたり進めたり (または時刻を刻む速さを遅めたり速めたり) する．この作用の目的は，太陽光を利用して，生物時計の時刻を太陽光の明暗リズムに合致させることと，生物時計の周期を 24 時間にすることである．また生物時計には，ヒトの場合，生物時計での夜の時間帯に睡眠を生じやすくするはたらきもある．

一方で，人工光によっても生物時計の時刻 (または時刻を刻む速さ) は変わりうる．そのため，夜勤時のみならず，その後の日勤時では，生物時計の昼夜の時間帯と覚醒あるいは睡眠の時間帯や太陽光の明暗リズムがずれた状態で生活する可能性が高まることとなる．具体的には，例えば，生物時計の昼夜の時間帯が太陽光による明暗リズムと一致している状態で，夜勤時の夜中に光が網膜から入力された場合，メラトニンが松果体から分泌されにくくなることなどによって，生物時計の時刻は最大で数時間程度後退する (生物時計の遅れ)．なお，メラトニンは暗い環境下で夜間に多く分泌されるホルモンで，生物時計の時刻を進めたり遅らせたり (または時刻を刻む速さを速めたり遅めたり) するはたらきを持つ．さらにその後，夜勤直後の休日では，生物時計の時刻の遅れに伴って睡眠時間帯が夜勤前と比較して遅くなる傾向があるものの，日勤日では，睡眠時間帯は生物時計に従うのではなく，むしろ，日勤の始業時刻によって起床時刻や睡眠時間帯が調整されることとなる．また，生物時計の時刻は急激に大きく変わることがないため，生物時計の昼夜の時間帯は太陽光の明暗リズムや社会要因 (日勤の始業時刻) によって定められた覚醒や睡眠の時間帯と多少ずれること (位相ずれ状態) になる．

このことに加えて，日勤日では，始業時刻は起床時刻に強く影響する，すなわち，どれくらいの時間まで寝ていられるかを規定する一方で，就寝時刻に対する始業時刻の調整効果は始業時刻に対するものと比較して強くはないため，特に休日直後の就寝時刻は休日での就寝時刻からあまり変わることがなく，睡眠時間が短くなる可能性が高まる．また，始業時刻に間に合うギリギリの時刻まで寝ようとすることなどによって，朝食を食べない傾向も高まる．

このような「位相ずれ状態」と生物時計の遅れに伴う睡眠時間の短縮や朝食欠食は，その程度の差は日勤と夜勤を繰り返す交代制勤務の場合と比較して小さいものの，勤務時間帯の数時間程度の移動や休日での夜更かし朝寝坊によっても生じる可能性がある．

### ◆(2) 不規則な生活：母親について

生後数か月以内の乳児の生物時計は，約 24 時間のリズムを刻む発振体としての機能を獲得しつつある段階にある．そのため，その時期での睡眠覚醒リズムは 24 時間周期ではなく，夜間に起きたり昼間に眠ったり，睡眠や覚醒の時間帯は日々変わる[5]．そうしたことから母親は，乳児と同じ布団やベッドで寝る，乳児と同

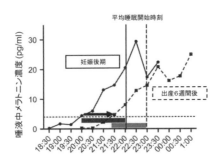

**図 2.14** 妊娠後期と出産後での唾液中メラトニン濃度の変化と睡眠開始時刻との関係 (文献 6 をもとに作図，一部改変)

データは，妊娠後期 (実線) と出産後 (破線) での暗い環境下で計測された唾液中メラトニン濃度である．この濃度は生物時計によって制御される．したがって，出産後での生物時計は，妊娠後期のものと比較して時刻が遅れていること (黒矢印)，また，睡眠開始時刻を基準とした時刻でも遅れている［メラトニン濃度が 4 pg/ml に達する時刻と睡眠開始時刻との差は，出産後 (灰色バー) の方が妊娠後期 (黒色バー) よりも短い］ことを示している．

じ部屋で寝る，授乳する，などによって，夜間の睡眠中であっても乳児の覚醒の時間帯に覚醒することとなる．その結果として，夜間睡眠中の中途覚醒や睡眠の分断化，総睡眠時間の減少，また，日々の睡眠時間帯の不規則化，生物時計の遅れ (太陽光の明暗リズムまたは覚醒睡眠リズムに対する生物時計の遅れ)[6] が確認されている (図 2.14)．

#### ◆(3) 生物時計の遅れや「位相ずれ状態」の影響

生物時計の遅れや「位相ずれ状態」は，海外旅行などで時差のある地域 (特に東方向への移動) に飛行機で移動する直後でも生じるもので，そうした時に生じる心身の症状は，地域間の移動などに起因しない生物時計の遅れや，それに伴う社会リズムや睡眠覚醒リズムと生物時計との間の「位相ずれ状態」によって生じる症状とほぼ同じである．前者での症状は「時差ぼけ」として社会に浸透しているものであるが，後者での症状は「社会的時差ぼけ」と呼ばれることがある．

「社会的時差ぼけ」の主な急性的な症状には眠気や疲労の増大があるが，「社会的時差ぼけ」が繰り返されることで，心身の健康が阻害されることが示唆されている．例えば，その一つとして体重増加や肥満がある．これまでの研究では，交代制勤務者では日勤者と比較して体格指数 (body mass index [体重/身長$^2$]: BMI) が大きいこと[7]，交代制勤務者に限らず，平日と休日の睡眠時間帯の差が大きい

人ほど体格指数が大きいこと[8]が確認されている．また，産後の体格指数や体重の増加(妊娠前のレベルに戻らないこと)が観察された人では，そうでない人と比較して起床時刻が遅いこと[9]が示唆されている．これらの関係にかかわることとして，生物時計の遅れや「位相ずれ状態」によって，食欲を抑制するホルモン(レプチン)の分泌量が低下すること[10]，食事の内容[11]や嗜好性が変わること[12]，などが確認されている．

また，抑うつ度の増大がある．交代制勤務者では日勤者と比較して自覚される抑うつ症状レベルが高く[13]，このことは交代制勤務者での生物時計が日勤者よりも遅れていることで説明できる可能性があることが示唆されている．また，交代制勤務者に限らず，平日と休日の睡眠時間帯の差が大きい人ほど抑うつ度が高いこと[14]が確認されている．動物での実験では，生活環境の明暗リズムの位相前進(明るい/暗い時間帯の前進)が繰り返されると，感情の制御とも関連するとされる海馬[15]での神経新生が減ること[16]が確認されている．

### ◆(4) 日々の睡眠時間帯の不規則化の影響

産後の母親において，夜間の睡眠時間帯の変動が大きい人ほど，日中での注意持続力(持続性注意機能)が低いことが確認されている[17]．健常成人では，睡眠時間帯の変動が大きい人ほど浅い睡眠(浅いノンレム睡眠)の時間が長い一方で，深い睡眠(深いノンレム睡眠)とレム睡眠の各時間が短いこと，また，日中での注意持続力が低く，気分の落ち込みが大きいこと[18]，睡眠時間帯の変動を小さくすると，日中の不安，緊張，疲労等の主観的レベルが改善することが確認されている[19]．

### ◆(5) 睡眠時間の短縮の影響

睡眠時間が短縮し不足すると，睡眠の制御特性によって翌日の総睡眠時間，深い睡眠時間，レム睡眠時間が増える可能性がある．一方で，短縮した睡眠が日々繰り返されると，その影響は日々累積する(主観的な眠気の増大や注意持続力の低下[20]，血中のストレスホルモン濃度の増大[21]などが累積する)可能性がある．ただし，睡眠時間の不足分の累積時間は，主観的な眠気に対する累積効果による見積もりでは過小評価されやすい点，すなわち主観的な眠気は累積しにくい点には注意が必要である．また交代制勤務者では，日勤時の夜間睡眠の時間が短いことは，抑うつ度の増大[13]，肥満リスクや体重の増大[17]と関連することが確認されて

いる．なおこれらの関連は一般成人でも確認されている．

### ◆(6) 夜間睡眠の分断化の影響

夜間睡眠の分断化の急性的な影響について健常成人を対象に確認されている．実験室で一晩睡眠した際に，強制的に数回覚醒させると，睡眠後の日中で，気分の落ち込みなどのネガティブな気分の増大[22]，起床後での疲労感の増大，夕方での満腹感の減少[23]が報告されている．

### ◆(7) 朝食欠食の影響

習慣的な朝食欠食は肥満のリスクを高める要因の一つであることが指摘されている[24]．動物での実験では，4日連続の朝食欠食の影響として，肝臓での脂肪合成が促進されることが確認されている[25]．

## b 不規則な生活をする保育者や養育者の心身の健康を保つための対策

これまでに概説したように，夜間睡眠時の中途覚醒や睡眠の分断化，日々の睡眠時間帯の不規則化，朝食欠食などの不規則な生活は，保育者や養育者の場合では，勤務シフトや夜間中の乳児の世話に起因する可能性がある．この場合，これらの要因を取り除くことで不規則な生活を規則的なものにすることの実現可能性は低い．ここでは，不規則な生活を送りながらも，心身の健康の保持や労働安全に効果があると考えうる対策について，その可能性を示唆している研究結果とともに紹介する．ただし，いずれの場合も効果の有無を検討した論文の数は多くはなく，また関連する研究結果を総合して効果の有無や程度を検討した結果はまだ提示されていないことに留意されたい．

### ◆(1) 就労者について

**人工光の効果**

交代制勤務者を対象に，日勤時の起床後，青色成分が含まれる高照度の光にさらされることの影響について確認されている[26]．具体的には，週平均1回程度の夜勤をする交代制勤務者を対象に，日勤時の起床後に10分間，青色成分が含まれる光を放つ高照度の照明を机上の書類を読む間に正面から点灯（光源から30〜

40 cm の位置で照射，眼前での照度は約 5,500～8,900 lx，色温度は 3,500 K) し，これを 1 か月間継続したところ，点灯期間の前後で，日勤時の日中の主観的な眠気が低下し，注意持続力の改善が認められている．さらに，主観的な疲労度も低下し，日勤時の夜間睡眠では，主観的によく眠れるようになったことが認められている．また，健常成人を対象に，実験室での模擬夜勤時 (23 時から 7 時) に青色成分が多く含まれる光を室内照明に用いた場合 (天井照明，眼前での照度は約 90 lx，色温度は 17,000 K)，模擬夜勤中での主観的な眠気の増加が抑制されることが確認されている[27]．ただし，夜間に青色成分が含まれる光にさらされることで，生物時計の時刻が遅れる (または時刻を刻む速さが遅くなる) 可能性があること (図 2.13) には注意が必要である．すなわち，夜勤から日勤への勤務時間帯の変更後などでの夜間睡眠時で消灯後になかなか眠ることができないなどの症状がある場合では，夜勤前や夜勤中にさらされる高照度または青色成分が含まれる光について，照度を低くしたり時間を短縮したりするなど，勤務シフトや睡眠の状況に応じて調整する必要があると考えられる．

**昼寝の効果**

夜勤時の夜間に覚醒を維持する必要がある場合などには，夜勤前後の日中に昼寝をすることで，ある程度対処することが可能である．また，夜勤前の昼寝によって，夜勤中の主観的な眠気の増加，覚醒度の低下，注意持続力の低下が抑制されることが確認されている[28]．ただし，昼寝をする時間帯によっては，生物時計の時刻が後退してしまう (または時刻を刻む速さが遅くなってしまう) 可能性があるが，午後の早い時間帯に寝るようにすると，生物時計の時刻への影響が少ないと考えられている[29]．

**夜勤前のカフェイン摂取の効果**

カフェインの経口摂取は眠気の一時的な抑制に効果的である．このことは，夜勤開始直前にカフェインを経口摂取する場合でも認められることが，実験室実験で確認されている．例えば，実験室での模擬夜勤の開始直前に体重 1 kg あたり 4 mg のカフェインを摂取すると，カフェインを摂取しない場合と比較して，その後の模擬夜勤中 (夜中から早朝にかけて) での主観的な眠気や客観的に計測された眠気は減少することが確認されている[30～32]．一方で，カフェインの摂取によって生物時計の時刻が後退する可能性があることも示唆されている[33]ことから，夜勤から日勤への勤務時間帯の変更後などでの夜間の睡眠時に，消灯後になかなか眠る

ことができないなどの症状が生じる場合では，摂取量を少なくするなど，勤務シフトや睡眠の状況に応じて，摂取量を調整する必要があると考えられる．

## ◆(2) 母親について

**人工光の効果**

うつ病を持つ産後の母親を対象に，人工光を利用することによって抑うつ度や睡眠が改善することが示唆されている．ある研究では，うつ病を持つ産後6か月以内の母親を対象に，眼鏡フレーム型の光照射機材を用いて，5週間毎日，朝の起床後30分以内から光 (500 nm，眼前での照度は約500 lx) を60分間照射した[34]．その結果，照射をした期間の前後で，抑うつ度が減少し，自記式の睡眠日誌での睡眠効率 (布団に入っていた時間に対する眠っていた時間の割合) が改善したことが認められている．さらに，朝の光照射は生物時計の時刻を進める (または時刻を刻む速さを速める) 作用がある (図2.13) が，それに伴い睡眠時間帯に対する生物時計の相対的な時刻が前進するほど，抑うつ度の低下が大きいことが認められている．また別の研究では，うつ病を持つ産後の母親が，夜間に乳児の世話をする時に，光の青色成分を遮る (530 nm 未満の成分を遮断) 特殊な眼鏡と青色成分を含まない光を発する電球を2か月間使用したところ，その期間の前後でうつ病の回復が促されたことが確認されている[35]．

**マッサージの効果**

夜によく眠れない場合にマッサージを受けると，夜間の睡眠に対する主観的評価が改善することが，産後の母親を対象に確認されている．これまでの研究では，20分間の背中のマッサージを1日1回，5日連続で午後5時から午後9時の間に実施[36]，あるいは30分間 (左右各15分間) の足裏マッサージ (リフレクソロジー) を1日1回，5日連続 (出産後9〜13日目) で夜間に実施[37]したところ，主観的によく眠れない状況がマッサージを受けた期間後に改善したことが確認されている．

**運動の効果**

習慣的に運動をしたり一時的に運動をしたりすることによって夜間によく眠れるようになることは，主には産後の母親以外の成人を対象に確認されてきている．改善効果があることが確認されている運動様式は，ジョギングやウォーキング等の持久的運動 (有酸素運動) や筋力トレーニング等の瞬発的運動 (無酸素運動) が中心である．同様の運動を産後間もない時期に実施することは可能かもしれない

が，運動をするために外出したり，筋肉痛が生じるような運動をしたりすることは，産後の多くの人にとっては，身体的，心理的，環境的事情により難しいかもしれない．これに対して，自宅の室内でできる低強度の運動として，ストレッチと筋力トレーニングを混合した運動 (ピラティス) を実施することによる夜間の睡眠への効果について，出産後の母親を対象に確認されている[38]．具体的には，1回 30 分間のピラティスを，週 5 回，出産 72 時間後から 8 週間にわたり自宅で早朝に実施 (授乳が終わってから開始) したところ，運動実施期間の前後で，主観的な睡眠の質，入眠潜時 (寝つきにかかる時間)，日中での覚醒困難度が改善されたことが示唆されている．また，産後 3～6 か月の母親においては，1 日の総運動時間 (歩行，ジョギング，筋力トレーニング，ヨガ，ピラティス，その他の有酸素運動の合計時間) と睡眠時間の関係について，運動時間が長い人は睡眠時間が長く (個人間での関連性)，運動時間が長い日は睡眠時間が長い (個人内での関連性) ことが確認されている[39]．さらに，運動は産後うつ病の改善にも効果がある可能性が示唆されている[40]．

## c まとめ

　保育者や養育者では，交代制勤務や乳児の睡眠時間帯等の変動にともない，日々の睡眠や食事が不規則となったり食事の量や質が変わったりすることにより，抑うつ度の増大や肥満等のリスクが高まる可能性がある．そのため，例えば食事の量や質に気を付けることで肥満等のリスクの軽減につながる可能性があるであろう．また，睡眠/覚醒を促すことや生物時計を調整することでこれらのリスクを軽減しようとする対策が検討されつつある．これまでの研究では，そうしたはたらきかけがリスク軽減に有効であることが示唆されているが，副作用の有無や効果の程度等の確認も含めて，より確かなエビデンスの積み重ねが必要であろう．

〔東郷史治〕

### 文　献

1) Lin, P.C., *et al.*: Atypical work schedules are associated with poor sleep quality and mental health in Taiwan female nurses. Int Arch Occup Environ Health, **85**(8): 877–884, 2012.
2) Suzuki, K., *et al.*: Mental health status, shift work, and occupational accidents among hospital

nurses in Japan. J Occup Health, **46**(6): 448–454, 2004.
3) Monk, T.H., *et al.*: Circadian rhythms in human performance and mood under constant conditions. J Sleep Res, **6**(1): 9–18, 1997.
4) Drake, C.L., *et al.*: Shift work sleep disorder: Prevalence and consequences beyond that of symptomatic day workers. Sleep, **27**(8): 1453–1462, 2004.
5) Kleitman, N. and T.G. Engelmann: Sleep characteristics of infants. J Appl Physiol, **6**(5): 269–282, 1953.
6) Sharkey, K.M. *et al.*: Circadian phase shifts and mood across the perinatal period in women with a history of major depressive disorder: a preliminary communication. J Affect Disord, **150**(3): 1103–1108, 2013.
7) Tada, Y., *et al.*: Association of body mass index with lifestyle and rotating shift work in Japanese female nurses. Obesity (Silver Spring), **22**(12): 2489–2493, 2014.
8) Roenneberg, T., *et al.*: Social jetlag and obesity. Curr Biol, **22**(10): 939–943, 2012.
9) Sharkey, K.M., *et al.*: Women with postpartum weight retention have delayed wake times and decreased sleep efficiency during the perinatal period: a brief report. Sleep Health, **2**(3): 225–228, 2016.
10) Baron, K.G. and K.J. Reid: Circadian misalignment and health. Int Rev Psychiatry, **26**(2): 139–154, 2014.
11) Yoshizaki, T., *et al.*: Association of habitual dietary intake with morningness-eveningness and rotating shift work in Japanese female nurses. Chronobiol Int, **35**(3): 392–404, 2018.
12) Cain, S.W., *et al.*: Enhanced preference for high-fat foods following a simulated night shift. Scand J Work Environ Health, **41**(3): 288–293, 2015.
13) Togo, F., *et al.*: Association between depressive symptoms and morningness-eveningness, sleep duration and rotating shift work in Japanese nurses. Chronobiology International, **34**(3): 349–359, 2017.
14) Levandovski, R., *et al.*: Depression Scores Associate With Chronotype and Social Jetlag in a Rural Population. Chronobiology International, **28**(9): 771–778, 2011.
15) Samuels, B.A. and R. Hen: Neurogenesis and affective disorders. Eur J Neurosci, **33**(6): 1152–1159, 2011.
16) Gibson, E.M., *et al.*: Experimental 'jet lag' inhibits adult neurogenesis and produces long-term cognitive deficits in female hamsters. PLoS One, **5**(12): e15267, 2010.
17) McBean, A.L. and H.E. Montgomery-Downs: Timing and variability of postpartum sleep in relation to daytime performance. Physiol Behav, **122**: 134–139, 2013.
18) Taub, J.M.: Behavioral and psychophysiological correlates of irregularity in chronic sleep routines. Biol Psychol, **7**(1–2): 37–53, 1978.
19) Takasu, N.N., *et al.*: Effects of regularizing sleep-wake schedules on daytime autonomic functions and psychological states in healthy university students with irregular sleep-wake habits. Sleep and Biological Rhythms, **10**(2): 84–93, 2012.
20) Van Dongen, H.P., *et al.*: The cumulative cost of additional wakefulness: dose-response effects on neurobehavioral functions and sleep physiology from chronic sleep restriction and total sleep deprivation. Sleep, **26**(2): 117–126, 2003.
21) Simpson, N.S., *et al.*: Repeating patterns of sleep restriction and recovery: Do we get used to it? Brain Behav Immun, **58**: 142–151, 2016.
22) McBean, A.L., *et al.*: Effects of a single night of postpartum sleep on childless women's daytime

functioning. Physiol Behav, **156**: 137–147, 2016.
23) Gonnissen, H.K., *et al.*: Effects of sleep fragmentation on appetite and related hormone concentrations over 24 h in healthy men. Br J Nutr, **109**(4): 748–756, 2013.
24) Huang, C.J., *et al.*: Associations of breakfast skipping with obesity and health-related quality of life: evidence from a national survey in Taiwan. Int J Obes (Lond), **34**(4): 720–725, 2010.
25) Yoshida, C., *et al.*: Early nocturnal meal skipping alters the peripheral clock and increases lipogenesis in mice. Nutr Metab (Lond), **9**(1): 78, 2012.
26) Tanaka, K., *et al.*: Brief morning exposure to bright light improves subjective symptoms and performance in nurses with rapidly rotating shifts. J Occup Health,. **53**(4): 258–266, 2011
27) Sletten, T.L., *et al.*: Randomised controlled trial of the efficacy of a blue-enriched light intervention to improve alertness and performance in night shift workers. Occup Environ Med, **74**(11): 792–801, 2017.
28) Smith, M.R. and C.I. Eastman: Shift work: health, performance and safety problems, traditional countermeasures, and innovative management strategies to reduce circadian misalignment. Nat Sci Sleep, **4**: 111–132, 2012.
29) McKenna, H. and M. Wilkes: Optimising sleep for night shifts. BMJ, **360**: j5637, 2018.
30) Schweitzer, P.K., *et al.*: Laboratory and field studies of naps and caffeine as practical countermeasures for sleep-wake problems associated with night work. Sleep, **29**(1): 39–50, 2006.
31) Walsh, J.K., *et al.*: Effect of caffeine on physiological sleep tendency and ability to sustain wakefulness at night. Psychopharmacology (Berl), **101**(2): 271–273, 1990.
32) Muehlbach, M.J. and J.K. Walsh: The effects of caffeine on simulated night-shift work and subsequent daytime sleep. Sleep,. **18**(1): 22–29, 1995.
33) Burke, T.M., *et al.*: Effects of caffeine on the human circadian clock in vivo and in vitro. Sci Transl Med, **7**(305): 305ra146, 2015.
34) Swanson, L.M., *et al.*: An open-label pilot study of a home wearable light therapy device for postpartum depression. Arch Womens Ment Health, **21**(5): 583–586, 2018.
35) Bennett, S., *et al.*: Use of modified spectacles and light bulbs to block blue light at night may prevent postpartum depression. Med Hypotheses, **73**(2): 251–253, 2009.
36) Ko, Y.L. and H.J. Lee: Randomised controlled trial of the effectiveness of using back massage to improve sleep quality among Taiwanese insomnia postpartumwomen. Midwifery, **30**(1): 60–64, 2014.
37) Li, C.Y., *et al.*: Randomised controlled trial of the effectiveness of using foot reflexology to improve quality of sleep amongst Taiwanese postpartum women. Midwifery, **27**(2): 181–186, 2011.
38) Ashrafinia, F., *et al.*: The effects of Pilates exercise on sleep quality in postpartum women. J Bodyw Mov Ther, **18**(2): 190–199, 2014.
39) Lillis, T.A., *et al.*: The Association of Daytime Maternal Napping and Exercise With Nighttime Sleep in First-Time Mothers Between 3 and 6 Months Postpartum. Behav Sleep Med, **16**(6): 527–541, 2018.
40) Fitelson, E., *et al.*: Treatment of postpartum depression: clinical, psychological and pharmacological options. Int J Womens Health, **3**: 1–14, 2010.
41) Burgess, H.J., *et al.*: Bright light, dark and melatonin can promote circadian adaptation in night shift workers. Sleep Med Rev, **6**(5): 407–420, 2002.

# Chapter 3

## 遊　　ぶ

　起きている時の子どもの行動は広い意味で「遊び」と捉えることができる．ここでは，4つの視点から子どもの行動を捉えることにより，豊かな行動の中から子どもたちが何を得ていくのかに思いを巡らせる．「見る」という行動から，自分を取り巻く環境を知り，視線を介したコミュニケーションが成り立ち，他者の気持ちを理解するようになる道筋を考える．また，「聴く」という行動に関して，子どもに向かった話しかけをどのように受け止めるのかに焦点を当て，言葉の理解や発話の発達につながる道筋を考える．さらに，自分を取り巻く環境を「探る」という行動に関して，生まれ持つ自発的な行動から生じる模索的な探索からより能動的・予測的な探索へとつながる過程の中で，世界に関する知識の精度を高めていく道筋を考えてみる．最後に，「泣く」という行動が，自分の欲求やストレス等を他者に伝えるシグナルとして働き，次第にそれが多様な意味をともなった言語のような役割を果たすようになる可能性について考え，感情の発達との関係性に思いを巡らせる．

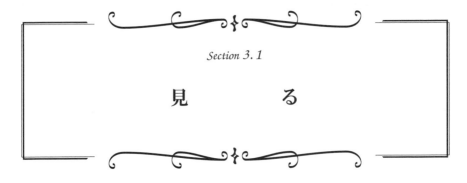

Section 3.1

# 見　る

- 子どもは世界をどのように見ているのでしょうか
- 視線で気持ちを伝え合うことができるでしょうか

##  赤ちゃんには世界がどう見えているだろうか？：視覚機能の発達と乳児の視覚世界

### ◆(1) 赤ちゃんには世界がぼやけて見えている

　視覚は，人間が身の回りの物事を感知するための感覚機能の中でも，最も遅くに発達すると考えられている．例えば，聴覚機能は胎児がお母さんのお腹の中にいる時からかなりの程度発達していることが指摘されており，妊娠33週(妊娠9か月のはじめ頃)の時点で何度も繰り返し聞いた音声を記憶し，他の音声と聞き分けているという研究[1]や，誕生前の時点ですでに成人の聴覚野に相当する部位が活動していることを明らかにした研究[2]などがある．その一方で視覚機能は聴覚系とは対照的に，脳神経系が最も遅く成熟する部類に入り，誕生直前から3歳にかけて急速に発達していく[3]．具体的には，光に対する反応は在胎26週(妊娠7か月の終わり頃)には見られるものの，誕生直後の視力は0.03〜0.05程度しかないことがわかっており[4]，これは成人の視力の30分の1程度にあたる．眼鏡やコンタクトレンズを使用している者であれば，それらを外した時に見える(人によってはそこからさらにピントをぼかした)光景が，生まれて間もない乳児たちの視覚世界である．後述するように，色覚も生後半年くらいまでは未熟であるため，厳密には図3.1のように，ピントがぼけた画像からさらに色彩を除いた光景が新生児の視覚世界であると考えられている．ただしこの限られた視力は，ちょ

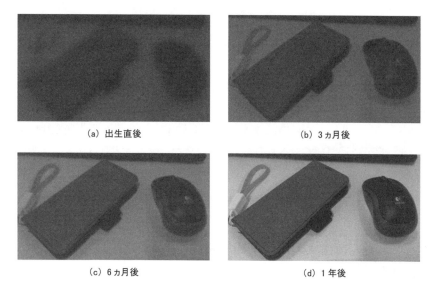

**図 3.1** 乳児の視覚世界 (写真撮影には，REBIScan 社によって開発された iTunes アプリ「BabySee」を使用した．このアプリでは撮影した写真を画像変換することで出生直後から生後 1 年までの乳児の視覚世界をシミュレーションすることができる．) (口絵 3 参照)

うど乳児が大人に抱かれた時に顔が見えるくらいの視力 (30 cm 先の対象にピントが合う程度) に相当するため，彼らが生活する上では十分な視力といえるのかもしれない．実際にマウラ夫妻は，乳児期初期の極端な「近視」は焦点の合うものをぼやけた背景から際立たせ，近くにあるもの，例えば自分を世話する養育者の顔や自分の手指，握っているおもちゃなど，乳児が注意を向けたり関与したりする必要のある限られた対象に焦点を合わせやすくすることに役立っているのではないか，と述べている[5]．このマウラ夫妻による『乳児には世界がどう見えるか』(草思社，1992) では，胎児期から生後 1 年くらいの乳児が身の回りの世界をどのように経験したり感じたりしているのかということについて，発達心理学の研究で明らかにされたことを踏まえてたいへん表現豊かに描写されており，乳児の心の世界を知る上で参考になるためここに挙げておく．

◆**(2) 幼児期にかけて徐々に大人と同じ視覚能力を獲得していく**

さて，視力はその後，生後半年で 0.2，3〜4 歳頃に 1.0 程度まで発達する．視野の中で動くものを目で追う能力 (追視) は生後 1 週間頃から認められるが，この時

点ではまだモノが動いた方向に眼球が動くという原初的な眼球運動であり，生後5か月頃までにようやく視界の中で動く対象をより正確に追視できるようになってくる[6]．

色を見分ける能力も誕生直後は非常に乏しく，生後2か月頃まではようやく明るさの等しい赤と緑を区別できる程度であって，その後1歳頃にかけて色覚能力が改善していく[7]．立体視 (奥行きを知覚する力) についても，誕生間もない頃にはすでに自分に近づいてくるものを避けるような行動が見られるなど原初的な奥行き知覚能力は非常に早い段階から認められる一方で，大人と同じような奥行き知覚は他の視覚能力と同様に，生後半年くらいまでに急速に発達していくことが明らかにされている[8]．

## b 赤ちゃんは生まれつき「物見高い」存在である：特定のモノに対する注意バイアス

上で述べたように，乳児の視覚能力は誕生からしばらくの間，成人と比べて非常に限られている．その一方で，乳児はただ視界に入るものを漫然と眺めているのではなく，生後間もない頃から特定のものを他に比べてよく見ようとする傾向性を備えていることが明らかにされている．具体的には，乳児は無地の図形よりも模様や柄 (パターン) のあるもの，特に顔の絵が入った図形をよく見る[9,10] (図 3.2)．加えて，コントラストが高くはっきり柄が見えるもの，柄が複雑なもの，曲がっているもの[11]，淡い色よりも原色[12]，目新しいもの[13]をよく見たり，顔を向けたりする．乳児が顔をよく見るという事象 (顔に対する視覚的選好) については，それだけでなく，目をつぶっている顔に比べて目が開いている顔を[14]，自分以外の対象を見ているよりも自分を見ている顔を[15]，そして大人が魅力的だと判断する顔をよく見ることが明らかにされている[16]．ちなみにこの「魅力的な顔」に対する視覚的選好は人間の顔に限ったものではなく，他の動物 (例えばネコの顔) でも生じる可能性が指摘されている[17]．彼らの研究では，顔を上下逆さまにしたところ「魅力的な顔」に対する視覚的選好は消失した．成人を対象とした研究でも，顔を上下逆さまにすると魅力的な顔とそうでない顔を区別しにくくなることがわかっている[18]．これらは視覚的な経験に乏しい乳児であっても大人と同じような"審美眼"がすでに備わっている可能性を示唆する，興味深い知見といえる．また，乳児は静止しているものよりも動いているものをよく見るが，動きにパター

**図 3.2** 乳児は左上の図に顔を向けたり，視線を向けたりする[10]

ンのあるもの (例えば光のドットの集合体が規則的に点滅し，あたかも人や動物が歩行しているように見える動画) をよく見ることが明らかにされている[19]．

なお，こうした乳児の生得的な「物見高さ」，つまり特定の刺激を他から区別し，自らの感覚器や身体を駆使して選択的に取り込もうとする生まれつきの力こそが，後のさまざまな心理機能の発達を導く要素として重要であるとする研究もある[20]．この点については次の項で詳しく述べる．

## C 乳児の心の世界を知る方法

◆(1) 赤ちゃんの心の窓としての視線行動：4つの実験手法から赤ちゃんの心を探る

「目は口ほどに物をいう」ということわざは，乳児にこそふさわしいのかもしれない．もっともここでの"目"とは，乳児の目元の表情ではなく，何をどのくらい見ているかという，彼らの"まなざし"のことを指すのであるが．先に乳児が特定の刺激を他から区別し，自らの感覚器や身体を駆使して選択的に取り込もうとする傾向性を備えていることを指摘した．発達心理学者たちは乳児のこうした「物見高さ」を利用することによって，言葉で自分の気持ちを伝えることのできない乳児の心の世界に迫ろうとしてきた．

乳児の視線を利用した発達心理学の実験手法として，代表的なものを4種類挙

げることができる．はじめに古典的な手法3つを紹介する．まず選好注視法 (PL法, 強制選好注視法とも呼ばれる) は, 2つの刺激を並べて見せた時, 片方をもう片方よりも一貫して長く・頻繁に見ることがあれば, 乳児は2つの刺激を区別していると判断する方法である．なお, 「選好」という言葉がつけられているが, この方法だけでは乳児が本当にそちらを本当に"好んでいる"のかどうかはわからない．つまり, 片方の刺激が興味深いからなのか, つい目が行ってしまうだけであるのか, どうして見ているかという点はわからない．しかし, 片方の刺激に対する視線の反応がもう片方と違うことがわかれば, 乳児には2つの刺激が違って見えていることや, 乳児の注意が引き付けられる刺激はどのような要素をもつのかを突き止めることができる．

2つめの方法は馴化-脱馴化法である．乳児はとても好奇心旺盛で新奇なものをよく見ようとするが, 慣れてしまうと途端に興味を失い, 対象に目を向けなくなる．この性質を利用して, 乳児にある刺激をしばらく見せ続け, 飽きて見なくなってきた頃に, 先に見せた刺激とよく似ているものの, 一部の要素が異なっている刺激を見せる．この時, 新しく提示されたものに対する乳児の注意が回復すれば, 乳児が先に見せられたものと, その後に続けて見せられたものとを区別していると判断することができる．この方法によって, 乳児がある刺激を別の刺激を弁別する能力があるかどうか, また, 何と何が同じに見えているか／同じものとみなしているかを推測することができる．

3つめは期待違反法である．人間には思いもよらない出来事 (予想していたこととは異なる事象) を目にすると, 驚いて何が起こったのかを調べるようにその現場をまじまじと見てしまう傾向性がある．例えば, あなたが壁に向かって走っている人を見かけた際, もしその人が壁をすり抜けて消えてしまったとしたら, いったい目の前で何が起こったのかしばらくの間その壁に注意が釘づけになってしまうだろう．このような「予想と異なる出来事 (例．人が壁をすり抜ける動画)」を目にした後の注視 (凝視) 時間を, 「予想通りの出来事 (例．人が壁にぶつかったり壁の前で立ち止まったりする動画)」を目にした後の注視時間と比較することによって, 乳児が頭の中で目の前の事象についてどのような期待や予期・予測を持っていたかを推測することができる．この方法によって, 乳児がどのような知識や考えを持っているか, 先の壁の事例では「壁はすり抜けることができない」という物理的法則にかかわる知識があるかどうかを明らかにすることができるのである．

4つめの予期注視法 (gaze anticipation) は視線の軌跡をより正確に計測できるようになってから登場した比較的新しい方法で，対象への注視時間を調べる先に述べた3つの方法とは異なり，視線の軌跡から乳児の予測や思考を推測する．例えば，クッキーとキャンディーの2つが置かれた状況において，Aさんがいつでもクッキーに手を伸ばしている光景を繰り返し眺めたとする．そしてその後，再び同じ状況に出くわしたら，おそらく大多数の人が「Aさんは次もクッキーを取るだろう」と予測するだろう．この時，我々はAさんが手を伸ばす前に，無意識のうちにその行動を先回りしてクッキーの方に視線を向けてしまうことが明らかにされている．これが他者の動作や出来事に対する予期的な注視である．こうした予期的な注視は大人に限らず，乳児にもみられることがわかっており，この方法を用いることで，乳児がどのような予測をもっているか／もつことができるかを調べることができる．なお，先述の期待違反法は予測と異なる事象を目にした後 (事後) の注視時間を扱う方法であるが，予期注視法は行為や出来事が生じる前 (事前) の注視行動を扱う方法である点が大きく異なっている[21]．

ここまでに挙げた4つのいずれの方法も，乳児の"まなざし"がわれわれに乳児が考えていることや知っていることを伝える「心の窓」であることを示している．

## d 見つめ合いと伝え合いがはぐくむ心の世界：視線を介した親子のコミュニケーションの重要性とその基盤

### ◆(1) ヒトにおける白目の進化：「見せる目」への移行

人間は他の霊長類に比べて白目の面積が広くなっている．これについて小林・橋彌は，白目の存在が注意の対象を知らせる黒目を際立出せることに着目し，ヒトという種においては持ち主が何に注意を向けているのか，何を知っているかを他者に伝える目をもっていた方がむしろ生存に有利であった可能性を指摘する (「見られる目」から「見せる目」への移行)[22]．また，人間は他者の視線の向きに対して敏感であり，自分に向けられた視線を瞬時に検出したり，つい他者の視線の先を追ってしまったりする．遠藤はこのような他者の視線に対する敏感性と，視線を読みやすい眼球の進化を土台として，視線の「読み合い・読ませ合い」に基づく高度な社会的コミュニケーション能力がヒトにおいて獲得された可能性を論じている[23]．

◆ (2) 親子の"惹かれ合い"とそれを成り立たせるさまざまな仕掛け

さて，先に述べたように乳児は誕生直後から「顔のような要素を持つ刺激」に注意を向けやすく，自分に向けられた視線を敏感に検出することができる．こうした行動傾向は，周囲の大人と頻繁にアイコンタクトを生じさせると考えられる．また，乳児は誕生直後より目の前にいる大人の顔の動きをまねたり (新生児模倣)[24]，微笑みの表情を示したり (新生児微笑)[25]，泣きや発声を行うなど，周囲の大人を自身との関係性に巻き込むような行動様式を備えている．

その一方で，大人の側も乳児の可愛らしい容貌 (幼児図式) に注意を引 (惹) きつけられたり[26]，泣きや不快に対して敏感に反応したりする傾性[27] を備えていることが明らかにされている．加えて，大人は乳児の泣きや不快の感情だけでなく，無意図的・反射的な発声や行動 (例えば反射として出現した笑顔) に対してさえ，その感情や意図を読みとり・意味づけし (つまり乳児の心理状態を過剰に推測し)，それを表情や言葉で表現することが知られる (例えば文献 28)．さらに，乳児にかかわる時，大人は無意識のうちに独特のイントネーションを使って話しかけたり，表情を誇張して表出したりするが，これらはいずれも乳児の注意を向けやすくすることが明らかにされている (聴覚的選好[29]，視覚的選好[30])．つまり乳児は自身にまなざしを向ける大人の顔を他の刺激から選り分け，自分にはたらきかけるその人に対して応答する．そして大人側もまた，乳児の心身の状態をつい気にかけ，気持ちに寄り添っていることを彼らに伝えようとする．こうした乳児と大人の側の「仕掛け」が歯車のように組み合わさることで，乳児と養育者とがお互いを関係性に引き込み合い，そこで気持ちをやりとりする機会が頻繁に繰り返される状況が生じる．このような現象は乳児の微笑反応の発達的変化を調べた初期の研究でも観察されており，高橋 (1974) は"人間の顔は乳児にとって微笑反応を起こす刺激となっているが，同時に大人の側にとっても，乳児の微笑は上記の行動を起こす刺激となっていそうである．そして，大人側の行動も，その結果として乳児が微笑することによってますます強化されるだろう"と考察している．

Fonagyたちは，こうした見つめ合い状況の中，養育者が乳児の感情を敏感に感じ取り，表情や声などでその感情を鏡のように映し出してみせること (ミラーリング) が，子どもが自他の気持ちを理解したり，気持ちを伝えたり，コントロールしたりする力を発達させる上で非常に重要であると論じている[31]．つまり，乳児と大人の見つめ合いにおける気持ちの伝え合いこそが，感情にまつわる種々の能

力の発達に欠かせない役割を果たす可能性があるというのである．なお，乳児の共感性(感情を共有する力)についてはまだ研究途上であるが，乳児期初期から眼前の他者の動作に共鳴反応を示すといった，萌芽的な現象は確認されるようである[32]．

◆ **(3) 養育者の視線を利用して世界を探る：共同注視の発達と社会的参照**

乳児と大人の見つめ合い関係(二項関係)は，9か月頃になると，第三者(モノ)を介した視線のやりとり(三項関係)へと発展していく(共同注意の成立)．この段階になると，モノに指さしをして養育者の注意を対象に向けさせることや，養育者の視線の対象を正確に追うことができるようになる(視線追従)．また，養育者がモノをどのような表情で見ているかということも気に掛けるようになり，例えば笑顔で見ていれば近づき，恐れ顔で見ていれば避けるなど，視線の対象に向けられた感情情報を利用して未知のものにどのように接するかを判断することができるようになってくる(社会的参照)．モノを介した視線のやりとりが成立することによってはじめて，乳児と大人は互いの気持ちが外界の「何に対しての」ものなのかを伝え合うことができるようになるのである．言葉の獲得にも，大人の発話が「何に対しての」ものなのかを確認する視線のやりとりが重要であることが示されている．

## 赤ちゃんの"まなざし"を見つめて：ヒトらしさを成り立たせるもの

ここまで見てきたように，気持ちを伝え合う能力の発達は，乳児の「物見高さ」といった視覚的バイアスを端緒とした視線行動およびその発達が基盤となっていると考えられる．先に，ヒトにおける視線の読み合いに基づく高次の社会的コミュニケーション能力が，視線を読ませる目(白目)との共進化によってもたらされた可能性について論じた．こうした視線と心的能力の系統発生と同じような図式が，ヒトの乳児の個体発生にもあてはまるのかもしれない．つまり，乳児の"まなざし"は，周囲の大人の心を読みとろうとするものであると同時に，それはまた，周囲の大人自身の関係に引き込み，自身の気持ちを読みとらせるものでもある．その後，こうした「見つめ合い・伝え合い関係」の中で，モノを介して視線をやりとりする能力が発達すると，それがますます自他の心的世界や物理的世界を理

解する力の精緻化,すなわち高度に洗練された心的能力の獲得につながっていくという見方である.乳児期からの「見つめ合い・伝え合い関係」の積み重ねこそが,まさにヒトの本性たる高度な社会性の発達の基礎となるといえるのかもしれない.

(高橋　翠)

## 文　献

1) DeCasper, A. J., *et al.*: Fetal reactions to recurrent maternal speech. Infant behavior and development, **17**(2): 159–164, 1994.
2) Muir, D., & Field, J.: Newborn infants orient to sounds. Child development: 431–436, 1979.
3) 小枝達也: ヒトの視覚の発達と発達心理学. BME, **12**(7): 89–94, 1998.
4) 常石秀市: 感覚器の成長・発達. バイオメカニズム学会誌, **32**(2): 69–73, 2008.
5) マウラ. D & マウラ. C., 吉田利子 (訳): 赤ちゃんには世界がどう見えるか, 草思社, 1992.
6) Von Hofsten, C., & Rosander, K.: Development of smooth pursuit tracking in young infants. Vision research, **37**(13): 1799–1810, 1997.
7) アトキンソン, J., 山口真美 (監訳): 乳児の視覚と脳科学：視覚脳が生まれる, 北大路書房, 2005.
8) 山口真美・金沢創: 赤ちゃんの視覚と心の発達, 東京大学出版会, 2008.
9) Fantz, R. L.: Pattern vision in newborn infants. Science, **140**(3564): 296–297, 1963.
10) Goren, C. C., *et al.*: Visual following and pattern discrimination of face-like stimuli by newborn infants. Pediatrics, **56**(4): 544–549, 1975.
11) Fantz, R. L., & Yeh, J.: Configurational selectivities: Critical for development of visual perception and attention. Canadian Journal of Experimental Psychology, **33**: 277, 1979.
12) Teller, D. Y.: The forced-choice preferential looking procedure: A psychophysical technique for use with human infants. Infant Behavior and Development, **2**: 135–153, 1979.
13) Fantz, R. L.: Visual experience in infants: Decreased attention to familiar patterns relative to novel ones. Science, **146**(3644): 668–670, 1964.
14) Batki, A., *et al.*: Is there an innate gaze module? Evidence from human neonates. Infant Behavior and Development, **23**(2): 223–229, 2000.
15) Symons, L. A., *et al.*: Look at me: Five-month-old infants' sensitivity to very small deviations in eye-gaze during social interactions. Infant Behavior and Development, **21**(3): 531–536, 1998.
16) Slater, A., *et al.*: Newborn infants prefer attractive faces. Infant Behavior and Development, **21**(2): 345–354, 1998.
17) Quinn, P. C., *et al.*: Preference for attractive faces in human infants extends beyond conspecifics. Developmental science, **11**(1): 76–83, 2008.
18) Bäuml, K. H.: Upright versus upside-down faces: How interface attractiveness varies with orientation. Perception & psychophysics, **56**(2): 163–172, 1994.
19) Simion, F., *et al.*: A predisposition for biological motion in the newborn baby. Proceedings of the National Academy of Sciences, **105**(2): 809–813, 2008.
20) 下條信輔: まなざしの誕生：赤ちゃん学革命, 東京大学出版会, 1988.
21) 瀬野由衣: 幼児期の「心の理論」研究の展望. 愛知県立大学教育福祉学部論集, **60**: 25–34,

2011.
22) 小林洋美・橋彌和秀: コミュニケーションする装置としての目:"グルーミング"する視線. 遠藤利彦 (編著): 読む目・読まれる目 (第 2 章), 東京大学出版会, 2008.
23) 遠藤利彦: 総説:視線理解を通してみる心の源流:眼目を見る・視線を察す・心意を読む. 遠藤利彦 (編著), 読む目・読まれる目 (第 1 章), 東京大学出版会, 2008.
24) Meltzoff, A. N., & Moore, M. K.: Imitation of facial and manual gestures by human neonates. Science, **198**(4312): 75–78, 1977.
25) 髙橋道子: 乳児の微笑反応についての縦断的研究. 心理学研究, **45**(5): 256–267, 1974.
26) Glocker, M. L., *et al.*: Baby schema in infant faces induces cuteness perception and motivation for caretaking in adults. Ethology, **115**(3): 257–263, 2009.
27) Leerkes, E. M., *et al.*: Differentiating maternal sensitivity to infant distress and non-distress. Parenting, **12**(2–3): 175–184, 2012.
28) 篠原郁子: 乳児を持つ母親における mind-mindedness 測定方法の開発. 心理学研究, **77**(3): 244–252, 2006.
29) Cooper, R. P., & Aslin, R. N.: Preference for infant-directed speech in the first month after birth. Child development, **61**(5): 1584–1595, 1990.
30) Kim, H. I., & Johnson, S. P.: Detecting 'infant-directedness' in face and voice. Developmental Science, **17**(4): 621–627, 2014.
31) Sharp, C., & Fonagy, P.: The parent's capacity to treat the child as a psychological agent: Constructs, measures and implications for developmental psychopathology. Social development, **17**(3): 737–754, 2008.
32) 板倉昭二・開一夫: 乳児における共感の発達. 心理学評論, **58**(3): 345–356, 2015.

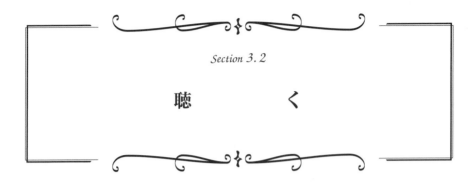

Section 3.2

# 聴　く

○ 大人は子どもに向かってどのように話しかけているのでしょうか
○ 子どもは大人の話しかけをどのように受け取っているのでしょうか

##  大人から子どもへの話しかけ

### ◆(1)　子ども向けの話し方の特徴

　大人は，小さな子どもをあやす時，歌ってやったり，リズムをとったおおげさな抑揚で話しかけたりする．特に話しかけ方は，遊んでいる場面でなくても，いつもより高い声，おおげさな抑揚になり，遊んでいる調子を多分に帯びたものになる．子どもには話しかけられている内容のすべてはわからないかもしれない．しかし大人にとって，話しかけることは，子どもを遊びに誘うようなものなのである．

　このような大人の子どもに対する話しかけ方は，大人どうしで話す時の話し方 (成人向け発話，adult-directed speech: ADS) とは対照的である．このような子ども，特に，ことばを話し始める前後の時期の子どもに向かって話す時の話し方は，乳児向け発話 (infant-directed speech: IDS)，赤ちゃん言葉 (babytalk)，マザリーズ (motherese)，親語 (parentese) などと呼ばれてきた．その具体的な特徴としては，高い声，おおげさな抑揚，子ども向けの独特な語彙 (犬のことを「ワンワン」と呼ぶなど) の使用といったことのほか，話される文が単純で短いものになること，文と文のあいだの休止 (ポーズ) が大人どうしの会話の場合より長くなること，母音の発音がより明瞭になること (母音の明瞭化，hyperarticulation)[1)]，なども指摘

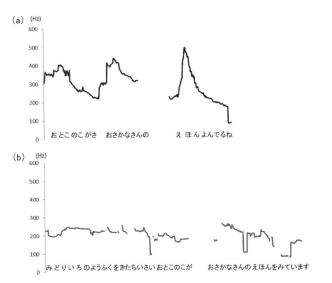

**図 3.3** 乳児向け発話 (a), 成人向け発話 (b) における声の高さ (基本周波数) の変化

されている.

図 3.3 は,男の子が絵本を読んでいる場面の絵について,母親が乳児に向かって話している音声 (a) と,大人に向かって話している音声 (b) で,声の高さ (基本周波数) が時間とともにどのように変化したかを示している.乳児向け発話では成人向け発話より高い声で,また,おおげさな抑揚で話がされている.また,発話時間は乳児向け発話が 5.40 秒,大人向け発話が 7.69 秒だが,文字あたりの発話時間は大人向け発話の方が短く,文の構造も乳児向け発話の方が単純である.

では,このような乳児向けの話し方は,世界中どこにでも見られるものなのだろうか.子どもに対して話しかける時のこのような特徴が世界に広く見られることを指摘した最初の論文[2]では,アメリカや,ヨーロッパ,アラブなどの 6 つの言語を取り上げていた.その後,伝統的な狩猟採集生活を営む人々を含む,世界各地で調査が行われた.その調査結果の中には一部,大人が 1～2 歳の子どもに話しかける時の声の高さは,大人どうしで話す時と変わらなかったことを報告するものもある[3].しかし,全体としては,伝統的な狩猟採集社会を含む多くの文化のもとで,子どもに話しかける時には,高い声,おおげさな抑揚といった特徴が見られることが報告されている[4].

なお,乳児向け発話の特徴としては,声が高くなること,抑揚がおおげさにな

ること(声の上がり下がりの変化幅が大きくなること)が，まず挙げられることが多い．ただ，世界の言語を見渡せば，声の上がり下がりのパターンで単語を区別するなど，声の高さも重要な言語情報として用いている言語は少なくない．例えば，日本語(東京方言)は，/ハシ/(箸)と/ハシ/(橋)のように，単語のどの部分を高い声でいうか，つまり，どこにアクセントをつけるかによって，単語を区別している．中国語も，単音節の音がどのような声の上がり下がりパターン(声調)を持つかによって，単語を区別する．このように単語の区別に声の高さを使っている言語では，子どもに話しかける時におおげさな抑揚にするにせよ，このような単語の音のかたちを壊さないようにしなければならないはずである．調べてみると，声の高さを言語情報として使用している言語では，英語など声の高さを言語情報としては用いていない言語に比べ，子どもに話しかける時に抑揚がおおげさになる程度が小さい[5,6]．このように，乳児向けの発話が，どのようなかたちで現われるかには，そこで話されている言語の特徴も影響している．

### ◆(2) 大人の話し方に影響している要因

ここまで，大人の子どもに対する話しかけ方を特に「乳児」に向かった時の話し方と読み替えて，その特徴を述べてきた．確かに，高い声を使ったり，抑揚がおおげさになったり，といった話し方は，話しかける相手が乳児である時に最も明瞭に現れる．しかし，程度の差こそあれ，同様の話し方は，幼児に話しかける時にも見られる(子ども向け発話，child-directed speech)．図3.4には，5歳の子どもに対する母親の話しかけ音声の，声の高さや，抑揚(声の高さの変化幅)が示されている[7]．これを見てわかるように，5歳の子どもに対する話しかけも，大人に話す時より，声(基本周波数)は高くなり，抑揚(ピッチ幅)もおおげさになる．ただし，5歳児に話しかける声は，0歳児に話しかける声に比べれば低く，抑揚の程度も小さい．このように子どもに話しかける音声の独特な特徴は，子どもの成長とともに弱まっていく．

そもそも，大人がこのような話しかけ方をするのには，相手の理解状態に配慮するから，ということがある．例えば，双子の乳児への話し方を検討した研究によれば，大人は発声の少ない子どもに対してより高い声で上がり調子の抑揚を多用して話しかけていたという[8]．つまり，大人は(まだあまり言語を理解できないと思われる)乳児に対しては，高い声，おおげさな抑揚といった話し方をしてしま

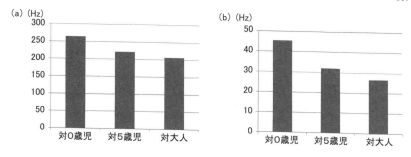

**図 3.4** 話しかける相手毎の (a) 声の高さ (基本周波数) と (b) 抑揚 (声の高さの変化幅) (文献 7 より作成)

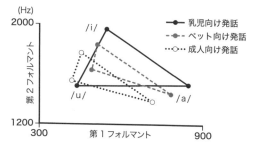

**図 3.5** 母音の三角形 (文献 9 より作成)
[a][i][u] 3 つの母音をそれぞれ第 1 フォルマントと第 2 フォルマントで示したもの　三角形の面積が大きいほど，3 つの母音は区別して発音されていることを表す

うが，子どもが成長し理解力が増すと，より自然な話し方になっていくのだと考えられる．

　ほかに，大人はペットに話しかける場合にも，高い声，おおげさな抑揚になったりする．ただ，よく調べてみると，そのような場面での大人の話し方は，乳児に話しかける時と同じというわけではないようだ．前にも述べたように，乳児に話しかける時には，[a][i][u] という基本の母音がよりはっきりと互いに区別された発音になっている (母音の明瞭化)．これに対し，ペットに話しかける時にはこのような母音の明瞭化は生じていないという[9] (図 3.5)．このようなところから，子どもに対する独特な話しかけ方は，高い声，おおげさな抑揚，明瞭な発音などが不可分なセットになっているわけでなく，話し手が相手に対して何を表現し何を期待するかに応じて微調整されたものと言えそうである．つまり，子どもに話しかける時は，相手に愛情を表現するだけでなく，ゆくゆくは相手がこちらの話す

こともわかってくれるようになることを期待している．そういった気持ちが全体としての乳児や子どもに対するあのような話し方につながっているのだと考えられる．

## b 子どもの受けとめ

### ◆(1) 乳児は乳児向け発話を好む

　大人が子どもに向けて特徴的な話し方をすることは上で見た通りであるが，このような話し方は子どもにどのように受け止められているのだろうか．やはり子どもの注意をよくとらえるものとなっているのだろうか．

　このことを調べるためには，例えば，スピーカーから成人向け発話，もしくは乳児向け発話が聞こえてきたときに，子どもはどちらの音声を聞きたがるかを測定するといったことが行われてきた．人間は音に興味を持つと音源の方をじっと見るというクセがあるので，このクセを利用して，子どもがどちらの場合にスピーカーをどれだけ見つめていたか，その時間を測れば，子どもがその音声にどれだけ興味を持ち，好んでいたかが推測できるのである．

　この方法で調べてみると，生後半年くらいの乳児だけでなく生後数日の新生児でさえ，成人向け発話よりは乳児向け発話を聞こうとすることがわかった[10,11]．また，音声を聞いている時の様子を観察すると，成人向け発話を聞いている時より，乳児向け発話を聞いている時のほうが，子どもは楽しそうであることもわかった[12]．このように，乳児向け発話は，子どもにとっても，興味が持て，好ましいものであるらしい．

　そればかりか，子どもは，乳児向け発話をしていた人にも興味を持つようである．そのことを見いだした研究[13]での実験の流れを図3.6に示す．この研究で対象になった5か月児たちは，まず学習フェーズにおいて1分間ほど女性Aが乳児向け発話で話しているビデオを見せられ，そのあとのテストでは女性Aと新しい女性Bの写真（どちらも笑顔だが音声はついていない）を並べて見せられた（乳児向け発話条件）．すると，この5か月児たちは，先ほどまで乳児向け発話で話していた女性Aの方を女性Bより長く見つめたのである．

　もちろんこれだけでは，乳児は，（それ以前に1分間も見ていた）女性Aに親しみを覚えるようになったので女性Aを女性Bより長く見たのか，それとも，その

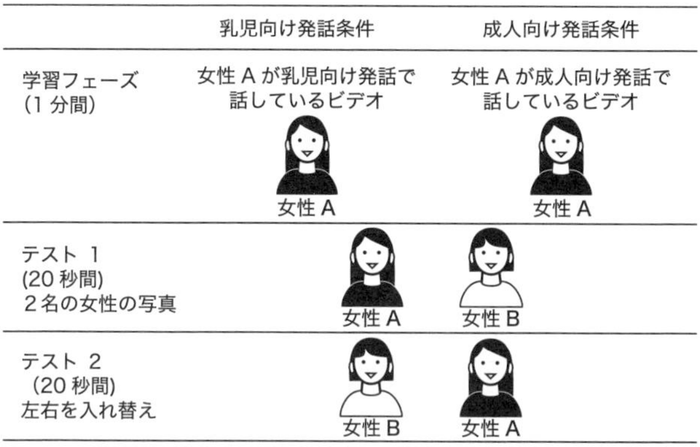

|  | 乳児向け発話条件 | 成人向け発話条件 |
|---|---|---|
| 学習フェーズ<br>(1分間) | 女性Aが乳児向け発話で話しているビデオ<br>女性A | 女性Aが成人向け発話で話しているビデオ<br>女性A |
| テスト1<br>(20秒間)<br>2名の女性の写真 | 女性A | 女性B |
| テスト2<br>(20秒間)<br>左右を入れ替え | 女性B | 女性A |

**図 3.6** 乳児は乳児向け発話をする人を好むことを調べた実験の手続き (文献 13 より作成)

女性Aが乳児向けの話し方をしていたからこそ親しみを覚えるようになって女性Aを女性Bより長く見たのか，どちらなのかはわからない．しかし，この研究では，別の乳児たちで，まず女性Aが大人向け発話で話しているビデオを1分間見せたあと，女性Aと女性Bの写真を見せた場合の反応も調べた (成人向け発話条件)．すると，はじめに女性Aが成人向け発話で話しているところを見せられたこの乳児たちは，女性Aより女性Bを長く見たのである．まるで，1分間も女性Aのビデオを見せられて女性Aには飽き飽きして，テストになったら新しい女性(女性B)に関心をうつしてしまった，とでもいうかのように，である．この成人向け発話条件の乳児たちの反応を踏まえるなら，先の乳児向け発話条件の乳児たちがテストで，それ以前に1分間もビデオで見せられた女性Aになおも (新しい女性Bより) 関心を持ち続けていたことは注目に値する．つまり，乳児たちは，乳児向け発話でしゃべっていた女性の場合は，1分間眺め続けても飽きなかったばかりでなく，ますますその女性を見ていたくなった，ということなのである．乳児は，乳児向け発話を好み，聞きたがるだけでなく，そのような話し方をする人に好意を持つのである．

◆**(2) 乳児向け発話が乳児に伝えているもの**

乳児向け発話の特徴の1つは，大人に向かって話す場合に比べて，抑揚，つまり，声の上がり下がりがおおげさになることである．しかし，日本語ではこの声

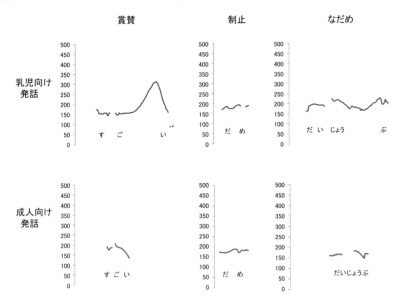

**図 3.7** 乳児向け発話と大人向け発話の抑揚

の上がり下がりを言語情報として使っている．つまり，単語のアクセントと呼ばれるものは，単語のどの部分を高い声で発音するかであって，これによって日本語では単語を区別することもある．しかし，世界の言語の中には，声の上がり下がりを言語情報として使わない言語も少なくない (例えば英語など)．そうした中で，言語によらず世界共通なのは，話す声の上がり下がりのパターンは，話し手の気持ちを伝え，知る手がかりになる，という点である．例えば，「お母さん？」と呼ばれた母親の「なに？」という返事も，機嫌がよく優しい気持ちである時には，「なあに」と声がゆったり上がり下がりするような言い方になるだろう．しかし，怒っているような時には「なに」と低い声で短くピシリとした言い方になるかもしれない．乳児向け発話において抑揚がおおげさになるということは，そのような話者の気持ちもより伝わりやすい音声になっているということである．

　実際に，賞賛 (「すごい」)，制止 (「ダメ」)，なだめ (「だいじょうぶ」) などの内容を，乳児に向かって話した場合と大人に向かって話した場合の音声を収録し，時間に伴う声の上がり下がりのパターンを分析すると，図 3.7 のようになる．乳児向け発話では，成人向け発話よりも，内容ごとの違いがはっきりしたものになっており，賞賛の場合，声はゆったりと大きく上がり下がりし，制止の場合に

は，短く平坦な言い方になり，なだめる時は，ゆったりと長く引き延ばされた発話になっている．

そして実際に，このような発話は，乳児に対しても，話し手の気持ちや場面の緊張感を伝えるものとなっているようだ．このような発話を聞かされた乳児の反応を観察すると，例えば賞賛の発話に対しては微笑むなどの肯定的な情動反応が，制止に対してはまゆをひそめたり口をぎゅっと閉じたりするなどの緊張した様子が見られる．しかも，乳児のそのような反応は，賞賛や制止が，乳児がふだん耳にしている母語 (例えば英語環境で育つ子どもにとっての英語) 以外の言語でいわれた場合も同様なのである[14]．このように乳児向け発話は，その強調された抑揚を通じて，まだ言語のわからない乳児に，話し手である大人の気持ちを伝えるものとなっている．

◆(3) 言語発達への影響

乳児向け発話は，子どもの言語発達を助けると考えられてきた．また実際に，抑揚のおおげさなゆっくりとした話し方は，1歳前後の子どもにとっては聞き取りやすく覚えやすい音声であることも示されてきた[15,16]．しかし，それが言語発達に及ぼす長期的な影響について報告されるようになったのは最近のことである．

その研究では，生後11か月もしくは14か月の時期に4日間 (各日8時間)，洋服のポケットに小さな録音機を入れたまま子どもたちには過ごしてもらい，起きている間子どもたちの耳に届いただろう言語 (大人たちの話しかけや大人どうしの会話など) を記録した[17]．そして，それと，子どもが24か月になった時に話すことができた単語の数との関連について検討した．もちろん，このようにして収録された，1歳前後の子どもたちが耳にしていた言語の中には，成人向け発話もあれば乳児向け発話もあり，場面は子どもと誰かとの一対一の場面もあれば，子どもが複数の大人たちに囲まれている集団の場面もあった．そこで，子どもが聞いていた言語は，どのタイプ (乳児向け発話か成人向け発話か) で，それはどのような場面 (一対一か集団か) だったかを区別して，それぞれと，子どもが24か月になった時に話すことのできる単語の数との関連を見てみた．すると，関連が見られたのは，一対一場面での乳児向け発話の量だった．つまり，1歳前後の時期に，大人と一対一の状況で，乳児向け発話を多く聞いていた子どもほど，24か月の時点で多くの単語を話すようになっていたのである．

この研究で対象になった子どもたちの一部はさらに追跡されて 33 か月になった時に，大人たちのどのような話しかけ (乳児向け発話か成人向け発話か) をどのような場面 (一対一か集団か) でどれだけ聞いているのかと，どれだけ多くの単語を話せるようになっていたかが調査された[18]．33 か月になった子どもたちは全体として 1 歳の時に比べれば，成人向け発話をよく聞くようになっており，乳児向け発話を耳にすることは少なくなっていた．そして，33 か月の時点でどれだけ多くの単語を話すことができるかは，1 歳頃に大人との一対一場面でどれだけ多く乳児向け発話を聞いていたかと関係があった．つまり，24 か月の時より関係は弱くなっていたものの，1 歳頃に大人との一対一場面でより多くの乳児向け発話を聞いていた子どもの方が，33 か月になっても多くの単語を話すという傾向が見られた．また，33 か月の時点で話すことのできる単語の数は，この時点で，一対一場面で成人向け発話を多く聞いている子どもほど多いこともわかった．

要約すると，1 歳頃にどれだけ一対一の場面で乳児向け発話を聞いていたかは，子どもが 33 か月になっても，その言語発達へのプラスの効果を及ぼし続けていた．ただ，もう一つ注目すべきことは，子どもが 1 歳だった頃に乳児向け発話で話しかけていた親たちは，子どもが 33 か月になった時にはむしろ成人向け発話で多く話しかけていたという事実である．乳児向け発話の長期的な効果の一端は，このように，子どもの様子をよく見てかかわっている大人たちが担っていることは間違いない．

〔針生悦子〕

## 文献

1) Kuhl, P.K., *et al.*: Cross-language analysis of phonetic units in language addressed to infants. Science, **277**: 684–686, 1997.
2) Ferguson, C. A.: Baby talk in six languages. American Anthropologist, **66**: 103–114, 1964.
3) Bernstein Ratner, N. & Pye, C.: Higher pitch in BT is not universal: Acoustic evidence from Quiche Mayan. Journal of Child Language, **11**: 515–522, 1984.
4) Broesch, T. L. & Bryant, G. A.: Prosody in infant-directed speech is similar across Western and traditional cultures. Journal of Cognition and Development, **16**: 31–43, 2015.
5) Papousek, M., *et al.*: The meanings of melodies in motherese in tone and stress languages. Infant Behavior and Development, **14**: 415–440, 1991.
6) Igarashi, Y., *et al.*: Phonological theory informs the analysis of intonational exaggeration in Japanese infant-directed speech. The Journal of the Acoustical Society of America, **134**: 1283–94, 2013.
7) Liu, H., *et al.*: Age-related changes in acoustic modifications of Mandarin maternal speech to

preverbal infants and five-year-old children: A longitudinal study. Journal of Child Language, **36**: 909–922, 2009.
8) Niwano, K. & Sugai K.: Maternal accommodation in infant-directed speech during mother's and twin-infants' vocal interactions. Psychological Reports, **92**: 481–487, 2003.
9) Burnham, D., *et al.*: What's new, Pussycat? On talking to babies and animals. Science, **296**: 1435, 2002.
10) Cooper, R.P. & Aslin, R. N.: Preference for infant-directed speech in the first month after birth. Child Development, **61**: 1584–1595, 1990.
11) Fernald, A.: Four-old-month infants prefer to listen to motherese. Infant Behavior and Development, **8**: 181–195, 1985.
12) Werker, J.F. & McLeod, P.J.: Infant preference for both male and female infant-directed talk: A developmental study of attentional and affective responsiveness. Canadian Journal of Psychology, **43**: 230–246, 1989.
13) Schachner, A. & Hannon, E.E.: Infant-directed speech drives social preference in 5-month-old infants. Developmental Psychology, **47**: 19–25, 2011.
14) Fernald, A.: Approval and disapproval: Infant responsiveness to vocal affect in familiar and unfamiliar languages. Child Development, **64**: 657–674, 1993.
15) Estes, K. G. & Hurley K.: Infant-directed prosody helps infants map sounds to meanings. Infancy, **18**: 797–824, 2013.
16) Singh,L., *et al.*: Influences of infant-directed speech on early word recognition. Infancy, **14**: 654–666, 2009.
17) Ramirez-Esparza, N., *et al.*: Look who's talking : Speech style and social context in language input to infants are linked to concurrent and future speech development. Developmental Science, **17**: 880–891, 2014.
18) Ramirez-Esparza, N., *et al.*: Look who's talking now！Parentese speech, social context, and language development across time. Frontiers in Psychology, doi: 10.3389/fpsyg.2017.01008, 2017.

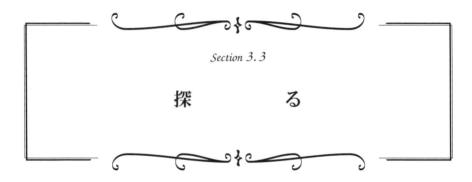

- 赤ちゃんは自分の周りのことをどうやってわかるようになるのでしょうか
- 赤ちゃんには個性があるのでしょうか

　生まれて数か月の乳児は，自分で移動することができず，まわりの人が抱き上げてくれることに移動を委ねている．そんな乳児がどうやったら何かを「探る」ことができるのだろうか？　個人差はあるのだろうか？　ここでは，このような問題を考えるために，大学の研究室に来訪した乳児の協力を得て明らかになったことを中心に，生後数か月の乳児の「探る」を探っていく．

## a　眠っている時の「探る」

　乳児はよく眠る．1日の多くを費やしているこの眠りの時間に，この時期にしか見られない発達の特徴が潜んでいるのではないかと考え，眠っている乳児を対象とした研究を進めてきた．睡眠中は体の動きは激減し，外から観察してわかる行動は少ないため，脳の様子を可視化するイメージング手法を用いて，眠っている時の乳児に生じていることを明らかにすることにした．脳の活動の様子は，脳の血管を流れている血液中のヘモグロビンの状態を調べることができる近赤外分光法を用いて見ることができる．脳が活動すると，ヘモグロビンによって運ばれてきた酸素が消費され，酸素を持っていたヘモグロビン (酸素化ヘモグロビン：oxy-Hb) は，酸素を持っていない状態のヘモグロビン (脱酸素化ヘモグロビン：deoxy-Hb) に変わる．この2種類のヘモグロビンの相対的な濃度変化を調べることで，脳のはたらきを調べることができるのである．

ぐっすりと眠り込んでいる乳児は，外界の些細な音など気にしていないように見える．そんな乳児に/ba/ (あるいは/pa/) というごく短い音声を提示したところ，聴覚野や前頭葉を含む脳の広い範囲で強い応答が見られた[1,2]．つまり眠っているにもかかわらず，音声が聴覚器官を通じて脳に伝わったのである．音声を繰り返し提示し続けると，聴覚野の応答は継続して見られたのに対して，前頭葉の応答は弱まっていった．ところが別の音声 (/ba/を聴いていた児には/pa/，/pa/を聴いていた児には/ba/) を提示すると，前頭葉の強い応答が回復することがわかった．眠っている乳児に物理的な音声の情報が伝わるだけであれば，同様の長さの2種類の音声は，類似した情報として処理されてもおかしくない．しかしながら実際には音声の種類が変わった途端に脳がそれを反映した応答をしたことは，睡眠中の乳児の脳が，外界からの情報を「探る」モードを維持し続けていることを示唆している．外界からの音声刺激をきちんと「受信する」といった役割は聴覚野がしっかりと担い，一方何か変わったことが生じていないか「探る」役割は前頭葉が担うという機能分化が生後数か月の乳児の脳において生じているのである．

次に眠っている乳児に話し言葉のような文章を提示した研究を見てみる[3]．普通の音声を録音したものと，その音声から抑揚の情報を抜き取り平板な音声にしたものを提示したところ，2つの条件の違いは，右半球の側頭葉において顕著に現れた．この音声を3か月齢の乳児に提示したところ，普通の音声に対する反応が一番強かったのに対して[4]，10か月齢の乳児に提示した場合には，抑揚のない平板な音声にしたものに対する反応が一番強かったのである[5]．このことは，周囲の環境の中の何に対して「アンテナ」が働くかが，発達の過程によって異なることを示唆している．つまり，発達初期の乳児は，眠っている最中でさえも環境の情報を「探って」いるが，その際に生体の強い反応を引き起こすもの，言い換えれば環境の中で重要と評されるものが，発達の段階によって異なることを示している．生後3か月の頃には，環境の中に多く溢れている情報に反応することで，世界を理解し外界とのコミュニケーションの基盤を作るのに対して，生後10か月の頃には，いままでに馴染みのない情報に反応することで，新たな世界の側面を理解したり，すでに理解が進んだ側面をより際立たせて認識したりしているのではないだろうか．

これら2つの例を見ただけでも，生後間もない乳児は，環境をやみくもに「探って」いるわけではないことが明らかになる．脳は部位によって担う機能を分化さ

せつつあり，例えば情報があったかどうかを探る部位とそれが新奇なものであるかを探る部位がそれぞれ機能していること，また環境を探る中で注目度の高い情報が発達の過程の中で変化していくこと，などが示された．

## ❖b 起きている時の「探る」

　寝返りやお座りをする前の日齢の乳児は，養育者等の力によって移動し，移動先ではその場にて過ごす．筆者らは，多くの生後2～4か月の時期の乳児を対象に，彼らがマットの上で仰向けになり，機嫌よく過ごしている時の様子を観察してきた．この時期の乳児は決してじっとしていない．手足を絶え間なく動かし，体幹をひねったり首を傾けたりしているのである(これらの運動は，外からの刺激がなくても生じるため，「自発運動」と呼ばれている)．また乳児は，ぐずったり泣いたりしていない時でも，声を発することがある．ここでは，こういった観察から明らかになったことを見ていく．

### ◆(1) 声を出して「探る」

　発声のための器官(顎，舌，口唇等)の発達が途上であるため，大人が話すような明瞭な母音や子音を伴う発話ではないが，機嫌がいい時に一人で声を出している乳児は少なくない．そこで，ここでは特に発声に着目する．静かな環境で一人でしばらく過ごしたあと，スピーカーから突然リズムがはっきりしたボーカルのある音楽を流した時の乳児の様子を観察したところ，静かな時に比べて，音楽が流れている時に発声の基本周波数が高いことが明らかになった[6]．これは，音楽が流れている時に，乳児の声が高くなっていたことを示している．また音楽が流れている時には，静かな時よりも，発声の第1，第2フォルマントのばらつきが大きい様子が観察された．この「フォルマント」という指標は，声の共鳴周波数を表すものであり，喉の閉め方，口の開け方，舌のかたち，息の流れ方，共鳴腔による共鳴等によって値が変化することが知られているため，乳児から得られた結果は，発声中の喉・口・舌・息の使い方の変化が大きい(発声器官の活動が活発になっている)ことを表している．このことは，乳児が自分を取り巻く環境で起きていることを探索しており，環境の変化を察知したら，それを受容するだけではなく，自身の行動を変化させる(例えば声を出す)ことによって，環境に能動的

にかかわろうとしたり，情報の伝達やコミュニケーションをしようとしたりする存在であることを示唆している．「探る」という行為には，情報を受け取ることによって理解するという側面だけではなく，自身が能動的に自己の行為を変えることでより広く深い理解につながるという側面があると思われる．こういった能動的な「探り」の行為が生後半年未満の児に認められたこと，またそういった「探り」の行為が「歌う」，「語りかける」といった社会的な行為の起源となっている可能性があることは，社会の中で生きていく力を「探り」という行為から培っていることをうかがわせる．

### ◆(2) 動いて「探る」

マットの上で機嫌よく過ごしている乳児によく見えるように，モビールのおもちゃを置いてみた．このおもちゃは市販されているような自動で動いたり，音楽が流れたりするものではなく，小さな物干しに色のついたスポンジをぶら下げて鈴をつけただけの，いたって素朴なものである．そして，おもちゃと体の一部(脚や腕)を紐でつないで2〜4か月の時期の乳児の様子を見た．この時期の乳児は，月齢が小さいほど自発運動を止める(抑制する)ことが難しく，3, 4か月齢になってもじっと止まっていることはない．したがって，乳児の体が動くと，おもちゃが揺れて鈴の音が鳴ることになる．しばらく様子を見ていると，紐でつながっている体の部位の活動が活発になり，外界の事象とは無関係に起きていた自発運動が，次第に環境を変化させることを目的とした随意運動になっていく様子が観察される．最初は偶発的に起きていた事象が，乳児の「探り」を経て，乳児の予期(自分が動いたらおもちゃが揺れて音が鳴るはずという予期)による事象に変わっていくのである．

たくさんの乳児を観察していくと，その探り方は多様であった．特に，モビールで遊ぶ前の乳児の様子を観察していると，じっとおとなしくまわりを観察している児，手足を一生懸命動かして元気な様子の児など，さまざまな振る舞いの乳児がいることがわかる．そのような乳児を見ているうちに，モビールで遊ぶ前に乳児がどのような状態であったかによって，探り方が違うかもしれないという疑問が出てきた．そこで，モビールで遊ぶ前の手足の運動の量(速度)によって，「動きが控えめな」乳児と「動きが活発な」乳児の2つのグループに分けて，その後モビールで遊んでいる時の様子を調べたところ，最初は控えめだった乳児において

は，モビールで遊んでいるうちにどんどん運動の量が増えたのに対して，もともと活発だった乳児においては，モビールで遊ぶ前と遊んだ後で運動の特性にはっきりとした違いが見られなかった[7]．このことは，乳児が外界と自分の動きの規則性や関係性を探る際，乳児がもともとどのような状態にあったかが深くかかわっていることを示している．すなわち，モビールで遊ぶ前に「控えめな」状態であった場合には，自分の行動と環境の変化の関係性がはっきりと見え，このことがその後の探索，あるいは学習をより効果的にする可能性が示唆された．身体の運動を「止める(抑制する)」ということは，乳児にとっては，生後間もない時期の運動パターンから一歩進んだ新たな運動パターンを獲得することになるが，おそらくその「止める」という部分に，大脳皮質の発達が関与しているのではないかと考えられる．ここで紹介した事例は，大脳皮質の発達により運動を止められるようになる(「控えめな(静かな)」状態をつくりだせるようになる)ことが，乳児の探索を促進し，新しい規則性や関係性を見いだしやすくすることにつながっているということを示唆している．探索前の「静」と探索中の「動」のメリハリがはっきりしている場合に，より「探り」が進むのである．

## C 個々の探りを見つめる

発達に関する研究では，たくさんの研究協力者(乳児)から得られたデータをグループとしてまとめて解析することによって，例えばある発達段階でどんな身体・生理特性や行動特性があるかを調べたり，特定の環境特性が児の発達にどのような影響をもっているのかを調べたりすることが多い．これは乳児の研究に限らず使用されている方法であり，人はそれぞれの異なった特性を持っているので，たくさんのデータをまとめることによって，個人差では説明しきれない，安定した，あるいは再現可能性の高い結論を得るための，科学の方法のひとつである．しかし，一方で，私たちはたとえ同じグループにまとめられていても，その中の一人ひとりは違うことを知っている．残りの議論においては，グループではなく，個々に着目して，ヒトの初期発達を考えていきたい．

◆(1) 個々の探りを表現する

私たちはこれまでに，3か月齢の乳児が音楽のリズム(ビート)に合わせて，自分

の腕や脚をリズミカルに動かすことを明らかにしてきた[6]．おそらく乳児は外界の音に自分の身体の動きをあわせるだけではなく，自ら音やリズムを生み出すことも可能であろうと考え，新たな研究に取り組んでいる．音楽あるいはゲームのツールとして，エアドラムというデバイスが市販されている．これは通常ドラムのスティックに装着して，ドラムセットがなくても，空間の特定の位置でスティックを動かすと，あたかもドラムセットを演奏しているかのような音が生成されるデバイスである．このデバイスを乳児の腕や脚に装着することで，身体の動きを音へと変換する装置 (可聴化装置) として利用できる．早速乳児の手足にデバイスを装着してみると，乳児の自発運動に合わせて，リアルタイムに音が鳴る．四肢それぞれの動きに異なる種類の音を割り当てると，四肢のうち複数を動かせば複数の種類の音が鳴り，豊富な音が響きわたる．ただ，乳児がモビールと遊んでいる時に比べて，「自分が動くと音が鳴る」ということに気づくのは少し遅そうである．おもちゃと身体が紐で物理的につながっている時には，身体を動かすことにより，紐の張力が変化し，それが圧力や触覚として身体に感じ取られやすく，その分，探索に要する時間が少なかったのかもしれない．エアドラムは，そういった体性感覚へのフィードバックがないため，高度な「探り」を要する状況といえよう．しかしながら，生後 3 か月の乳児は，やがて関係性に気づき，身体をたくさん動かしたり，あるいは止めたりして，音遊びに興じ始める．モビール遊びの時と同様に，時間の経過とともに運動が増加することが示された．また心拍の変動を調べたところ，音遊びに興じて運動量が増えると心拍数は上昇するが，自ら音を鳴らすタイミングに注目して解析すると，身体を動かす際に生じる心拍数の上昇が見られないことがわかってきた[8,9]．この心拍数の抑制には，自身の身体を動かして音を発生させる時，外界の変化に注意を集中させたり，「いま，音が鳴るはず」といったような予測が反映されたりしているのではないかと考えている．「探る」という行為には，何もわからない状況のなかで，模索的に探るフェーズだけではなく，「世界はこうなるはず」という，いわば「仮説」を持って，その仮説を検証するために予測的に探るフェーズがあると思われる．はじめて知らない環境におかれた場合は，まずは自分がいつもしているような行動 (自発運動) を継続しながら模索的に探索し，次第に規則性や関係性がつかめてきたら，その発見を確認するための探索をし，世界に関する知識の精度を高めていくのではないだろ

**図 3.8** 3 か月齢の児 2 人の四肢運動を楽譜として可視化したもの

うか．

　そして，ここで注目すべきことは，乳児の音遊びは，十人十色であるということである．これをわかりやすく表現するために，乳児の動きが創り出す音の時間的な変化を「楽譜」として表現することに取り組んでいる[10,11]．図 3.8 は，2 人の 3 か月齢の児の四肢の動きからフィードバックされた音を音符として示したものである．乳児 A は，序盤はあまり動かなかったが，音と動きの関係の探索過程で動きが増加し，終盤にはあたかも動きと音の関係を確かめるように，動く・止まるを交互に繰り返している様子が見られる．一方，乳児 B は最初から動きが活発であったが，探索の過程で一転して動きが少なくなる時間帯があり（休符として表現される），そこを過ぎると再び活発になり，腕や脚を満遍なく動かしている様子がわかる．このような楽譜による可視化により，乳児がどのように探りを進めているのかを知ることができ，またそこに含まれる個々の特性を知ることができる．

◆**(2) 個々の探りを見つけ出す**

　ここでは，再びモビールを使った研究を例にして，個々の探りの様子をどのように見いだしていくのかを考えてみる．先ほど紹介したモビールの研究は，生後 2 か月から 4 か月にかけて，それぞれの「日齢群」でモビールに出会った後の四肢の動きがどのように変化していくかを調べたものであった．したがって，データを解析する際には，研究協力者の乳児それぞれをいずれかの「日齢群」に割り

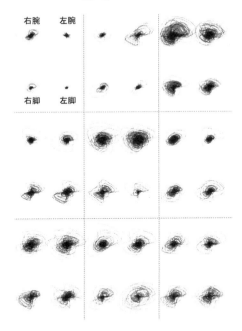

**図 3.9** 3 か月齢の児 9 人における四肢運動の速度時系列の再構成図

当て，それぞれのグループの平均的な運動特性を調べることで，発達的な変化を明らかにする，という方法を用いた．この方法は，ヒトという生物がどのように発達していくのかという全体像を見るのに適しているが，その一方で個々の乳児の発達のユニークさや個人差を，「平均する」あるいは「まとめて見る」という作業によって見えにくくしてしまう方法であるともいえる．

　私たちは現在，身体の運動パターン (時間パターン) には，ある個人に固有の情報が含まれているのかどうかを調べることにより，モビールのある環境を「探る」様子が個人毎に違うのだろうかという問題を解明しようとしている．生後 2, 3 か月齢の乳児，約 200 人の手足に，動きを追跡するためのマーカーを装着して，モビールのある環境の中で四肢を動かす様子を三次元動作解析装置を用いて記録した．例えば，図 3.9 は 9 人の 3 か月齢の児がモビールで遊んでいる時の 2 分間の動きを可視化したものである (時間遅れ座標系を用いた高次元再構成状態空間への埋め込みを実施)．各月齢において，約 200 人の四肢運動の時系列データを並べた時に，運動の特徴から個人を認証できるかを検討することにした．この方法は，データ内のある時刻の点を選んだ時に，その点が時間の経過に伴ってどのように

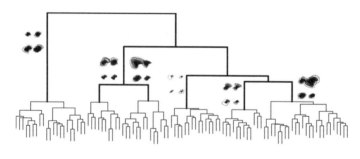

**図 3.10** 3 か月齢の児 97 人における探索時の四肢運動の多様性 (クラスター解析による)

空間に描かれるか (軌跡として表現されるか) を予測するものである．あるデータを選んだ時に，自分を含むすべての人のデータに対して非線形予測法を適用し，自分のデータによる予測が他のすべての人のデータによる予測を上回れば，個人認証が可能であったとみなすのである．もし個人認証が可能であれば，それは「その個人にしかない固有の運動の特徴を持っている」ということになる．これを 2 か月齢と 3 か月齢のそれぞれについて実施してみた．その結果，どちらの月齢においても，自発運動の段階では個人認証率が 7 割弱だったのに対して，10 分間の探索のうちちょうど半分の 5 分を経過したあたりで個人認証率が急激に高まり 8 割を超えることが明らかになった．このことは，環境内での探索が進み，環境と自分の動きの関係性を発見したタイミングで，個人に特有の運動特性がより強く現れてくることを示している．モビールに出会う前の自発運動の段階では，個人認証率が相対的に低く，似たような運動特性を持っている乳児がたくさんいるのに対して，モビールと出会って探索が進むと，乳児それぞれの環境とのかかわり方が生まれてくるのである．おそらく，自発運動の際や新奇な環境におかれた直後にはヒトが生物として持っている共通の動きが表現されやすく，その後環境を探索して予測的な行動を生み出していく過程で個性が表出されてきたと考えられる．続いて，探索の過程の個性の表現として，どのような動きがあるのかを解析してみた．類似した運動特性をもつ個人をまとめて表現するクラスター解析を行ったところ，図 3.10 のようなグループに分かれ，それぞれのグループの運動特性が明らかになってきた．このように，一人ひとりの特性を丁寧に見ていくことで，より個性を際立たせるような視点で発達をとらえることが可能になると考えている．

## d ヒトの発達初期の探りの本質

　これまで見てきた乳児の様子を振り返ると，彼らは寝ている間にも空気の振動として伝達される音を受け取り，あるいは起きている時に外界の音に呼応したかたちで自ら音声を生成し，腕や脚が外界のモノとふれあうことよって生じる全身の皮膚や体性感覚等，広く触覚にかかわる情報を総動員して環境との相互作用を展開する存在であることがわかってくる．身体のあらゆる部分を用いた広い意味での「触」の感覚が，ヒトの発達初期の「探り」の本質として重要な役割を果たすと思われる．この「触」にかかわる感覚は，時事刻々と変化していく物理的環境の理解を促進し，また周囲の人との間で構成されている人的環境においてオラリティ(他者理解，共感，共鳴，共存の能力)の発達を展開していく源になるのではないだろうか．新生児や乳児の触覚にかかわる研究は，痛覚等の感覚機能に焦点を当てたものが多いが，触覚を「探る」という行為の原点としてとらえることにより，ヒトの発達初期における自己への気づき，自他の分離等，知性の芽ばえを明らかにできるのではないかと思われる．「探る」という行為による「触知性」が自己の芽吹きを支え，果てしなく広がる「世界」を拓いていくための根源的かつ強い力になるのではないだろうか．

〔渡辺はま〕

### 文献

1) Nakano, T., *et al*.: Prefrontal cortical involvement in young infants' analysis of novelty. Cerebral Cortex, **19**: 455–463, 2009.
2) 渡辺はま: 乳児の認知機能．乾 敏郎ほか(編): よくわかる認知科学, pp. 28–29, ミネルヴァ書房，2010.
3) 保前文高・多賀厳太郎: 言葉と音楽を育む赤ちゃんの脳．小泉英明(編著): 脳科学と芸術, pp. 101–116, 工作舎，2008.
4) Homae, F., *et al*.: The right hemisphere of sleeping infant perceives sentential prosody. Neuroscience Research, **54**: 276–280, 2006.
5) Homae, F., *et al*.: The Prosodic processing in the developing brain. Neuroscience Research, **59**: 29–39, 2007.
6) Fujii, S., *et al*.: Precursors of dancing and singing to music in three- to four-months-old infants. PLoS ONE, **9**(5): e97680. doi:10.1371/journal.pone.0097680, 2014.
7) Watanabe, H. & Taga, G.: Initial-state dependency of learning in young infants. Human Movement Science, **30**: 125–142, 2011.

8) 新屋裕太ほか: 身体運動可聴化技術を用いた乳児の音遊び行動とその生理的特性．日本赤ちゃん学会第 18 回学術集会プログラム・抄録集，p.106, 2018.
9) 新屋裕太ほか: 乳児の音遊び行動と心拍変動：自発的な四肢運動の聴覚フィードバックによる検討．第 10 回多感覚研究会プログラム，p.11, 2018.
10) 奥絢介ほか: 成人用エアドラムデバイスを用いた乳児身体運動の可聴化及び楽譜化への取り組み．日本赤ちゃん学会第 18 回学術集会プログラム・抄録集，p.58, 2018.
11) 奥絢介ほか: 乳児身体運動の可聴化及び楽譜化から見るリズムパターンの変化．第 10 回多感覚研究会プログラム，pp.11–12, 2018.

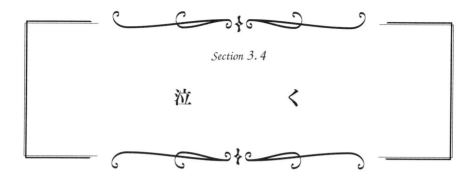

## Section 3.4
## 泣　く

- 赤ちゃんはどうして泣いてばかりいるのでしょうか
- 赤ちゃんの泣き声は"ことば"なのでしょうか

　赤ちゃんの泣きというのは，日常的に赤ちゃんにかかわる養育者にとっては，とてもありふれた光景であると同時に，「赤ちゃんがなぜこれほどたくさん泣くのか」という問いは，誰もが一度は抱いたことがあるのではないだろうか．生後間もない赤ちゃんは，寝ている時間を除けば，起きている時間の大半を泣いて過ごす．この時期は，泣きの原因自体が明確でないことが多く，ミルクをあげたり，おむつを替えたり，抱っこをしたりしても，赤ちゃんがいっこうに泣きやまない…，そんなことがしばしばある．そもそも，赤ちゃんはなぜここまでたくさん泣く必要があるのだろうか．

　また，赤ちゃんが私たちにむけて，何かを必死に訴えているように感じたり，時に，まるで"ことば"を話しているかのように感じたりすることがある．そのため，私たちはつい無意識のうちに，「おなかがすいたの？」「眠たいの？」「おむつを替えてほしいの？」などと，赤ちゃんの欲求をさまざまに読みとってしまう．しかし，"ことば"のように感じさせる赤ちゃんの泣き声は，私たちの言葉（言語）とどのような関係にあるのだろうか．

　本節では，このような問いについての考えを深めるために，赤ちゃんの泣きの多さや運動・生理学的な側面，あるいは，生後の泣き声の発達などに注目しながら，赤ちゃんが泣くことの意味や役割について検討してみたい．

## a 赤ちゃんの泣きの多さ (コリック，夜泣き)

　赤ちゃんの泣きの多さを表す数字として，1日に泣く時間の長さを例に挙げてみよう．泣きの量がピークとなる生後1～2か月頃は，泣いている・ぐずっている時間が1日平均2時間程度であり，よく泣く赤ちゃんの場合には5時間以上にも及ぶことが報告されている[1]．生後間もない時期は，睡眠時間が長く，そもそも覚醒している時間が短いことや，頻繁に睡眠と覚醒を繰り返す多相性睡眠の時期であることを考えれば，泣くことが，いかに赤ちゃんの日常の大部分を占めているのかがわかる．その後，泣きの量は，生後4か月をすぎる頃にはいったん減少し，泣き以外の発声(喃語，言語など)が徐々に優勢になっていくが，泣き自体は，乳幼児の日常の一部を占め続けていく．

　興味深い点として，生後1～2か月頃にかけて泣きの量が増加し，減少する傾向は，どの文化圏の赤ちゃんでもほぼ共通して見られるが，泣きの量自体にはかなりの個人差があることがわかっている．なかでも，生後4か月頃までに過剰に泣く傾向が続く場合 (代表的な定義は，1日に3時間以上，1週間に3日以上の泣きが3週間以上持続する場合) には，「コリック」と呼ばれる[2]．コリックの特徴は，泣きの量が過剰に多いことに加え，容易には泣きやませることができず，前触れなく泣き始めたり，泣きやんだりする点である．この時期の赤ちゃんは，夕暮れ時になるとよく泣き始めることから，日本では「黄昏泣き」と呼ばれるが，生後半年以降も夜間に過剰に泣く傾向がある場合には「夜泣き」と呼ばれる．

　コリックや夜泣きのような赤ちゃんの過剰な泣きの原因については，実は科学的にもまだあまりわかっていないのが現状である．しかし，このような傾向が報告されているのは，赤ちゃんがゆりかごやベビーベッドで過ごすことの多い，主に西洋化された文化圏であり，赤ちゃんと親が"いつも"接触して生活する国々では，赤ちゃんの泣きの量が顕著に少ないことがわかっている．例えば，南部アフリカに住む狩猟採集民族であるクン族の0歳児の泣きを調べた研究では，泣きの頻度こそ西洋の赤ちゃんと大差ないものの，泣きの総時間についてはおよそ半分以下であったことが報告されている[3]．クン族の母親は，通常，日中の80％以上もの時間，赤ちゃんを抱きかかえて過ごし，高い頻度で授乳を行うという (1時間あたり4回程度)．また，日本ではよく見られる夜泣きについては，フランスな

ど夜間に添い寝をしない国では，そもそもほとんど見られないといった報告も存在することから[4]，養育スタイルや睡眠環境の違いも，泣きの量に影響を与えている可能性がある．

　一般的に，コリックのように原因が不明確で，長時間持続する泣きは，養育者にとってストレスとなる場合が多く，その後の発達に何らかの問題があるのではないかと疑われやすい．例えば，生後2か月時点でコリックを示している児は，示していない児に比べて，ストレスホルモン（コルチゾール）の日内リズムの形成が遅く，睡眠時間が短いことが報告されており，泣きの量は睡眠の問題と関係している可能性がある[5]．しかし，コリックを示した児の発達を追跡したいくつかの研究によれば，コリックを示した児であっても，多くの場合，その後の気質や認知能力の問題はみられないことがわかっている[6,7]．したがって，生後早期に赤ちゃんがよく泣く傾向については，一定の個人差や環境要因の影響は見られるものの，必ずしも発達面での異常を反映するわけではなく，ある程度は生得的に組み込まれた傾向なのかもしれない．

## b ヒトとチンパンジーの赤ちゃんの泣きの違い

　ところで，このように赤ちゃんがたくさん泣くのは，私たちヒトだけの特徴なのだろうか．冒頭の問いへのヒントを得るために，他の動物の泣きにも少し目を向けてみよう．例えば，前述した生後に泣きの量が増加する傾向については，実は，遺伝的に最もヒトに近いチンパンジーにおいても確認されている．霊長類学者のBardによると[8]，チンパンジー55個体を対象に，生後3か月間の泣きの頻度や時間を調べたところ，ヒトの赤ちゃんと同様に生後1～2か月頃に泣きの量のピークがみられた．しかし，容易に泣きやませられない，コリックを示した児については1個体も存在しなかったという．それに対して，ヒトの赤ちゃんがコリックを示す割合は，育つ文化や定義にもよるが2～40％程度と報告されており，人という種では比較的身近な現象だと考えられる．

　こうした研究結果をもとに，Bardは，ヒトの赤ちゃんの最も大きな特徴として「泣き続ける」という点を挙げている．ヒト以外の哺乳類では，赤ちゃんは養育者（大半は母親）との物理的接触が得られると即座に泣きやむ．こうした泣きは通常，セパレーションコールと呼ばれ，赤ちゃんが養育者と物理的に分離している際，

空腹や不快感など他の要因とは独立して生じる．児童精神科医の Bowlby は，このような赤ちゃんの泣きは養育者との近接性を維持し，捕食者から赤ちゃんを守ることに繋がるため，進化の過程で獲得されてきたシステムだと推察している[9]．実際，ヒトの赤ちゃんにおいても，物理的分離が泣きの原因であることは多い．ヒトの養育場面を観察した研究でも，養育行動の中で，赤ちゃん (生後 0〜4 か月児) を泣きやませるのに最も効果的だったのが物理的接触であることが示されている[10]．また前述したように，クン族など，特定の文化圏の赤ちゃんの泣きの量が少ないのは，物理的接触の長さによるものと考えられる．

しかし，ヒトの赤ちゃんは養育者との物理的接触が得られた後も，空腹や痛みなどの明確な要因がないにもかかわらず，泣き自体が比較的長く持続する場合がある．そもそも泣くという行為は，養育者の注意を引くことで生存の確率を高める行動ではあるものの，その反面，捕食者に襲われるリスクを高めてしまう行動でもある．にもかかわらず，ヒトの赤ちゃんが持続的に泣き続けるようになった理由については，ヒトが他の動物に比べて，運動機能の面でより未成熟な状態で出生することになったことや (生理的早産)，赤ちゃんを集団で協力して保護できるような社会性を獲得し，赤ちゃんが泣いても捕食者から襲われるリスクが下がったことなどが指摘されている[11]．いずれにしても，結果として，赤ちゃんが泣く量は他の霊長類などと比較してもきわめて多くなり，母子だけでなく他の養育者との関わりの機会を劇的に増加させることへと繋がったのである．

## C 養育者への"正直なシグナル"としての泣き

それでは，養育者との関わりの中で，赤ちゃんの泣きはどのような役割を果たすのだろうか．赤ちゃんの泣きの主要な役割の一つとして考えられてきたのが，"正直なシグナル"としての機能である[12]．つまり，赤ちゃんの泣き声の特徴が，自身の状態 (欲求やストレス等) を養育者に正しく伝えるシグナルとして機能する，という見方である．例えば，赤ちゃんの空腹やその度合いが養育者に伝わることで，養育者は適切なタイミングに授乳やおむつの交換などのケアを行うことができる．また，赤ちゃんの健康不良や発達面の問題が養育者に伝わることで，養育者はその赤ちゃんに対して，より敏感に，より手厚く面倒を見る，などの選択的なケアを行うことができる．それらの結果，赤ちゃん自身の生存の可能性を高め，

ひいては種の維持にも貢献すると考えられる．

　"正直なシグナル"としての機能の一例として，出産予定日よりも約1か月以上早期に出生する早産児の泣き声についての研究を紹介する．近年の医療技術の進歩により，早産児の生存率は上昇し，重篤な疾患をもつ児の割合も減少してきたものの，それでもなお，早産児は運動や認知機能などの発達に問題を抱えやすい傾向にある．そこで筆者らは，早産児の発達早期の特徴を明らかにするため，出産予定日付近まで成長した早産児の泣き声の音響特徴を評価したところ，泣き声のピッチ(基本周波数)の高さが，満期産児に比べて顕著に高いことが明らかになった[13]．また，このような早産児の泣き声の高さは，身体の物理的なサイズではなく，副交感神経(自律神経系のうち身体の鎮静にかかわる神経群)の活動の低さと関連していたことから[14]，早産児では，声帯の緊張がより強く生じており，それが泣き声の高さへと繋がっている可能性がある．このような早産児の泣き声の高さが，長期的な発達予後を予測するかどうかは，現時点では明らかでないものの，少なくともその時点での生理状態の特徴を養育者に伝える"シグナル"として機能しているようである．実際，泣き声のピッチが高いほど，養育者からの注意やケアを喚起しやすいことから，早産児の泣き声の高さは，彼らが成長する上で有利にはたらいている可能性も考えられる．

　このように，赤ちゃんの泣き声は，赤ちゃんがそれを意図したり，意識したりしているかどうかにかかわらず，自身の欲求や状態が"正直なシグナル"として養育者に伝わることで，養育者が適切なケアを行うための重要な手がかりとしてはたらくといえる．その後，赤ちゃんが泣き声と養育者の応答との関係性に気づき，より意図的に泣くことができるようになってくると，泣きはまさに"道具"のように使用されるようになり，"ことば"に近い役割を果たすようになっていくと考えられる．また，赤ちゃんの泣きがこのような"シグナル"として機能するためには，同時に，私たち養育者側にも，赤ちゃんの泣き声に対する高い感受性が備わっている必要がある．本節では割愛するが，近年の脳科学・神経科学研究から，養育者の泣きに対する感受性の脳内基盤に関する証拠が次々と報告されている[15]．

## d 赤ちゃんの泣きと"ホメオスタシス"

　赤ちゃんの泣きの意味や役割について，ここまでは養育者との関係性に注目して述べてきたが，ここで少し見方を変えて，赤ちゃん自身の運動・生理学的な側面からその役割を考えてみたい．その役割の一つが，身体の状態を一定に保つはたらきである「ホメオスタシス(恒常性)」を補助するはたらきであり，例えば，体温の維持などが挙げられる[12]．生後まもない赤ちゃんは，体温調節機能が未熟であることに加え，皮下脂肪が少なく，体重と比較して表面積が大きいため，周囲の環境に体温が左右されやすく，低体温症などに陥りやすい．したがって，私たちとは異なる方法で熱を産生し，体温を維持する必要がある．その代表的な仕組みが，生後間もない赤ちゃんの身体 (主に肩甲骨間) に豊富に存在する褐色脂肪組織による熱の産生であり，それらの組織は脂肪分を分解することで熱を産生し，体温の低下を抑えるはたらきがある[16]．しかし，それだけでは必ずしも体温を維持できないため，泣きによる発声や全身運動によって産熱を促進し，また，養育者との物理的接触によって放熱を抑制することで，体温を維持していると考えられる．例えば，赤ちゃんの産声についても，分娩により胎外環境にさらされたことで急激に低下した体温を，恒温状態に戻すための仕組みの一つだといえる．

　また，筆者らが現在進めている研究から，泣きの前後で赤ちゃんの運動や生理状態が大きく変化することが明らかになってきている[17]．筆者らは，生後3か月児を対象に，機嫌のよい状態から徐々にぐずり始め，泣き出す際にかけての，動きの量(加速度)と生理状態(心拍，体温)の変化を記録した．その結果，泣いている時は，赤ちゃんの四肢の動きが大幅に増え，突発的な動きや両足間の協調性の低い動きなど，どちらかといえば，ぎこちない動きが増えることが明らかになった．生理状態については，泣きの前後で心拍数は増加し，心拍のゆらぎ(変動)は減少した．さらに興味深い点として，末梢部(足甲上)の皮膚温については，泣き始める少し前から徐々に減少し始めるのに対して，中心部(鎖骨上)の皮膚温は増加する傾向を示した．つまり，泣くことによって身体の動きを増加させ，熱を産生させることに加え，末梢部からの放熱が抑制されることで，身体深部の体温を維持しているようである．特に後者のはたらきについては，交感神経系(自律神経系のうち身体の興奮にかかわる神経群)が関与しているとみられ，指先の血管

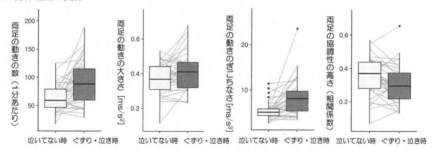

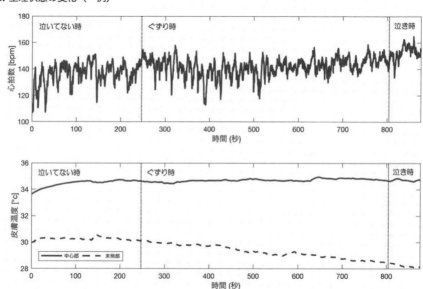

**図 3.11　3 か月児が泣く時の身体運動と生理状態の変化 (文献 17 を一部改変)**

が収縮することで，放熱が抑制されているのだと考えられる．

　筆者らの研究結果が示しているのは，赤ちゃんは泣くことで，運動・生理面での非常に大きな変化を経験しているということである．こうした変化は，体温の維持に貢献すると同時に，もしかすると，運動や生理，感情などの発達にも寄与しているのかもしれない．特に，泣きにかかわる生理的な変化の多くには，骨格筋以外の体組織や臓器のコントロールを担う自律神経系のはたらきが関与している．そのコントロールは，私たちの身体のホメオスタシス (恒常性) の維持にかか

わると同時に，私たちの感情のはたらきにも大きくかかわっている．生後間もない時期は，感情については快や不快が中心で，まだ未分化だと考えられるが[18]，赤ちゃんが泣き→泣きやむ，という一連のダイナミックな生理的変化を，まるでトレーニングのように繰り返し経験することは，その後，感情を表出する，感情を抑える，といった感情の機能を発達させていくための重要な生理的基盤となるかもしれない．

## e 赤ちゃんの泣きと言語を分ける違い

それでは，赤ちゃんの泣き声と言葉(言語)の関わりについてはどうだろうか．赤ちゃんの泣き声が，養育者に対する"正直なシグナル"として機能し，赤ちゃんの状態や欲求などの情報を養育者に伝えること，さらに，養育者に赤ちゃんへのかかわり(物理的接触，養育行動など)を強く促すことはすでに述べた．言い換えると，赤ちゃんの泣き声は，言語と同様に，私たちに何らかの意味を示す(指示性)と同時に，私たちを操作する性質(操作性)をもっているということである．特に，後者の「操作性」という点でいえば，赤ちゃんの泣きは，時に，言語以上に私たちを動かす力を備えていることは，誰しもが経験のうちに知っているのではないだろうか．

ただ，前者の「指示性」に関しては，泣きと言語で大きく異なっている．泣きが伝える情報は，主に赤ちゃん自身の状態や欲求にとどまり，「指示性」は非常に限定的だが，それに対して，言語は，ほぼありとあらゆる情報を伝達することができる．喜びや怒り，悲しみ，嫉妬などのさまざまな感情から，いつどこで誰が何をした，といった具体的な出来事，社会的なルールや秩序，物理的法則といった抽象的な思考まで，言語が表現できる内容は広範にわたる．そのような点からすれば，赤ちゃんの泣きは，むしろ音楽の方に通じる部分があるかもしれない．音楽も私たちの感情に強く訴えかけ，幸せな気分や悲しい気分にさせたり，リズムに同調させたりするという意味で操作的だが，指示する内容については文脈に強く依存し，必ずしも明確なわけではないからだ[19]．

上記に関連して，言語学者のOllerは，泣きと言語を分ける重要な違いの一つとして，言語のもつ"機能的な柔軟性"を挙げている[20]．つまり，私たちの言語は，どのような感情の時でも，感情に依存しない特定の意味を伝えることができ

るのに対して，泣きが生じる際には，生理的興奮 (心拍数の上昇，瞳孔の拡大，指先の発汗の増加など) を伴うため，伝える内容にもその情報が必然的に含まれる．実際，そのような生理的興奮を伴わないのに，泣いているかのように振る舞う場合は，一般的に"嘘泣き"と呼ばれる．子どもたちがいつから嘘泣きをするようになるのかについての明確な見解はないが，ある観察研究によると，8 か月児であっても，ミルクが欲しい際，涙が出ていないのに，泣いているかのような大声を上げたことが報告されている[21]．しかし，涙が出ていないとはいえ，その際にもやはり，顔の紅潮や心拍数の増加，身体の抹消部の体温低下といった，多少の生理的興奮は伴っていた可能性はあり，このような例を"嘘泣き"と呼ぶべきかどうかについては判断が難しい．この 8 か月児が，「泣くとミルクがもらえる」という因果関係を学習した上で，泣きを道具的に用いていた可能性はあるものの，生理的に興奮していなかったとは考えにくい．このような生理的興奮を伴わないかたちで泣くことは，乳幼児期にかけて，徐々にできるようになっていくと考えられるが，子ども自身が"嘘泣き"と本当の泣きの違いを理解することは，3 歳以降でも難しいことが示されている[22]．

このように，赤ちゃんの泣きは基本的に自身の状態に強く依存するものだと考えられるが，赤ちゃんの発声の中でも，生後 2,3 か月頃から観察され，母音様の声 (「アー」，「エー」など) を発するクーイングや，生後半年頃から観察され，子音と母音からなる音節 (「ママ…」，「ダダダ…」など) を含む喃語 (バブリング) については，さほど自身の状態には依存しないかたちで生じる．したがって，その意味でクーイングや喃語などの発声は，泣きよりも言語に近いといえる[20]．泣きについても，発達過程で必ずしも強い生理的興奮は伴わなくなり，泣きそのものが多様化していくと考えられるが，それでもなお，言語の非常に幅広い指示性を踏まえると，泣きは"ことば"ではない，というのが一つの答えになりそうである．

## f 泣き声の発達にみる「言語の起源」

一方で，赤ちゃんの泣きは"ことば"ではないにせよ，少なくとも，言語を獲得するために必要な"土台"となっている可能性については，長年にわたり議論されている．例えば，進化論で知られる Darwin も，さまざまな動物種の観察から，泣きと言語の関係性を重要視した一人である．Darwin は自らの著書の中で，

「言語は，身ぶりや手ぶりを借りながら，さまざまな自然の音や他の動物の声，さらに，自身の本能的な泣き(鳴き)声を真似たり，調整したりすることから生じてきたに違いない」と述べており，本来は，人や動物が泣き声として発していたものを，自身の生理状態や状況から離れて，自在に操れるようになったことが言語の起源ではないかと推測している[23]．

また，ダーウィンは，言語の前駆体として音楽的な発声によるコミュニケーションの存在を指摘しており，「人が音楽的な泣きを，分節化された音で真似るようになったことから，さまざまな複雑な感情を表現する言葉が生まれたのかもしれない」と綴っている．分節化とは，音の連なりを意味のあるまとまりに分けることであり，もともとは，泣き声や歌のように，いくつかの指示対象と曖昧にしか結びついていなかった「音楽的な泣き」が集団の中で経験・共有され，進化の過程で分節化された特定のフレーズがより限定的な意味を持つようになっていったのかもしれない．これとよく似たプロセスが，赤ちゃんが，養育者とのかかわり合いの中で"ことば"を発見していくプロセスにも存在するのではないかとダーウィンは推測している．このような可能性を間接的にではあるが支持する証拠として，赤ちゃんの泣き声の個人差について，言語環境や言語発達との関連を調べた研究を紹介する．

赤ちゃんの泣き声のピッチの高さ(基本周波数)は，音楽では基準音となる「ラ」の高さ(440 Hz)と同じくらいと表現されることが多い．しかし，実際に生まれたばかりの赤ちゃん約100人の泣き声を録音して，音響的に解析してみると，たしかに平均すればピッチは大体400〜450 Hzくらいになるものの，300 Hzよりちょっと上くらいの泣き声の赤ちゃんもいれば，500 Hzを超える泣き声の赤ちゃんもいることがわかった[13,24]．さらに，この時期の泣き声のメロディー(ピッチの時間的な変化)についても，ピッチが上がって下がるだけのシンプルなピークを示すものが多いが(図3.12A)，その音域については100〜200 Hzと幅があり，すでに一定の個人差があるようである[24]．

こうした赤ちゃんの泣き声の個人差に関して，周囲の言語環境も影響を与えている可能性が，近年明らかになってきている．ドイツ語もしくはフランス語を母語とする新生児の泣き声を調べた研究によると[25]，ドイツ語圏の新生児の泣き声は，メロディーのピークが，メロディーの中央からやや前方に位置していたが，フランス語圏の新生児の泣き声は，ピークが中央よりも後方に位置する傾向が強

## A. シングルピークを含む泣き声（新生児期）

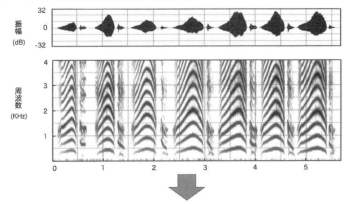

## B. マルチプルピークを含む泣き声（生後2-3ヶ月）

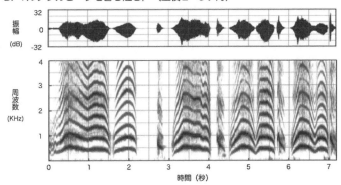

**図 3.12** 泣き声のメロディーの発達変化の例 (文献 27 を一部改変)

いことが明らかになった．この結果は，ドイツ語の発音は，下降するイントネーションが多いのに対し，フランス語では上昇するイントネーションが多いことと対応している．これまでの研究から，母親の胎内にいる胎児がすでに周囲の話し声などを聴き，学習し始めていることがすでにわかってきているが，生後間もない赤ちゃんも，ただ聴くだけでなく，泣くことを通して，母語を話し始める準備をしているのかもしれない．

ただし，このような生後早期の泣き声については，すでに個人差があるものの，メロディーのパターン自体は比較的少なく，リズムも単調である．それが生後の発達や経験を通して，泣き声のピッチの音域はさらに広がり，メロディーも多様かつ複雑なものになっていく．例えば，赤ちゃんの一つの泣き声 (一呼気中の泣

き声) の中に含まれているピークの個数を調査した研究では[26,27]，新生児の頃は，ピークが一つの泣き声がほとんどなのに対し (図3.12A)，生後2～3か月位になると，ピークが複数存在する泣き声が大半を占めていたことが報告されている (図3.12B)．

この研究で興味深いのは，生後2か月頃にピークが複数ある泣き声を多く示した児は2歳時点の言語発達が良好だったのに対して，ピークが複数ある泣き声をあまり示さなかった児では，言語発達に遅れがみられやすかった点である[26]．さらに，こうした報告と一貫する結果は，筆者らの行った研究からも確認されている．新生児の頃からすでに泣き声に個人差があることは述べたが，その頃から泣き声のメロディーをさまざまな周波数帯域に変化させて泣く傾向が強い赤ちゃんは，1歳半の時点で理解できる言葉の数や，発話できる言葉の数も多かった[24]．つまり，複雑で多様なメロディーの泣き声を発声することができる赤ちゃんほど，少なくとも言語を覚えていく初期段階においては，言葉の学習が速い可能性を示している．

## g 泣きから遊び，言語への道筋

なぜこうした関係性が見られたかについては，まだ現時点では推測の域を出ない．しかし，一つの解釈としては，泣き声のメロディーが比較的早期から豊富な赤ちゃんほど，その後も，声帯や呼吸のコントロールといった調音能力が高く，泣き以外の音声の学習も進みやすかった，ということが考えられる．このような調音能力は，養育者の話し言葉のメロディーに重ね合わせる (模倣する) ことを可能にし，イントネーションやアクセント，リズムといったプロソディ (韻律) の特徴の学習にもつながると考えられる．プロソディは，言葉の内容を読みとる上での手がかりとなる重要な要素であり，文中のどの音のまとまりが単語なのかといった情報を伝えたり，感情やニュアンスなどを付け加えたりすることができる[28]．こうしたプロソディを手がかりに，それ以外の言語の特徴，例えば，母音・子音などの音韻や単語の学習も進んでいったのかもしれない．同時に，養育者にとっても，赤ちゃんの泣き声のメロディーが多様で複雑であるほど，泣きの原因を推測し，適切な関わりを行う手がかりを見つけやすいと考えられる[11]．結果として，赤ちゃんと養育者の音声コミュニケーションはより豊かになりやすく，言語の学

あるいは，泣きがコミュニケーションの道具として使われるようになる過程で，赤ちゃんは泣くことで養育者の注意を引き，自身への関わりを誘発できると満足して泣きやむ，というように，泣きが一種の"遊び"のように用いられることも考えられる．その過程では，どのように泣けば (発声すれば)，お母さんが素早く注意を向けてくれるだろうか，自分に長くかまってくれるだろうか…などと，発声に関するさまざまな試行錯誤が重ねられているのではないだろうか．それが徐々に音楽的な調子 (リズム) を伴うようになり，歌遊びのように，より多様な発声を楽しむことや，言語のように，多様な意味内容を指示することへと繋がっていくのかもしれない．そのプロセスには，養育者との相互の関わりが重要な役割を果たしていると考えられる．

泣きと言語の発達的な連続性やその道筋については，現時点ではまだ十分に示されているとはいい難いが，今後，日常生活での音声コミュニケーションに関する大規模データの収集や機械学習を用いた解析によって明らかになっていくと考えられる[29,30]．したがって，冒頭の問いに戻ると，赤ちゃんの泣き声というのは，"ことば"ではないにせよ，少なくとも，"ことば"を獲得するために不可欠な"土台"のようなものだと言えそうである．そう考えると，養育者が赤ちゃんの泣きの中に"ことば"を感じること自体はあながち間違いではなく，私たちがヒトとして共有する自然な反応 (感受性) なのかもしれない．泣き声がまるで"ことば"であるかのように語りかけ，その声に意味を与えていく中で，赤ちゃんは"ことば"の要素を学び，言語を発達させていくのだと考えられる．

このように，「泣く」という行為は，赤ちゃんが育つ上で必要不可欠であると同時に，非常に多様な役割を担っているようである．本節で見てきたように，"正直なシグナル"として自身の欲求や状態を養育者に伝えることで，その関わりを促す役割に加え，身体のホメオスタシスを保ち，運動や生理，感情などの発達を促す役割，さらには，"ことば"を獲得するための"土台"としての役割などが挙げられる．私たちはよく，泣いている赤ちゃんを指して，「泣くのは赤ちゃんの仕事」と表現することがある．この言葉の通り，赤ちゃんにとって泣くことは，発達する上で必要不可欠な「仕事」であると同時に，それが「遊び」として発展していくプロセスの中に，言語や社会性の発達における重要な要素があるといえよう．

(新屋裕太)

## 文　献

1) Barr, R. G.: The Normal Crying Curve: What Do We Really Know? Developmental Medicine & Child Neurology, **32**(4): 356–362, 1990.
2) Wessel, M. A. et al.: Paroxysmal fussing in infancy, sometimes called colic. Pediatrics, **14**(5): 421–435, 1954.
3) Barr et al.: Crying in !Kung San infants: a test of the cultural specificity hypothesis. Developmental Medicine & Child Neurology, **33**(7): 601–610, 1991.
4) ドラッカーマン, P., 鹿田昌美 (訳): フランスの子どもは夜泣きをしない―パリ発「子育て」の秘密―, 集英社, 2014.
5) White et al.: Behavioral and physiological responsivity, sleep, and patterns of daily cortisol production in infants with and without colic. Child Development, **71**(4): 862–877, 2000.
6) James-Roberts et al.: Stability and outcome of persistent infant crying. Infant Behavior and Development, **21**(3): 411–435, 1998.
7) Rao, M. R. et al.: Long term cognitive development in children with prolonged crying. Archives of Disease in Childhood, **89**(11): 989–992, 2004.
8) Bard, K. A.: Crying in infant primates: Insights into the development of crying in chimpanzees. In R. Barr, B. et al. (eds.): Crying as a sign, a sympton, and a signal: Developmental and clinical aspects of early crying behavior, pp. 157–75, MacKeith Press, 2000.
9) Bowlby, J.: Attachment and loss, vol 1: Attachment, Basic Books, 1969.
10) Bell, S. M. & Ainsworth, M. D. S.: Infant crying and maternal responsiveness. Child Development, **43**(4): 1171–90, 1972.
11) Okanoya, K., & Merker, B.: Neural Substrates for String-Context Mutual Segmentation: A Path to Human Language. In Lyon, C. et al. (Eds.): Emergence of Communication and Language, pp. 421–434, Springer-Verlag, 2007.
12) Soltis, J.: The signal functions of early infant crying. The Behavioral and Brain Sciences, **27**(4): 443–490, 2004.
13) Shinya, Y. et al.: Preterm birth is associated with an increased fundamental frequency of spontaneous crying in human infants at term-equivalent age. Biology Letters, **10**(8): 20140350, 2014.
14) Shinya, Y. et al.: Associations between respiratory arrhythmia and fundamental frequency of spontaneous crying in preterm and term infants at term-equivalent age. Developmental Psychobiology, **58**(6): 724–733, 2016.
15) Feldman, R.: The adaptive human parental brain: implications for children's social development. Trends in Neurosciences, **38**(6): 387–399, 2015.
16) Lidell, M. E. et al.: Evidence for two types of brown adipose tissue in humans. Nature Medicine, **19**(5): 1–5, 2013.
17) Shinya, Y. et al.: Spontaneous Movements and Autonomic Nervous Activity during Crying in 3-month-old Infants. Biennial International Conference on Infant Studies, P1-A-11, 2018.
18) Lewis, M.: The emergence of human emotions. In Lewis, M. et al. (Eds.): Handbook of emotions, pp. 304–319, Guilford Press, 2008.
19) ミズン, S., 熊谷淳子 (訳): 歌うネアンデルタール―音楽と言語から見るヒトの進化―, 早川書房, 2006.

20) Oller, D. K. *et al.*: Functional flexibility of infant vocalization and the emergence of language. Proceedings of the National Academy of Sciences of the United States of America, **110**(16): 6318-6323, 2013.
21) Reddy, V.: Playing with others' expectations: Teasing and mucking about in the first year. In Whiten, A. (Ed.), Natural theories of mind: Evolution, development and stimulation of everyday mind reading, pp. 143-158, Basil Blackwell, 1991.
22) 溝川藍: 幼児期における嘘泣きについての認識の発達. 京都大学大学院教育学研究科紀要, **55**: 117-129, 2009.
23) Darwin, C.: The Expression of Emotion in Man and Animals, John Murray, 1872.
24) Shinya, Y. *et al.*: Fundamental Frequency Variation of Neonatal Spontaneous Crying Predicts Language Acquisition in Preterm and Term Infants. Frontiers in Psychology, **8**: 717-11, 2017.
25) Mampe, B. *et al.*: Newborns' Cry Melody Is Shaped by Their Native Language. Current Biology, **19**(23): 1994-1997, 2009.
26) Wermke *et al.*: Relation of melody complexity in infants' cries to language outcome in the second year of life: A longitudinal study. Clinical Linguistics & Phonetics, **21**(11-12): 961-973, 2007.
27) Wermke *et al.*: Sex hormone influence on human infants' sound characteristics: melody in spontaneous crying. Biology Letters, **10**(5): 20140095, 2014.
28) Cutler, E. A. *et al.*: Prosody in the comprehension of spoken language: A literature review. Language and Speech, **40**(2): 141-201, 1997.
29) Caskey, M. *et al.*: Importance of Parent Talk on the Development of Preterm Infant Vocalizations. Pediatrics, **128**(5): 910-916, 2011.
30) Warlaumont, A. S. *et al.*: Prespeech motor learning in a neural network using reinforcement. Neural Networks, **38**: 64-75, 2013.

# Chapter 4

# 繋がる

子どもの発達, 養育, 保育に関わる個々人の営みから社会制度に至るまで, 諸側面が「繋がる」ことによって, 子どもの豊かな発達をもたらし, 質の高い子育てや保育の実現に向かうと考えられる. ここでは, さまざまな領域間の繋がりを展望する. 保育に関わる多種多様な専門性をもつ人々が, 子どもの発達や生活を支えることを目指してどのように繋がっていくのかに関して, 行政の側面から考える. また専門職を担う人々同士が, どのように対話し, 多様な価値観を尊重しながら繋がっていくのかに関して目を向ける. さらには先端的な科学技術を保育の現場や職場環境に導入することが, より安全で質の高い保育や保育者の職務の変化に繋がる可能性に関して, 具体的な事例を眺めながら議論する. 子どもの発達や活動を十分に満たすための制度や政策も重要である. そこで「食べる」,「眠る」,「遊ぶ」を繋ぐための社会的な支援に関して理解を深める. 最後に, 発達の初期段階における子どもと養育者などの他者との繋がりに焦点を当て, 子どもが他者と身体的・感情的に繋がることが, どのように子どもの発達を導くのかについて考える. その中で, 子育てや保育における理想を模索し実現していくきっかけを掴む.

Section 4.1

# 遊びから学びへ繋げる

○ 行政は園での遊びをどのように支援しているのでしょうか
○ どのように園での遊びから小学校での学びに繋げていくのでしょうか

##  a 園での遊びを支える行政

　本節の目的は，園を支援する専門人材に注目し，行政が子どもの園での遊びや，遊びから学びへの移行をどのように支援しているのかを明らかにすることである．子どもが園で遊びながら成長していくためには，まず入園する必要があるが，特に都市部では希望する園に入れない子どもが多く存在する．また，入園後は安心して遊べる環境で，保育者が遊びのプロとして子どもの豊かな遊びを引き出すのが望ましい．近年では，子どもが園と小学校の違いに戸惑わないように，園での遊びが小学校での学びにつながることが期待されている．

　こうした社会のニーズを満たすために，行政は保育の量と質の両面で園を支援している[1]．保育の量という点では，待機児童対策として保育サービスの量を増やし，園に入れない子どもを減らす．保育の質という点では，子どもが安心して遊べる園の環境を確保するとともに，保育者の待遇改善や研修を通じて遊びのプロの育成を図る．園と学校の接続を改善するために，独自のカリキュラムを作成し，保育者と教員の合同研修や人事交流を実施することもある (保幼小の連携)．

　これらの取り組みは自治体によって異なる[2]．国が全国一律のルールを作成しても，自治体が一定の裁量を持ちながら国のルールを実施するからである．保育所の新設に加えて[3]，保育士確保の取り組み，保育士の配置基準，研修のあり方[4]，

保幼小の連携[5]などで自治体間の違いが生じている．そうした違いは，自治体の裁量を拡大した子ども・子育て支援新制度によって広がる可能性がある．

　さらに，保育と幼児教育の実施体制も自治体によって異なっており，それが自治体の取り組みの違いと関係している．自治体において，従来は首長部局が保育を，教育委員会が幼児教育を所管することが多かったが，近年では保育と幼児教育の担当部局を一元化する動きが見られる[6]．担当部局を一元化した自治体では，それ以外の自治体と比べて保育の量と質の両面で園を積極的に支援している[7]．また，地域の保育の質を向上させるための拠点として，幼児教育センターを設置した自治体では，保育者への研修が充実する傾向にある[8]．

　しかし，自治体の実施体制を整備するだけで，保育の質が向上するわけではない．保育や幼児教育に精通した遊びのプロが，園に訪問して保育者を指導したり，保育者の研修を支援したりする必要がある．保幼小の連携では，小学校側の事情に詳しく園とのつなぎ役になれる人材が求められる．本章では，このような専門人材として保育・幼児教育アドバイザーと幼児教育担当の指導主事に注目し，それぞれの活動の実態，アドバイザーと指導主事の関係，保幼小の連携を検討する．

　本章で使用するデータは，Cedep が 2015 年度に実施した自治体アンケート調査の結果である．すべての市町村と東京 23 区の子ども・子育て支援担当部局を対象として，自治体の取り組みの現状と課題を尋ねた．回答率は 47％で，1,741 自治体に調査票を送付し 811 自治体から回答を得た．個別の質問内容や詳細なデータについては，Cedep の調査報告書で【】内の質問番号から確認できる[9]．

## b 保育・幼児教育アドバイザー

　保育・幼児教育アドバイザーとは，保育の質を向上させるための取り組みや，地域住民の園への入所支援などを担当する職員のことである．文部科学省が自治体への配置を進めている幼児教育アドバイザーも同様の役割を担っている．

　保育・幼児教育アドバイザーを 1 名以上配置している自治体は 4 分の 1 にとどまり，その配置数は 1～3 人が大半を占める【質問番号 7-1】．半分の自治体は常勤のアドバイザーを配置し，残り半分の自治体は非常勤のアドバイザーを配置している．アドバイザーの 2 人に 1 人は，保育者 (保育士・幼稚園教諭・保育教諭・園長職) の経験を持つ遊びのプロである．その実務経験を活かして保育者の相談

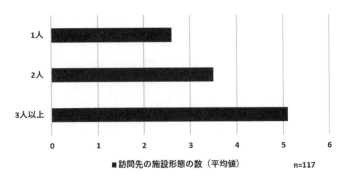

図 4.1 アドバイザーと訪問先の関係

にのったり，地域住民の子育ての悩みに助言したりしている【7-4】．保育者の専門性を高めるために，合同研修の講師や公開保育のサポートを行うのもアドバイザーの役割である．最近は保幼小の連携に積極的に取り組んでおり，一部の自治体ではアドバイザーが保幼小接続カリキュラムの作成に参加している[10]．

自治体が保育・幼児教育アドバイザーに期待しているのは，さまざまな施設形態の園と地域への幅広い支援である【7-5】．アドバイザーは公立と私立を問わず認可保育所・幼稚園・認定こども園，さらには地域型保育・認可外保育施設・小学校を訪問している【7-3】．とはいえ，1人ですべての施設形態を支援するのは難しいので，手分けしながらさまざまな園を訪問している．そのため，アドバイザーを多く配置する自治体ほど，訪問先の施設形態が増える傾向にある (図 4.1)．自治体において，保育・幼児教育アドバイザーの配置は十分に進んでいないが，アドバイザーは実務経験を活かしながら保育者への指導助言・研修の支援・保幼小の連携などに幅広く取り組んでいる．

## C 幼児教育担当の指導主事

自治体で保育・幼児教育アドバイザーと類似する役割を担っているのが幼児教育担当の指導主事である．指導主事とは，都道府県や市町村の教育委員会に在籍し，主に幼稚園・幼保連携型認定こども園・小学校・中学校・高校・特別支援学校での教育を専門的な立場から指導する職員のことである[11]．幼児教育担当の指導主事は，法令上では幼稚園と幼保連携型認定こども園を指導することになっているが，実際には認可保育所なども幅広く支援している．

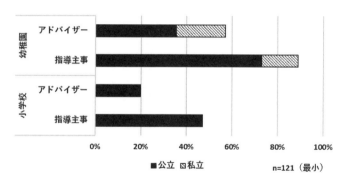

**図 4.2** 訪問先の比較①

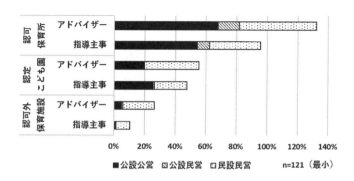

**図 4.3** 訪問先の比較②

　指導主事は法令上の根拠を持つのでアドバイザーより配置が進んでいる．幼児教育担当の指導主事を1人以上配置している自治体は4割近くで，そのほとんどが1～2人の常勤職員を配置している【7-1】．指導主事の多くは小学校の校長や教員の経験を持ち[12]，義務教育に詳しい学びのプロであるが，アドバイザーより保育者の経験に乏しい．そのため，学びのプロである指導主事は遊びのプロであるアドバイザーと相互補完的な関係にある．

　こうした関係は指導主事とアドバイザーの訪問先や必要な資質の違いで確認できる．図4.2と図4.3によると，幼稚園と小学校を多く訪問する指導主事に対して，アドバイザーは認可保育所と認可外保育施設を中心に支援している【7-2/7-3】．また，指導主事とアドバイザーに必要な資質の違いを示したのが図4.4である【7-6】．指導主事に求められているのは，公開保育などでの指導助言と保幼小の連携である．義務教育の経験を活かして，小学校と園をつなぐ役割が期待されている．一

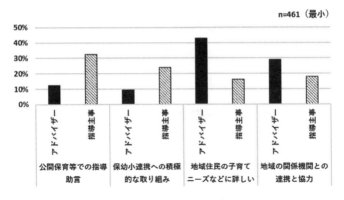

図 4.4　必要な資質の比較

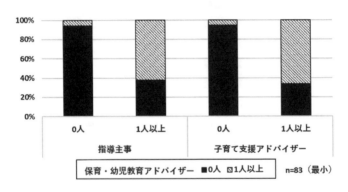

図 4.5　アドバイザーと指導主事の配置

方，アドバイザーに必要なのは地域住民の子育てニーズや子育て環境に詳しく，関係機関と協力できる資質である．アドバイザーが住民のニーズを園に伝えて，関係者を巻き込みながら保育の質を向上させることが望まれている．

## d　保育の質を支える人材

　保育・幼児教育アドバイザーと幼児教育担当の指導主事が補完的な関係にあるとして，実際に自治体が両者を組み合わせて活用しているのかを検討する．限られた予算のもとでは，アドバイザーと指導主事のどちらかだけを配置している可能性がある．そこで，両者の組み合わせを調べたのが図 4.5 の左側である【7–1】．

指導主事もアドバイザーもいない自治体，指導主事はいないがアドバイザーはいる自治体，指導主事はいるがアドバイザーはいない自治体，指導主事もアドバイザーもいる自治体の4パターンの割合を示した．その結果，指導主事(0人)がいなければアドバイザー(0人)もおらず，指導主事(1人以上)がいればアドバイザー(1人以上)もいるという傾向が明らかになった．

さらに，子育て支援アドバイザーと保育・幼児教育アドバイザーの組み合わせを検討したものが図4.5の右側である．子育て支援アドバイザーとは在宅子育て支援を担当する職員である．主に園での保育を支援する保育・幼児教育アドバイザーとは異なり，家庭での保育を支援している．図4.5を見ると，子育て支援アドバイザー(0人)がいなければ保育・幼児教育アドバイザー(0人)もおらず，子育て支援アドバイザー(1人以上)がいれば保育・幼児教育アドバイザー(1人以上)もいる．このように，一部の自治体では保育・幼児教育アドバイザー，幼児教育担当の指導主事，子育て支援アドバイザーが互いに協力しながら保育の質の保障と向上に取り組んでいる．これら3タイプの専門人材のうち2タイプ以上を配置している自治体はわずか10%である．保育の質を高めるための人材活用ははじまったばかりなのである．

## e 保幼小の連携

保幼小の連携とは，園と小学校の連携を図り，子どもが小学校1年生になった時に新しい環境に戸惑わないようにすることである．小学校の教育内容を先取りするのではなく，小学校での学びを意識しながら園での遊びを充実させることを意味する．

自治体は保幼小の連携を促進する役割を担っており【8–1】，一部の自治体では2種類の独自カリキュラムを作成している【8–3】．1つは，小学校入学前後の円滑な移行のための独自カリキュラム(移行カリキュラム)で，アプローチカリキュラムやスタートカリキュラムとも呼ばれるものである．もう1つは，すべての施設形態の園に共通する独自カリキュラム(共通カリキュラム)である．共通カリキュラムを用意することで，保育所・幼稚園・認定こども園・地域型保育といった施設形態に関係なく，保幼小の連携が進むようにしている．そのほか，自治体は園と小学校の合同研修，乳幼児と小学校児童の合同保育，施設の開放による交流な

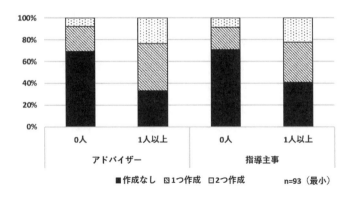

図 4.6 自治体独自のカリキュラムの作成状況

どにも積極的に取り組んでいるが，園と小学校の人事交流はあまり進んでいない【8–7】．

　ここで，保育・幼児教育アドバイザーと幼児教育担当の指導主事が保幼小の連携をどのように支援しているのかを検討する．保幼小の連携はアドバイザーの主な業務の 1 つであり，指導主事はアドバイザー以上にその役割を期待されている (図 4.4)．結論からいえば，アドバイザーと指導主事は保幼小の連携に積極的に取り組んでいる．図 4.6 の通り，アドバイザーや指導主事を配置する自治体では，移行カリキュラムと共通カリキュラムのうち 1 つまたは両方を作成する傾向がある．アドバイザーや指導主事がいなければ，自治体独自のカリキュラムはあまり作成されていない．さらに，同じ傾向は園と小学校の合同研修や，乳幼児と小学校児童の合同保育にもあてはまる．すなわち，アドバイザーと指導主事が多い自治体ほど，合同研修や合同保育に前向きである．

## f まとめ

　本節では，保育・幼児教育アドバイザーと幼児教育担当の指導主事がどのように園を支援しているのかを明らかにした．多くの自治体はアドバイザーと指導主事を十分に配置していないが，一部の自治体では両者がそれぞれ遊びのプロと学びのプロとして協力しながら，さまざまな施設形態の園や小学校を支援している．保幼小の連携にも積極的に取り組み，自治体独自の移行カリキュラムや共通カリキュラムの作成，合同研修や合同保育の開催を後押ししている．自治体において，

子どもの園での遊び，遊びから学びへの移行を支えるのがアドバイザーと指導主事の役割なのである． (関　智弘)

**文　献**

1) 前田弘子: 保育園問題，中央公論新社，2017.
2) Cedep: 平成 28 年度『幼児教育の推進体制構築事業』実施に係る調査分析事業成果報告書，2017, Cedep: 平成 27 年度 乳幼児期の保育・教育の質保障に関する全国自治体調査報告書，2018.
3) 足立泰美: 保育所の量的拡充政策の相互参照行動．足立泰美: 雇用と結婚・出産・子育て支援の経済学，大阪大学出版会，2017.
4) 日本都市センター (編): 都市自治体の子ども・子育て政策，2017.
5) 一前春子: 保幼小連携体制の形成過程，風間書房，2017.
6) 島田桂吾:「幼児期の教育」政策におけるガバナンスをめぐる課題．日本教育政策学会年報，**21**: 114–122, 2014.
7) 関智弘: 自治体の幼児教育推進体制に関する調査分析．Cedep 主催公開シンポジウム，東京大学，2017.
8) Cedep: 自治体の実施体制と保育の質の保障・向上―幼児教育センター・幼児教育アドバイザー・研修に注目して―．幼児教育年鑑，平成 29 年版，2017.
9) Cedep: 平成 27 年度 乳幼児期の保育・教育の質保障に関する全国自治体調査報告書，2018.
10) Cedep: 平成 28 年度「幼児教育の推進体制構築事業」実施に係る調査分析事業成果報告書，p19, 2017.
11) 指導主事については，文部科学省初等中等教育局初等中等教育企画課「学校や教育委員会の指導体制について」初等中等教育分科会チーム学校作業部会・参考資料 (平成 27 年 5 月 19 日), p2. 2019 年 2 月 13 日最終アクセス．
http://www.mext.go.jp/b_menu/shingi/chukyo/chukyo3/052/siryo/__icsFiles/afieldfile/2015/08/17/1359968_04.pdf
12) Cedep: 平成 28 年度「幼児教育の推進体制構築事業」実施に係る調査分析事業成果報告書，p30, 2017.

Section 4.2

# 対話で繋がる

- さまざまな情報や考え方とどのように向きあえばよいでしょうか
- さまざまな人間関係においてどのように対話をしていけばよいでしょうか

## a さまざまな情報とのつき合い方

◆**(1) 子育て情報はどのように得ている？ —「子育て親塾」を手がかりとして—**

　インターネットが普及してさまざまな情報に簡単にアクセスできるようになった現代の私たちは，多種多様な情報に囲まれた中で暮らしているといえる．乳幼児をもつ親たちにとっては，特に子育てを営むうえで良質の情報や知恵が必要であると考えられるが，はたして現代の親たちは，それらの情報をどのようにして手に入れているのだろうか．

　ここでは，子育て支援の取り組みの一環として Cedep と日本共同システム (NKS) との連携で実施した「子育て親塾」プロジェクトを手がかりとして述べる．「子育て親塾」とは，一言でいうと，親たちが子育ての知識や知恵を学び合う場である．2016 年度には，協力企業における仕事と子育ての両立支援のための取り組みとして，この「子育て親塾」講座が取り入れられ，性別，年齢，既婚未婚や子どもの有無にかかわらず，同じ労働環境で働く子育てに関心のある社員が集い，子育てにかかわるテーマについて一緒に学び合った．この「子育て親塾」講座は，保育・教育分野，脳科学分野，保育政策分野の各専門教員 (Cedep 所属教員) によるビデオ映像講義で子育てに関する知識を学び，さらに，この映像講義で学んだ知識を活かした受講者参加型のワークショップとの組み合わせで複数回の連続講座とし

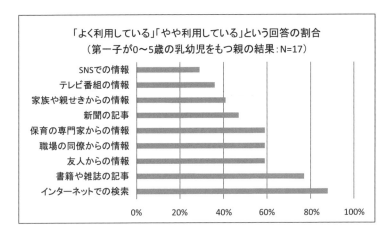

**図 4.7** 0〜5 歳の乳幼児をもつ親の子育て関連情報・知識を得る方法について(「子育て親塾」2016 年度のアンケート結果より筆者が抜粋し作成)

て実施されるのが特徴である.

　この講座において,受講者たちが子育てに関する情報や知恵をどのように得ているか,そして,それは日々の生活においてどの程度役立っているかについて問う受講前のアンケート調査を行った.図 4.7,図 4.8 は,受講者のうち,0 歳から 5 歳の乳幼児をもつ親の回答について抜粋しグラフで示したものである.したがって,対象者が限定されているため,この結果を昨今の乳幼児をもつ親の一般的な傾向として一概にとらえることはできないが,乳幼児を育てながら夫婦で共働きする親の一つの傾向の表れとして参考になるのではないかと考える.

　図 4.7 を見ると,「インターネットでの検索」を利用して情報を得るという回答が約 90％と最も割合が高く,その一方で,同じインターネットの利用であっても,SNS を介して何らかの情報を得るという回答は約 30％程度であることがわかる.また,「書籍や雑誌の記事」から情報を得るという回答が約 80％で,2 番目に多く利用されていることが示されており,従来からある育児雑誌や育児本の需要が比較的高い割合であることがわかる.

　さらに,図 4.8 の役立ち具合の認識を見ると,「書籍や雑誌の記事」が役立つという回答が約 80％で最も高い割合を示している一方で,「インターネット検索」が役立つという回答は 5 番目の約 60％となっている.これらのことからは,「インターネット検索」は,パソコンやスマートフォンの普及に伴い,情報を入手する

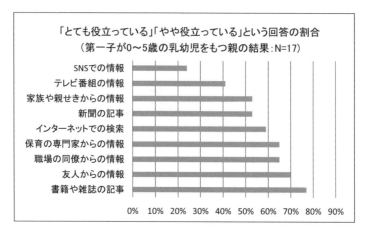

**図 4.8** 0〜5歳の乳幼児をもつ親の子育て関連情報・知識を得る方法の役立ち具合の認識について(「子育て親塾」2016年度のアンケート結果より筆者が抜粋し作成)

際には手軽に利用しやすいが,実際に役立つ情報は,育児雑誌や育児本の方から得る場合が多いようであるとわかる.インターネット検索による情報入手は,いわゆるネットサーフィン(検索キーワードをきっかけとしてサイトからサイトへ移動して見てまわること)により,たくさんの情報に触れることはできるものの,その情報源や根拠が示されていない場合や信憑性に欠ける情報もしばしばあり,にわかに信じ難いと思わせる側面があるのかもしれない.一方で「書籍や雑誌の記事」は,その分野に詳しい著者が書いていることで信頼性があり,内容もテーマに沿っていて読者に伝わりやすいとも考えられる.

また,「友人からの情報」,「職場の同僚からの情報」,「保育の専門家からの情報」などのように,直接的な人との関わりを通した情報が役立つと回答している割合が比較的高いことからも,文字情報のように一方通行的に与えられる情報だけではなく,人とのコミュニケーションを伴って得られる情報が求められているのではないかと考える.

◆**(2) さまざまな情報や考え方と上手に向き合うための3つのこと**

以上のことから,筆者は大きく次の3つのことを念頭において情報と向き合うとよいのではないか考える.一つ目は,その情報が信頼できるものであるかどうかを見極めることである.インターネットからの情報であれ,書籍や雑誌からの情報であれ,世の中に出回っているさまざまな情報は玉石混交である.特に,あ

まりにも都合の良い宣伝文句などには惑わされないように冷静に調べる手間を惜しまないことである．その際，情報源が信頼できるところかどうか等は一つのヒントとなるだろう．例えば，「子育て親塾」講座で提供する講義は，Cedep に所属する研究者によるもので，その内容はどれも学術的な研究の積み重ねにより導き出された根拠に基づいているというようなことである．

　二つ目は，複雑な情報の場合など，その情報を発信する側と受信する側との間で解釈のずれや，間違った解釈が生じてしまうことが，無きにしも非ずということである．これには，情報を受け取る各人が，その情報に対して受け身になるのではなく，情報の発信者や他の受信者らと互いに確認し合ったり，議論し合ったりする場を設けることにより，補い合ったり，さらに理解を深めたりすることができるのではないだろうか．

　三つ目は，完璧な情報などはないということをわかっておくことである．情報源も信頼でき，情報の根拠も明確に示されており，多くの人がその情報を活用していたとしても，いつでも，どこでも，誰にとっても必ずしも完璧に役に立つというわけではない．子育て支援の場にかかわっていると，親からの困りごととして「あまりにも情報が多くて，その取捨選択が難しく悩んでしまう」という声をしばしば耳にする．特に子育ての経験知が少ない親の場合などは，子育てには何か正解があると思い込んでいる場合も少なからずある．例えば，「うちの子は最近，昼寝をしなくなったのだが，幼児の昼寝は何歳までさせればよいのですか？」というような How to 的な回答を求める親の声があるのもその表れであろう．入手した情報が，たとえ一問一答の回答を示すような内容であったとしても，まずは自分自身の考え方や価値観とじっくり向き合い，自分の目の前の子どもの姿をしっかりと見つめ，その子にとって無理なく心地よいことが何であるのかを考えたり，思いめぐらしたりすることが大切である．これらのことは，自分と他者との価値観の違いを知ることとも関わりがあると考えられる．

　以上，さまざまな情報や考え方と上手に向き合うためには多くの情報に振り回されないように心がけて，気になる情報については，その信頼性を確認し，その情報についてさまざまな人と意見を交わすことが，情報を正しく理解したり，他者の受け止め方を知ることに繋がるのではないだろうか．情報とは，自分に合ったスタイルで，つかず離れずの程よい距離を保ちつつ向き合うのがよいのではないかと考える．

## b さまざまな人間関係を繋ぐための対話

### ◆(1) 現代の人間関係

　私たちは日々，社会の中でさまざまな人たちとともに暮らしている．これは，今も昔も変わらないことである．しかしながら，少子化に伴う家族の小規模化が進み，地域の人たちとの交流も希薄になっている．さらに昨今では，タブレット型端末やスマートフォンが日常生活に普及し，さまざまな人とのやりとりがSNSやメールなどを介して簡単に行われるようになり，その点では効率的な生活が可能な社会となったといえる．そうはいっても，日々の生活において実際にさまざまな人と顔を突き合わせてかかわることは多かれ少なかれ必要である．特に，子どもを育てるという営みにおいて，さまざまな人と実際にかかわり合って繋がることは子どもの育ちにとっても，また，社会で子どもを育てる親や保育者などの大人にとっても欠かすことのできないことである．

　ここでは，子育てをしている親や，保育現場で保育に携わる保育者たちの人間関係をより豊かにするための方法の一つとして，対話的な体験を通して人間関係を築くということに着目する．

### ◆(2) 他者との価値観の相違

　私たちは，どんなに親しい間柄であれ，気心の知れた仲間であれ，皆一人ひとりが独自の意見や考え方をもっており，その価値観は自分と全く同一というわけではない．それは，たとえ家族のような近しい関係であってもそうである．同じ文化やコミュニティを共有する人々は，非常に似た価値観を持っているかもしれないが，それでも全く同じではない．しかし，多くの人々にとって価値観は，すでに自分の一部になっているので，普段あまりそれを意識することはなく，他者と意見が合わない時などに自分の価値観に気づくことがある[1]．

　他者との価値観の相違に対峙した時に，自分とは異なる他者の考え方や発想を新たな視点の発見として興味深くとらえることができる場合もあれば，違和感を覚えて，つい相手を否定してしまうなど，複雑な思いを抱く場合もあるだろう．このように私たちは，他者とかかわって互いに意見を交わすことを通して，自分独自の価値観にも改めて気づくのである．すなわち，他者と意見が合わないのは

価値観の違いによることが少なくないのである[1]. とりわけ, 子育てという営みにおいては, 自分の価値観がおのずと強く表れやすく, 他者の考え方との狭間で悩んだり, さまざまな葛藤を経験したりしている人も少なくないだろう. しかしながら, 社会のなかで暮らしている私たちにとって, さまざまな価値観を持つ他者とかかわったり, 繋がったりすることを避けて通ることはできないのである.

◆ **(3) 「対話」とは何か？**

最近では, 日本の教育や保育の分野において,「アクティブラーニング」という言葉が登場し, 教育や保育の現場での「学び」という営みと関連させた議論がなされている. その中で, 他の人々との対話などを通して知恵や発想等を豊かにすること[2]などの重要性が示され, 教育や保育の現場において対話的な活動を取り入れる動きも活発になってきた.

対話という言葉は, 広く一般的にも用いられているが, さまざまな分野においては, その用いられ方は異なる.「対話」の学問としての歴史を遡れば, ソクラテス, プラトン, アリストテレスなど西洋哲学の成立に決定的な役割を果たし, ヘーゲルやマルクスの弁証法, ブーバーの対話論など多様に展開してきた[3]. 哲学的には,「対話 (dialogue)」という用語は,「互いに異なる論理が開かれた場でぶつかりあい, 対決を通じてより高められた認識に到達しようとする運動である」[4]と定義されている. 劇作家の平田オリザは,「AとBという異なる二つの論理が摺りあわさり, Cという新しい概念を生み出す. AもBも変わる. (中略) 両者ともに変わるのだということを前提にして話を始める. (中略) "対話的な精神"とは, 異なる価値観を持った人と出会うことで, 自分の意見が変わっていくことを潔しとする態度のことである.」[5]と述べている. これらのことを参考にするならば,「対話」とは, 意見の異なる人たちがともに話し合い, さまざまな意見の相違でぶつかる経験をしつつも, それぞれが思考を深めていく過程で, その葛藤を乗り越えることによって, 自身をより高めていこうとするコミュニケーションであると考えられる.

◆ **(4) 対話のための場づくりの工夫**
　　—Nobody's Perfect プログラムを手がかりとして—

筆者は, 対話的な経験の積み重ねを通して人間関係を築いていくプロセスに関

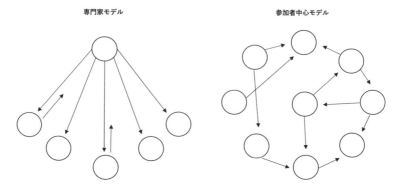

**図 4.9** 専門家モデルと参加者中心モデル
出典：『ノーバディズ・パーフェクト ファシリテーター・トレーニング資料』特定非営利活動法人 子ども家庭リソースセンター

心があり，主に乳幼児の親が集う子育て支援の場や，保育者たちが学び合う研修の場などにおいて，対話的な活動を取り入れたワークショップを開催し，ファシリテーターとしてかかわっている．ここでのファシリテーターとは，単なる会の進行役だけではなく，中立の立場から参加者らの活動を支援する役割を担う者のことである．筆者は，これらのワークショップの取り組みを通して，さまざまな人との関わりを円滑にし，なおかつ互恵的な関係を築くためには，対話を上手に取り入れることが効果的であると実感している．

ここでは，筆者が親支援の一環として行っている Nobody's Perfect (以下，NP と表記) プログラムにおいて，対話的な活動がどのように取り入れられているのかについて述べる．NP プログラムとは以下のようなものである．

Nobody's Perfect とは，「完璧な親なんていない」という意味であり，1980 年代にカナダ東海岸 4 州の保健機関で開発された乳幼児を持つ親支援のためのプログラムである．このプログラムは，指導者が上から何かを教えるという専門家モデルではなく，トレーニングされたファシリテーターが，参加する親たちの価値観を尊重し，一人ひとりがすでに持っている知恵や力を信じて，参加者が自分の価値観と向き合い，視野を広げて自分の価値観について問い直したり，肯定したり，修正したりする機会を提供する参加者中心モデルのセッションを行うものである (図 4.9)．

6〜12 人ほどの同じメンバーで，6 回から 8 回の連続講座 (1 回 2 時間程度) として行われるのが基本で，参加する親の一人ひとりが話題提供者となり (親として

表 4.1　プログラム例 (筆者が実施した 6 回セッションの場合)

| 回数 | テーマ | アクティビティ | アイスブレイク |
|---|---|---|---|
| 第1回 | 出会い | ・一人ひとりが、自分自身や子どものことなどを紹介して、互いについて知り合う<br>・このグループでの決まりごとについて話し合う<br>・各回のセッションで取り上げたいテーマについて話し合う | リラックスヨガ |
| 第2回 | 子どもとの関わり方 | ・実際にお手玉、絵本、布、人形など身近な物を使って、参加者自身が遊ぶ体験をする<br>・子どもが面白がる遊びを紹介しながらディスカッションする | バースデーライン |
| 第3回 | 親同士の関わり方 | ・親同士の関わり方についてディスカッションする<br>・困ったり、悩んだりしていることを付箋に書いて整理する | 他己紹介 |
| 第4回 | 子どもの食事 | ・子どもの食事の悩みについてディスカッションする<br>・子どもの喜ぶ食事メニューのアイディアを共有する | どっちがすき？ |
| 第5回 | 義父母や夫との関わり方 | 義父母や夫との関係についてディスカッションする | どんな気分？<br>(表情カードを使って) |
| 第6回 | 自分自身を見つめる | ・自分のリフレッシュの仕方について紹介し合う<br>・Future Tree に未来の「私」について書いて紹介する | 椅子ヨガ |

困っていることや悩み，あるいは皆で話し合ってみたいテーマを提供する)，情報源となり，支え合う存在になるという過程を体験できるようにつくられている[6]．このセッションにはファシリテーターがかかわり，参加者同士の話し合いが単なる井戸端会議のおしゃべりに終始することがないようにサポートし，またテーマ毎に参加者それぞれの気づきが促されるような対話が進行するための雰囲気づくりやアクティビティが準備される．表 4.1 は，筆者が実施した NP プログラムの一例である．

NP プログラムは，一人ひとりが安心してプログラムに参加し，セッションにて集中できる場となるように，以下のような環境を整えて進められる．

・参加者がセッションに集中できるように別室での保育付きで行う
・6 人から 12 人程度の少人数で行う
・参加者同士が互いに親しくなれるように 6 回から 8 回のセッションを行う
・1 回のセッションは 2 時間程度で行う
・参加者が安心できてリラックスした楽しい雰囲気の中で行う
・セッションの合間にお茶とおやつの時間を設ける
・最初に，皆が心地よく参加できるための決まりごとを一緒につくる

以上は，あくまでも NP プログラムにおける対話的な活動を行うために考えられた環境設定である．しかしながら，普段日常の中で，私たちが自分とは異なる価

値観をもつ他者と対話をする場合でも，共通に関心のあるトピックを対話のきっかけとして，できるだけゆったりと落ち着いた雰囲気の場を確保することで，安心してじっくりと他の親たちの価値観に触れ，自分自身の価値観に向き合うことができ，豊かな対話ができるのではないだろうか．そのような点で，参考になると思われる．

### ◆(5) 対話を促すツールの活用—パターン・ランゲージを手がかりとして—

多くの場合，何人かが集まって井戸端会議的なおしゃべりをすることは割と簡単にできるだろうし，これも大切なコミュニケーションではあるが…．ここまでで述べてきたような対話，すなわち，意見の異なる人たちとともに話し合い，さまざまな意見の相違でぶつかる経験をしつつも，それぞれが思考を深めていく過程で，その葛藤を乗り越えることによって，自身をより高めていこうとする場合には，何らかの工夫が必要である．最近では，対話をやりやすくするためのさまざまな支援ツールが開発されている．

ここでは，対話をうながすための支援ツールの一つであるパターン・ランゲージを取りあげる．パターン・ランゲージとは，ある対象領域における暗黙的な経験知を言語化するための手法で，うまくいっている事例に共通して見られるパターンを抽出し，抽象化して言語化したものである[7]．慶應義塾大学の井庭研究室では，これまでに教育や医療，福祉，企業などさまざまな分野でのパターン・ランゲージが作成されており，書籍やカードとなって多くのコミュニティで活用されている．なかでも『対話のことば』は，問題を解消する力を持つ対話として実績のある「オープンダイアローグ」をもとにして作成されたパターン・ランゲージであり，対話のもつ力をより多くの人が活かしていけるように，対話という行為を紐解き，その心得について30個の「ことば」にまとめられたものである[8]．

この『対話のことば』のなかの一つに，「混沌とした状態」というパターンがある．これは，対話の場で，それぞれの人たちが自分の認識を語ることによって多様な認識が場にもたらされ，混沌とした状況になっている場合の解消に向けた心得について述べられたパターンである．このような状況において，誰かがわかりやすく整理したり，何らかの結論で話をまとめたりしようとすると新たな理解が生まれる可能性が失われてしまうと述べられている．では，このような場合，対話の場を共にしている者たちはどのようにすればよいのか？これについては次

のような秘訣が記されている．それは，この混沌とした状態は，意味が変容していく最中であると捉え，居心地の悪さに耐え，保留しながら対話を続けることで，やがて，最初は別々だった認識が徐々に混じり合ってきて，意味の変容が起き，新たな理解へとつながっていくというものである[9]．

これは，本節で前述したように，対話の中で多様な人の価値観が語られるようになってくると，人によって認識しにくい事柄が生じたり，葛藤したりというような不安定な場の雰囲気に陥ることがある．このパターンからは，その状態こそが踏ん張りどころで，それを乗り越えて対話を継続することで，自分の認識に対しても他者の認識に対しても新たな理解が進むようになるということがわかる．このように，『対話のことば』という支援ツールを活用することにより，対話の経験が浅く不慣れな場合でも，対話を継続することの一助となると考えられる．

ちなみに，Cedepでは，保育者のなかでも特に園組織の中間の立場である主任保育者や副園長の対話のための『園作りのことば―保育をつなぐミドルリーダーの秘訣―』[10]を井庭研究室との共同研究で開発した．ここには，ミドルリーダーの実践知が27個の言葉にまとめられており，ミドルの立場の実践者たちが仲間同士でその役割や秘訣について学び合う時や研修などの場での対話のきっかけとして活用できる．ここでは，詳細は割愛するため，別途，参考文献を参照されたい．

## C まとめ

以上，なぜ昨今，対話が必要だといわれているのか，対話とは何なのか，そして，対話を豊かにするには，どのように場づくりを工夫し，どのように姿勢で臨めばよいのかについて述べてきた．私たちが社会で多様な人たちと共に支え合って暮らしていくためには，互いの異なる価値観を尊重し合いながら繋がっていく必要がある．誰もが持つ価値観は，それぞれに独自であるにもかかわらず，私たちは普段，そのことをあまり意識することはない．他者と交わって意見や考え方が異なることで違和感を覚えた時に価値観の相違に気づくのである．そこで葛藤することも多々あるが，それでも他者と良好な人間関係を築いて繋がっていくためには，もうひと踏ん張りする必要がある．その時に対話という方法が効力を発揮する．対話を豊かにするためには，十分な時間を使って，互いがリラックスして向き合える場を確保することが望ましい．そして，何よりも，自分にも他者に

も真摯に向き合う姿勢が肝心であると考える． （天野美和子）

## 文　　　献

1) ジャニス・ウッド・キャタノ，三沢直子 (監修)，杉田真ほか (翻訳): 親教育プログラムのすすめ方, p.24, ひとなる書房, 2002.
2) 小松親次郎ほか:「アクティブ・ラーニング」を考える, p.1, 東洋館出版社, 2016.
3) やまだようこ: 多生テクスト間の生成的対話とネットワークモデル―「対話的モデル生成法」の理論的基礎―, 質的心理学研究, **7**(7): 21–42, 2008.
4) 廣松渉ほか: 岩波哲学・思想事典, 岩波書店, 1998.
5) 平田オリザ: わかりあえないことから―コミュニケーション能力とは何か―, p.103, 講談社, 2012.
6) 伊志嶺美津子 (監修)，中井久夫ほか (著): Nobody's Perfect 活用の手引―カナダからの子育て・親支援プログラム―, p.7, ドメス出版, 2003.
7) 井庭崇ほか (編著): パターン・ランゲージ―創造的な未来を創るための言語―, pp.vii–xi, 慶應義塾大学出版会, 2013.
8) 井庭崇・長井雅史: 対話のことば―オープンダイアローグに学ぶ問題解消のための対話の心得―, p.iii, 丸善出版, 2018.
9) 同上, pp.64–65.
10) 井庭崇・秋田喜代美 (編著), 野澤祥子ほか (著): 園づくりのことば―保育をつなぐミドルリーダーの秘訣―, pp.1–103, 丸善出版, 2019.

Section 4.3

# 技術で繋がる

- 子どもの生活をとらえる技術はどこまで進んでいるのでしょうか
- 技術の進歩により保育はどのように変わるのでしょうか

## a はじめに

　現在，Internet of Things (IoT，モノのインターネット) や Artificial Intelligence(AI，人工知能) の発達によって，製造，流通・物流・サービス，都市インフラなどといったさまざまな分野への各種センサーやカメラの導入と，それを用いた自動処理が進んでいる．そういった，IoT/AI 技術を用いた「スマート化」の波は保育分野にも少しずつ押し寄せつつある．うつぶせ寝など喫緊の課題に対して ICT (Information and Communication Technology) を用いた機器の導入に助成金を出す自治体も出てきた．また，IoT/AI 技術を用いることで保育環境・職場環境の見える化・見直し・改善なども図られ，より安全で質の高い保育や保育者の負担減，離職対策などにも貢献できると考えられる．例えば，保育の現場に限らず職場環境の見える化やそれに基づいた改善は空気環境の IoT センシングや AI 技術を用いたストレス計測など例には事欠かない．

　しかし一方で，導入・運用コストや保育士・保護者らの IoT/AI 技術受け入れに対する拒否感もあるため，保育分野への IoT や AI 導入は順調に進んでいるとはいい難い．本節では，筆者らの研究グループで行っている IoT/AI カメラシステム開発と，実際に保育園・幼稚園・こども園で設置実験して得られた結果・知見を紹介する[1〜5]．具体的な事例を紹介することで技術への正しい理解が進み，保育の

現場で積極的に導入を検討する機会になれば幸いである．

##  IoT/AI カメラシステムの開発

### ◆(1) 基本性能

　Cedep，Future Standard 社，筆者ら東京大学大学院情報理工学系研究科電子情報学専攻・山崎研究室は共同で IoT/AI カメラシステムを試作した (図 4.10)．温湿度センサー，照度センサー，加速度センサー，紫外線センサー，$CO_2$ センサーを搭載しており，Raspberry Pi 3 Model B という小型計算機で制御している．Linux ベースの OS で動作し，小型・省電力なスマートフォンと同等レベルの計算能力をもった計算機であると考えて差し支えない．通常の計算機と同等に扱うことができるため，プログラミングすることでデータの処理，解析，通信などをユーザーの意図通りに行うことができる．

　また，補助的にオムロン社の環境センサー[*1] (図 4.11) も利用し，Bluetooth で Raspberry Pi 側に取得される．

　Raspberry Pi は I2C というシリアル通信規格に対応している．その規格に則ったセンサーであれば通信プロトコル (どのタイミングでどのような命令を送り，どのようなデータを Raspberry Pi 側が受信するか，といった規格) が一定であるため，接続されているセンサーが何であるか意識することなく一定のプログラミング作法でセンサーとの通信が可能になる．すなわち，ユーザーの視点からみれば，どんなセンサーであろうと Raspberry Pi に 4 本の線を決められた通り配線して簡単な通信プログラムを書くだけでセンサーとの通信が可能になるということである．また，各センサーは状況に応じて追加・取り外し可能である．Raspberry Pi には複数の USB ポートが備え付けてあるため，I2C 対応のセンサーだけでなく USB カメラ・マイクを接続して映像を記録することが可能である．その他の USB デバイスもドライバが対応していれば自由に導入が可能である．

　内部のファイル管理・通信システムは Future Standard 社が提供する映像解析プラットフォームである SCORER[*2] を使用した．これによって，取得されたデータは安全なクラウドサーバー上に自動的にアップロードされ，管理される．すな

---

[*1] http://www.omron.co.jp/ecb/products/sensor/special/environmentsensor/
[*2] https://www.scorer.jp/

図 4.10　開発した IoT/AI カメラシステム　　図 4.11　補助的に用いたオムロン社の環境センサー

わち，デバイスが何台あろうと，必要なデータはクラウドサーバー上に集約されている．そのため，例えば園内のすべてのデバイスの様子をモニタリングしたり，ひいては管理・運営するすべての園の様子を一挙にモニタリングしたりすることも可能である．この点が多くの既存システムと異なる．

デバイスは電源を接続するだけで OS が自動的に起動して映像記録や環境計測を開始し，インターネット環境に繋がっていれば計測データを自動的にクラウドに転送するという仕組みになっている．デバイスはコンパクトにまとめることができるため，施設内において容易に装置を設置・撤去することが可能である．

注意が必要なのは Raspberry Pi は 10W 前後の消費電力があるため AC アダプターからの電源が必要な点である．電池やバッテリーでの長時間・長期間にわたるセンシングは現状ではかなり困難だと考えてよい．そのため，コンセントから電力供給可能で，かつ子どもたちの手の届かない場所に設置する必要がある．

◆(2)　センシング結果の可視化・実時間処理

Raspberry Pi は WiFi のアクセスポイントの機能や WEB サーバー機能をもたせることができるため，仮にインターネット環境が準備できなくても IoT/AI システムと同一教室内においたタブレットなどの他の端末と連携してセンシングした各種空気環境等の値を表示したり，異常値を検出した時にアラートを出したりすることができる．その他，異常値を検出した際にセンサーから直接スピーカーを介して音声で注意喚起のアナウンスを行うことも可能である．インターネットに接続されていれば，保育者たちのメールや各種メッセージングアプリにメッセージを配信することも可能である．図 4.12 は，筆者らが開発しているタブレットアプリのイメージ図である．1 日の空気環境の様子がグラフで表示され，空気環境の

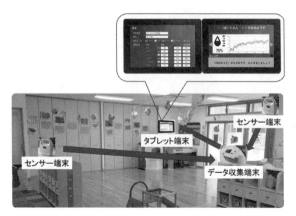

**図 4.12** 可視化・警告システムの運用イメージ図 (口絵 4 参照)

**図 4.13** Slack を利用した注意喚起メッセージの表示例

推移がひと目で確認できるだけでなく異常時の警告を視認性高く表示することができる．

一例ではあるが，筆者らは本システムを大学の会議室の空気環境管理やサーバー室の温度管理に用いている．会議室でドアや窓を締め切りにして長時間議論した結果 $CO_2$ 濃度が上昇した場合や，サーバー室でエアコンの異常などにより温度が上昇した場合には Slack という内部コミュニケーション用 SNS に警告メッセージを投稿するようにしている (図 4.13)．このことでいち早く異常に気づくことができ，すぐに対策が打てるようになった．

◆**(3) 行動追跡・解析**

筆者らの IoT/AI カメラシステムの行動追跡・解析技術は人の検出と姿勢推定，追跡，人物再同定の 3 ステップからなる．

深層学習を用いて 2 次元動画像から人物の検出とポーズ推定を行う研究は，画像処理の分野で盛んである．筆者らはその中でも Cao らが提案した OpenPose[6] という手法を用いる．OpenPose は画像内において人の頭，首，右肩，左肩などの人の体を構成するパーツの位置および向きを表す 2 次元ベクトル場の集合 (Part Affinity Fields：PAF) を推定，利用することで画像内の複数人の姿勢をリアルタイムかつ高精度に推定できる手法である．また，ソースコードが公開されているため，実装が早く学術目的であれば無料で利用できる (ただし，業務用途にはライセンス契約が必要である)．うつぶせ寝の検出は，OpenPose で顔パーツが検出されるかどうかで行う．

人物追跡には OpenPose で推定された人体の各パーツの前後フレームでの移動量および Discriminative Scale Space Tracker (DSST)[7] という技術を用いている．人物追跡は，いま対象としているフレームで検出されている人物が次のフレームでどこに移動したか，言い換えれば次のフレームの誰と対応を取ればいいのかを考える処理である．DSST は他の手法に比べて被写体の向きや大きさの急な変化に強いとされていて，園内の子どもや保育者たちを追跡するのに適している．

人物再同定は，複数の人が交差して一時的に人物追跡に失敗した時，カメラ視野外に出た人物が再度カメラ視野内に戻ってきた場合に同一人物だと処理する時，あるいは他のカメラの視野に移った場合に隣のカメラからきた人物であると同定する時に必要な技術である．また，そのような現象が起きなくとも，部屋の中を動き回る中で見え方が変化することで追跡が失敗・中断され，別の ID がつくことがある．そのような場合にも，ID 同士の対応づけをする必要がある．われわれのシステムでは Open-ReID[*3] というオープンソースライブラリを使っている．これは，深層学習を用いて事前に人物の見え方 (服装など) をグルーピングして利用者が「これは A さん」などとラベルを振っておくことで，同じ見え方の人物が検出された時再同定をして同じ「A さん」というラベルを振るというものである．そのため，利用前にどの服装をした人が誰であるかというラベルづけの作業が発生する．人物の見え方はカメラが変わったり時間帯が変わったりするだけでも変化する場合があるので，カメラ毎に，一定時間間隔で正解ラベルを振っておく必要がある．そのため，全自動の再同定はできないが，あらかじめ上記トラッキン

---

[*3] https://github.com/Cysu/open-reid

グで正しく追跡できたシーケンスの一部に対してラベルを振ってもらうようなインタラクティブなツールを用いることで手間は限りなく小さくできると考えている．また，見え方に基づく人物再同定は，園児たちが制服を着てお互いにほとんど同じ見え方をしている時には適用困難である．

なお，ここに紹介した技術は技術の一例としてご理解いただきたい．これらの分野は日進月歩で技術革新が起こっており，精度や処理速度，安定性などがめざましく改善されることも多い．特に画像処理のソフトウェアの部分は更新が容易であるため，特定の技術に固執せずその時々で最適なものを選択すればよい．

◆(4) その他のセンサーの可能性

前述の通り，I2C 規格に則ったものか，もしくは USB インターフェースがついているものであればどんなセンサーでも追加することが可能である．そのため，近年話題となっている PM2.5, PM10[*4]，NOX・SOX[*5] センサーを取り付けることも可能である．また，シックハウス症候群の原因とされる壁材などの化学物質のセンシングも可能である．しかし，センサーの感度は人間の感度に比べてまだ低いため，特にシックハウス症候群の解析をしたい場合はセンサーを原因と思われる箇所の近くに設置する必要がある．また，気体のセンサーは一般に高額な上，気体の種類ごとにセンサーを購入しなければならない．そのためコスト，機器の大きさなどの制約を考慮してセンサーを選定する必要がある．

◆(5) インターネット接続，データ集約に関する補足

本システムはインターネットへの接続を前提とし，取得したデータは基本クラウドサーバー上に定期的にアップロードする仕様にしている．こうすることで，端末が何台あろうとすべてデータの回収をして回ることなく，データを一括管理できるというメリットがある．

園に無線 LAN 環境が整備できている場合はそれを利用する．園の各部屋に無線 LAN が準備できていない場合は，上り回線専用 SIM カード [*6] やそれを用いたモバイル WiFi を利用するとよい．筆者らの実験では主にこの上り専用 SIM カード

---

[*4] PM とは微小粒子状物質のことを表し，数字は粒子の大きさをマイクロメートルで表現したものである
[*5] 窒化化合物，硫化化合物など主に排気ガス等に含まれる空気汚染物質の総称
[*6] 携帯電話の回線を利用するための IC カード

を用いたモバイル WiFi システムを利用した．この場合，SIM カードの契約には別途料金が必要であることに注意したい．

また，リアルタイム性を求めておらず，事後の確認・振り返り等に利用するだけでよい場合は，データを端末内に蓄積しておき，インターネット接続が可能になった時点でアップロードできるような設定にしておけばよい．

なお，インターネット環境がない場合であってもそれは外部のサーバーにデータをアップロードできないだけであり，教室内にある表示端末などとの通信は可能である．

◆ **(6) 関 連 技 術**

一般的に"ベイビーモニター"といわれる，乳児を見守るデバイスが登場している．単に乳児を映し続けるものから，泣き声等に反応し通知してくれるものなどさまざまなベイビーモニターがあり，市販されている．その多くは単にベッド際に設置されたカメラの映像をストリーミング配信し，親がスマートフォンなどで確認できるようにするというものである．

深層学習を利用していることを謳ったベイビーモニターもある．BabbyCam[7]はその一例であり，起きている，寝ている，泣いている等の乳児の状態を画像から判別し通知してくれるというものである．このベイビーモニターは乳児の顔が何かで覆われているかどうかも判別でき，窒息事故防止に役立つと考えられる．しかし，BabbyCam を含めこのようなベイビーモニターの大半が家庭用・一人用であり，保育園等でそのまま適用するにはコスト面や設置方法などさまざまな問題があり現実的ではない．さらに，このような市販のデバイスは内部のプログラムを自分で書き換えることはできず，単一の機能に限られてしまう．

子ども用だけでなく，家庭や職場環境のセンシングを目的としたデバイスも発売されている．Netatmo personal weather station[8] は温度・湿度・気圧の他に $CO_2$ 濃度や騒音レベルも測定できる．ただし，製品の名前が示す通り，主に天気のセンシング利用を目的としている．Acer air monitor は，加えて PM2.5, PM10 のセンシングが可能である．Awair Glow[9] は $CO_2$ や化学物質濃度をセンシングでき

---

[7] https://babbycam.com/
[8] https://www.netatmo.com
[9] https://getawair.com/pages/awair-glow

るのが特徴のデバイスである．SenStick*10) は奈良先端大の研究者らによって開発された小型デバイスで，箸や歯ブラシ，眼鏡などに装着することを目的としており，温湿度の他に気圧，照度，UV センサーなどが搭載されている．これらはすでに製品となっているという手軽さはあるが，希望通りにセンサーを追加・削減したり自由にプログラミングしたりすることは難しい．また，同一システム内にカメラや映像の解析機能を追加することはできないため，別途準備する必要がある．これらは基本的に一般家庭用途を想定しているため複数のシステムからのデータ集約についても考慮されていない物が多い．

## C 開発した IoT/AI カメラシステムによる測定結果

実験は主に関東・関西にある 19 園 (表 4.2 中の A-S)，53 部屋で行った．なお，園 A は時期を変えて 2 回測定している (A′ と表記)．本実験に参加・協力してくださった園は Cedep のホームページで告知したモニター実験に自主的に応募してくださった園であり，普段から保育環境の改善に高い意識と関心を持った園であることに言及しておきたい．また，この実験結果は何らかの基準を満たさない場合があったとしても特定の園を批判するものではなく，注意深く運営している園であっても IoT/AI システムを用いない通常通りの運営では気づくことは難しいということを示していると理解いただきたい．実験に際しては東京大学倫理委員会の承認を受け，各園において保育者・保護者らに趣旨説明等をした後に同意を得た上で行ったものである．

◆(1) 空気環境

図 4.14 に園 F にて測定した 3 歳児の部屋と 5 歳児の部屋の，ある 1 日の $CO_2$ 濃度の推移を示す．厚生労働省・建築物環境衛生管理基準においては 1,000 ppm 以下，文部科学省・学校環境衛生基準においては 1,500 ppm 以下が望ましいとされる．しかし，窓を締め切っていることが多いせいか，両方の部屋で $CO_2$ 濃度が 1,500 ppm 以上になる時間帯が観測されている．また，5 歳児の部屋はほとんどの時間帯で 1,500 ppm を超えており，特に午前中は園児たちが登園してくると思わ

---

*10) http://senstick.com/

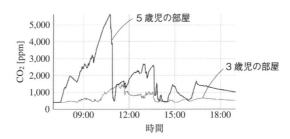

**図 4.14** 園 F におけるある 1 日の $CO_2$ 濃度

れる時間帯から単調増加で上昇を続け,最高で 5,000 ppm に達している.ここから,部屋の中の人口密度が高く,また換気がうまくできていない様子が見て取れる.5 歳児の部屋ということで,運動量が大きいことも原因の 1 つと考えられる.逆に午前の園庭で遊ぶ時間,午後の本読みの時間は人がいなくなったり活動量が低くなったりすることで $CO_2$ 濃度が抑えられている.

表 4.2 は 19 園 53 部屋のうち,$CO_2$ 濃度が 1,000/1,500/2,000/3,000 ppm を超えた部屋の数をまとめたものである.1 部屋を除いたすべての部屋で厚生労働省・

**表 4.2** 測定した各園における部屋数と所定濃度を超えた部屋の数

|       | 全部屋数 | 1,000 ppm 以上 | 1,500 ppm 以上 | 2,000 ppm 以上 | 3,000 ppm 以上 |
|-------|--------|-------|-------|-------|-------|
| A     | 2  | 2  | 1  | -  | -  |
| B     | 1  | 1  | 1  | 1  | -  |
| C     | 6  | 6  | 6  | 3  | -  |
| D     | 6  | 6  | 6  | 1  | -  |
| E     | 6  | 6  | 6  | 6  | 3  |
| F     | 7  | 7  | 7  | 6  | 4  |
| G     | 6  | 5  | 1  | -  | -  |
| H     | 4  | 4  | 3  | -  | -  |
| I     | 3  | 3  | 3  | 1  | -  |
| A′    | 2  | 2  | 1  | -  | -  |
| J     | 1  | 1  | -  | -  | -  |
| K     | 1  | 1  | -  | -  | -  |
| L     | 1  | 1  | -  | -  | -  |
| M     | 1  | 1  | 1  | 1  | -  |
| N     | 1  | 1  | 1  | -  | -  |
| O     | 1  | 1  | 1  | -  | -  |
| P     | 1  | 1  | -  | -  | -  |
| Q     | 1  | 1  | 1  | -  | -  |
| R     | 1  | 1  | 1  | -  | -  |
| S     | 1  | 1  | 1  | -  | -  |
| Total | 53 | 52 (98 %) | 41 (77 %) | 19 (36 %) | 7 (13 %) |

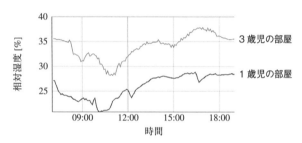

**図 4.15** 園 E におけるある 1 日の湿度

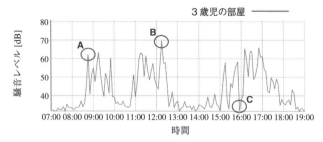

**図 4.16** 園 E におけるある 1 日の騒音

建築物環境衛生管理基準である 1,000 ppm を超えてしまっているほか，77％の部屋で文部科学省・学校環境衛生基準である 1,500 ppm も超えている．36％の部屋で眠気を生じさせる 2,000 ppm を超えた．部屋によってはほとんどの時間帯で 2,000 ppm を超えていたり，時には大人でも頭痛を生じさせることがある濃度である 3,000 ppm に達したりする様子も観測された．

図 4.15 に，園 E で観測した 1 歳児と 3 歳児の部屋の湿度を示す．終日にわたって 3 歳児の部屋は厚生労働省・建築物環境衛生管理基準である 40％を下回り，1 歳児の部屋は文部科学省・学校環境衛生基準である 30％をも下回っている．このような乾燥した環境では，インフルエンザなどの感染性疾病が蔓延しやすいことが知られており，こまめな換気や加湿が求められる．

図 4.16 に示したのは園 E の 3 歳児の部屋における騒音レベルである．文部科学省・学校環境衛生基準や環境省・騒音にかかる環境基準では 50 dB 以下が望ましいとされており，WHO 基準では室内で会話が成立するためには 35 dB 以下が望ましいとされている．しかし，8:30〜10:00，11:00〜12:30，15:00〜17:00 の子どもたちが室内で活発に活動していると思われる時間帯において 50 dB を超えている．また，一時的に騒音が上昇する瞬間は何らかのアクシデントが起きた可能性もあ

る．例えば，図中 A ではおもちゃを出している時に誤って落としてしまった際の騒音を検出している．また，B では保育者がいない間に園児が椅子を振り回し周辺のものとぶつかった時の音を拾っている．逆に C は本読みの時間帯であり，園児たちが静かに朗読を聞いている様子が読み取れる．この他，例えば園児の泣き声なども検出できると考えられ，騒音の解析だけでも園内のさまざまな様子が推定できる．

◆ **(2) 行動追跡・解析**

本施行はモニター実験であるため，映像はプライバシー保護の観点からクラウドサーバーにはアップロードせず，端末に蓄積した後それを回収して解析した．なお，技術的にはクラウドサーバーにアップロードすることは十分可能である．

図 4.17 に人物検出および姿勢推定の結果を示す．保育環境という人が密集し，また必ずしも人物が大きく映っていないような状況でも非常に高い精度で検出・姿勢推定ができていることがわかる．

図 4.18 にはある時間帯での人物追跡の例を示す．保育士や 2〜4 番の園児はあまり動いていないのに対し，8 番の園児は棚のまわりを回っていることがわかる．IoT/AI カメラシステムによる撮影により，この例のように園児や保育士一人ひとりの行動を解析することができる．例えば，誰が誰とどれくらいの時間接していたかをグラフにして可視化することも可能である．なお，人物の追跡精度 (観察時間中，正しい ID がついている時間の割合) は現時点の技術でカメラの設置条件にも依存するが，70〜85％である．人間の手で ID 付けを行った場合もよほど注意しないと 10％程度の誤差は含むものであり，また人による処理の場合大量のデータを扱うことができないので筆者らの手法でも十分とは言えなくともまずまずの性能を発揮しているといえる．

人物検出結果から人物存在確率のヒートマップを描くこともできる．図 4.19 は 14:00〜14:10 および 16:00〜16:10 の 2 つの時間帯についてヒートマップを描いたものである．午睡の時間である 14 時頃は布団の上に集中しているため動きが少ないのに対し，遊びの時間である 16 時頃は部屋を園児たちが動き回ることが図から読み取れる．16 時頃には部屋の中央の特に左側に園児たちが集中して居たことがわかった．また部屋の窓側 (画像の下側) は日照のせいで暑かったためか，あまり園児たちが居なかったこともわかる．このように，各時間帯でどの位置に園

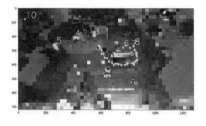

**図 4.17** 映像からの姿勢推定結果 (口絵 5 参照)　**図 4.18** 映像からの人物追跡結果 (口絵 6 参照)

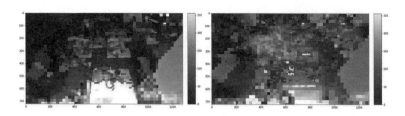

**図 4.19** 人物存在確率のヒートマップ; (左) 14:00〜14:10, (右) 16:00〜16:10 (口絵 7 参照)

児や保育士が集中して居たか，また居なかったかを分析できる．

　各人の追跡と同時に姿勢推定を行っているため，どの程度関節を動かしたか，すなわちどの程度の運動量があったかも推定することができる (関節の動きの大きさはカメラと人物の相対距離に依存するので参考値程度である)．とある園の部屋では，この推定される運動量と室内 $CO_2$ 濃度の相関係数が 0.86 もあった．これは，運動量と $CO_2$ 濃度が強く連動することを示しており，部屋の気密性が高いこと，および換気があまり行われていないことを示している．また，高解像度カメラを園庭に向けて解析すれば，一人ひとりの運動の様子も追跡できるのではないかと期待している．

◆**(3)　うつぶせ寝の検出**

　うつぶせ寝の検出は実際の保育環境での実験が難しかったため，シミュレーション実験を行った．インターネットから取得した仰臥位で寝る子どもの写真と，うつぶせ寝や毛布などを顔にかぶって寝ている注意が必要な子どもの写真を紙に印刷し，カメラの前に提示した．顔が検出されない場合警告を出すことに成功した (図 4.20)．現在はこれを実システムで運用できるよう，午睡環境での設置方法や

**図 4.20** 写真を用いたうつぶせ寝検出のシミュレーション例 (画像提供：Future Standard社，鳥海氏) (口絵 8 参照)

1 台のシステムで複数の子どもたちの見守りができるカメラ仕様について検討している．

## ♛ ま と め

本節では，IoT/AI カメラシステムのスマート保育への導入事例として，筆者らが研究開発を行っているデバイスを例に設計思想や計測結果例を紹介した．具体的には，各種センサー等を利用した保育施設内の環境センシング，カメラ画像による園児のうつぶせ寝検知や行動解析についてその例を示した．19 園，53 部屋に設置して行った実験の結果，多くの場合 $CO_2$ 濃度や湿度が基準値を満たしていない現状が明らかになった．筆者らは，このような問題を指摘したいのではなく，多くの場合正しくセンシングしないと問題に気づくことができておらず，IoT/AI カメラシステムの助けを借りることによって，よりよい環境構築を行える可能性があるということを提案したいと願っている．また，人物追跡や行動解析では正しく姿勢推定や追跡が行えていることを示し，広域・多人数・長時間の解析・処理の可能性を示した．

本節で紹介した IoT/AI システムを用いることによって人の目に加えて機械の目も活用し，見落としが少なくて安心・安全かつ質の高い，そして保育者らにとって負担の少ない保育が実現できることを願っている．　　　　　　　　（山﨑俊彦）

## 文　　献

1) 大渕友暉ほか: IoT センサーを用いたマンション物件計測と快適度評価 (Measuring and Evaluating Comfortability of Apartments using IoT Sensors)，人工知能学会全国大会 (JSAI2017)，1H2-OS-15a-4，ウインクあいち，愛知県名古屋市，May 23–26, 2017.
2) 大渕友暉ほか: IoT カメラを用いた保育施設における子育て見守り支援，第 20 回 画像の認識・理解シンポジウム (MIRU2017), Poster Session, PS1–56, 広島国際会議場，広島県広島市，Aug. 7–10, 2017.
3) 大渕友暉ほか: 保育施設における IoT カメラを用いた環境・行動解析，メディアエクスペリエンス・バーチャル環境基礎研究会 (MVE)，信学技報，**117**(217): MVE2017–15, pp.7–11, 千葉大学，千葉県千葉市，Sep.21–22, 2017.
4) 大渕友暉ほか: IoT カメラによる保育施設での環境計測と行動分析 (Environment Measurement and Action Analysis in Nursery Schools using IoT Cameras)，2017 年度映像メディア処理シンポジウム (IMPS 2017), P5–8, ラフォーレ修善寺，伊豆市，静岡，Nov. 20–22, 2017.
5) Obuchi, Y. *et al*.: Measurement and Evaluation of Comfort Levels of Apartments Using IoT Sensors, IEEE International Conference on Consumer Electronics (ICCE2018), pp. 864–869, Las Vegas, USA, Jan.12–14, 2018.
6) Cao, Z. *et al*.: Realtime Multi-Person 2D Pose Estimation using Part Affinity Fields, CVPR, 2017.
7) Danelljan, M. *et al*.: Discriminative Scale Space Tracking, IEEE Transactions on Pattern Analysis and Machine Intelligence (TPAMI), 2017.

## Section 4.4
# 政策で繋がる

○ 子どもの生活を充たすためにどのような仕組みや政策があるのでしょうか
○ 保育にかかわる行政や政策の課題は何でしょうか

##  a 子どもの生活と発達を保障する仕組み

　子どもの発達や,「眠る」,「食べる」,「遊ぶ」といった活動を十分に満たすためには,子どもの生活を保障することが不可欠である.それは保護者や周囲の大人の役割が重要であるが,一方で社会的な文脈でみると,仕組みの面,すなわち子どもの発達や活動を十分に満たすための制度や政策の存在もまた重要である.子どもの生活を十全に保障することは,「眠る」,「食べる」,「遊ぶ」を繋ぎ,満たすための前提になる条件であり,それを社会的に支援するのが社会保障や教育に関する制度である.

　現在の日本では少子高齢化が著しく進んでいるため,社会保障といえば,年金・介護・医療などの高齢者向け支出が想定されることが多い.こうした高齢者向け,あるいは大人を対象とした社会保障も,育児世代の生活や介護の負担を軽減するという意味で子どもの生活や発達に繋がっているが,ここでは子どもの生活や発達を支援するための仕組みを取り上げる.

　子どもの生活を支援する社会保障制度を大きく分けると,保健・医療,社会福祉(児童福祉,ひとり親福祉,障害福祉など),所得保障などの仕組みがある.図4.21 は,現在の日本における社会保障制度のあらましを示したものである.これらの制度や学校教育などそれ以外の制度を組み合わせることで,子どもの発達や

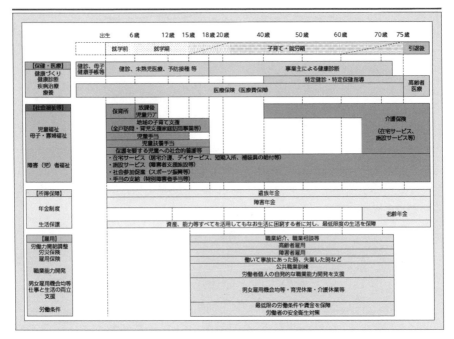

**図 4.21** 社会保障制度のあらまし (出典: 厚生労働省『平成 29 年版 厚生労働白書』)

生活,ひいては「寝る・食べる・遊ぶ」をできる限り保障しようとしている.

◆**(1) 保健・医療**

保健・医療については,いわゆる母子保健に関する仕組みがある.母子保健法などに基づき,市町村は妊娠した女性に対する母子健康手帳の交付,妊婦健診 (14 回以上を公費助成),妊婦訪問,母親学級,両親学級の開催などが行われている.また出産費用については,医療保険から出産育児一時金として原則 42 万円が支給されることになっている.

出産後については,新生児訪問,乳児家庭全戸訪問,乳幼児健康診査 (1 歳 6 か月児健診・3 歳児健診),就学前健康診断,予防接種,産後ケア事業 (宿泊やデイサービスによる母親のケア),未熟児養育医療給付事業などが,同様に市町村により行われている.また出産前後を通じて,養育支援訪問 (要支援家庭への訪問) も実施されている.これらに加えて,自治体により内容は異なるが,乳幼児への医療費補助 (一定の年齢以下の子どもの医療費は無料とするなど) も広く行われている.

◆ **(2) 社会福祉 (児童福祉，ひとり親福祉，障害者福祉)**

**子ども・子育て支援新制度**

　子どもの生活にかかわる仕組みとして一般の人々に広く知られているのは幼稚園と保育所であろう．幼稚園は学校教育法に基づく「学校」，すなわち教育施設であるのに対して，保育所 (保育園と呼ばれることが多いが，法令上の用語は「保育所」である) は児童福祉法に基づく児童福祉施設である点で大きく異なる．また，2006年からは幼稚園と保育所の機能を併せ持つ認定こども園と呼ばれる施設も存在する．現在，幼稚園，保育所，認定こども園は，制度的には2015年度から施行された子ども・子育て支援新制度の一部として位置づけられている．

　子ども・子育て支援新制度は，幼児期の学校教育や保育，地域の子育て支援の量の拡充や質の向上を進めることを目的とした仕組みである．図4.22にある通り，新制度は市町村が主体となって行う施設型給付，地域型保育給付，地域子ども・子育て支援事業，および国が主体となって行う子ども・子育て両立支援事業がある．このうち保育所は，幼稚園，認定こども園と併せて施設型給付の対象となっている．

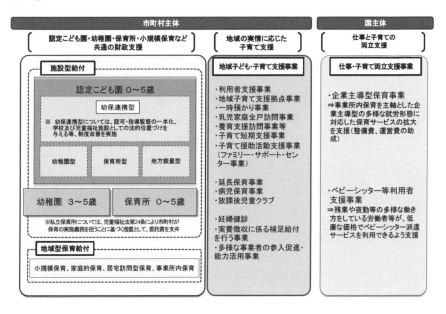

**図 4.22** 子ども・子育て支援新制度の概要 (出典: 内閣府，http://www8.cao.go.jp/shoushi/shinseido/outline/pdf/setsumei.pdf)

新制度では，幼稚園，保育所，認定こども園でそれぞれ異なっていた財政支援の仕組みを「施設型給付」として一本化し，公立・私立を問わず，市町村が一括して財政的な補助や支援を行うこととなった (ただし私立幼稚園については施設型給付ではなく，私学助成と呼ばれる都道府県からの補助金を受けている場合がある)．施設型給付の対象である幼稚園・保育所・認定こども園の違いについては，おおむね表 4.3 のようにまとめられる．認定こども園はいくつかの類型があるが，表 4.3 では代表的な類型である幼保連携型認定こども園の仕組みを挙げている．

また，待機児童問題や地域における保育機能の確保に対応するため，小規模保育所や家庭的保育などへの給付として「地域型保育給付」の枠組みを設けた (図 4.22)．地域型保育給付は，定員 6 人から 19 人までの小規模保育に対する給付と，定員が 1〜5 人の家庭的保育 (いわゆる保育ママ) に対する財政支援がある．そのほか，家庭を訪問して保育を行う居宅訪問型保育や，企業などの事業所内で保育を行う事業内保育がある．地域型保育給付は 2019 年時点では 0〜2 歳までに限定されている．

なお，2019 年 10 月からの実施が予定されている幼児教育・保育の無償化では，幼稚園，保育所，認定こども園等を利用する 3〜5 歳のすべての子どもたちの利用料が無償化されることになっている．0〜2 歳の子どもたちに関しては一定の所得制限を下回る場合に利用料が無償となる．認可外保育施設や幼稚園の預かり保育についても，一定の条件を満たせば，認可保育所における保育料の全国平均 (月額 3.7 万円) に相当する金額が無償化されることになっている．

地域子ども・子育て支援事業は，教育・保育施設を利用する子どもの家庭だけでなく，在宅の子育て家庭を含むすべての家庭および子どもを対象とする事業として，市町村が地域の実情に応じて実施する．具体的には，図 4.22 にある通り，延長保育，放課後児童クラブ，子育て短期支援，乳児家庭全戸訪問，養育支援訪問事業，一時預かり，病児保育，子育て援助活動支援事業 (ファミリー・サポート・センター) など 13 の事業が定められている．大都市部では延長保育や病児保育，放課後児童クラブなどの多様な保育ニーズに応える事業を中心に展開することが期待されている．一方，人口が減少している地域では在宅の子育て家庭に対する支援などの役割を果たすことが期待されている．これらは一部の事業を除き，国・都道府県・市町村が 3 分の 1 ずつ費用負担を行う．

国が行う事業としては企業主導型保育事業と企業主導型ベビーシッター等利用

**表 4.3** 幼稚園，保育所，幼保連携型認定こども園の比較
(出典：文献 1)

| 項　　目 | 幼稚園 | 保育所 | 幼保連携型認定こども園 |
|---|---|---|---|
| 所管省庁 | 文部科学省 | 厚生労働省 | 内閣府 |
| 根拠法令 | 学校教育法 | 児童福祉法 | 就学前の子どもに関する教育，保育等の総合的な提供の推進 |
| 目的 | 義務教育及びその後の教育の基礎を培うものとして幼児を保育し，幼児の健やかな成長のために適当な環境を与えて，その心身の発達を助長すること（学校教育法） | 保育を必要とする乳児，幼児を日々保護者のもとから通わせて保育を行うこと（児童福祉法） | 地域における創意工夫を生かしつつ，小学校就学前の子どもに対する教育及び保育並びに保護者に対する子育て支援の総合的な提供を推進するための措置を講じ，もって地域において子どもが健やかに育成される環境の整備に資すること（就学前の子どもに関する教育，保育等の総合的な提供の推進に関する法律） |
| 設置者 | 【公立】地方公共団体<br>【私立】学校法人等（学校法人以外（宗教法人，個人等）でも設置可） | 【公立】地方公共団体<br>【私立】社会福祉法人等（その他の法人，企業，個人等でも設置） | 【公立】地方公共団体<br>【私立】社会福祉法人，学校法人 |
| 認可 | 【公立】県教育委員会（届出で可）<br>【私立】県知事 | 県知事<br>（政令市・中核市は市長） | 県知事<br>（政令市・中核市は市長） |
| 対象児 | 満3歳〜就学前の幼児 | 0歳〜就学前の保育を必要とする乳児・幼児 | 就学前の子ども |
| 保育・教育内容の基準 | 幼稚園教育要領 | 保育所保育指針 | 幼保連携型認定こども園教育・保育要領 |
| 1日の教育・保育時間 | 4時間を標準 | 8時間を原則<br>※延長あり | 教育時間：4時間を標準<br>保育時間等：8時間を原則<br>※延長あり |
| 職員の配置基準 | 1学級（満3歳〜）35人以下，各学級ごとに専任の教諭1人 | ・0歳児3人につき1人<br>・1〜2歳児6人につき1人<br>・3歳児20人につき1人<br>・4〜5歳児30人につき1人 | ・0歳〜3歳未満児…保育所と同じ配置<br>・3歳〜5歳児…おおむね子ども20人〜35人に1人<br>1学級35人以下を原則 |
| 職員の配置 | 幼稚園教諭 | 保育士資格 | 幼稚園教諭＋保育士資格＝保育教諭 |
| 保育料 | 施設が保育料を設定，徴収 | 市町村が保育料を設定，徴収<br>所得に応じた負担 | 市町村が保育料を設定，施設が徴収<br>所得に応じた負担 |
| 運営費 | 【公立】施設型給付<br>【私立】施設型給付，私学助成のいずれかを選択 | 施設型給付 | 施設型給付 |

者支援事業がある．企業主導型保育事業は，企業などが直営または外部に委託して保育を行い，自治体を通さずに国から費用の助成を受けることができる．地域型保育給付の事業所内保育は市町村の認可が必要であるが，企業主導型保育事業では都道府県への届出のみでよいことになっている．対象者は企業の従業員に限

定しても，定員の半分以下の範囲で従業員以外に開放 (地域枠) してもかまわない．企業主導型ベビーシッター等利用者支援事業は，従業員がベビーシッターを利用する際に費用の一部 (1 回につき 2,200 円) の補助を行う．

なお，さまざまな関係者が子ども・子育て支援に関する政策のプロセスに参加することを目的に，国に子ども・子育て会議を設置し，自治体 (都道府県・市町村) でもそれぞれ子ども・子育て会議を設置するよう努めることとされている．

**児童手当**

所得保障に関しては，子どもの有無を問わず最低限の生活を保障する生活保護などがあるが，ここでは主に子どもを持つ家庭の生活を支援する仕組みについて述べる．

子どもを育てる家庭を経済的に支援する仕組みとして，児童手当や児童扶養手当がある．児童手当は，時期によって制度が異なるが，2019 年時点では，3 歳未満は一律月 15,000 円，3 歳以上から中学生までは月 10,000 円 (子どもの人数により異なる) となっている (所得制限を上回る世帯の場合は一律月 5,000 円)．財源は国，自治体，企業等が分担して負担している．

児童扶養手当は，ひとり親家庭の生活の安定のために設けられており，満 18 歳になるまで支給される．支給月額は所得制限未満で全額支給の場合で月 42,500 円以上 (子どもの数により異なる) である．長らく父子家庭は対象外となっていたが，2010 年からは支給の対象となった．財源は国が 3 分の 1，自治体が 3 分の 2 を負担する．児童手当・児童扶養手当のいずれも，市町村が支給の手続きなどの事務を行っている．

そのほか，図 4.21 には書かれていないが教育費の援助に関する仕組みとして，主に生活保護受給世帯 (要保護者) を対象として子どもの義務教育や高校教育に要する費用を支援する教育扶助や，生活保護に準ずる程度に経済的に困難な世帯 (準要保護者) に対して義務教育にかかる費用を支援する就学援助の仕組みがある．合わせて，高校生等に対して授業料 (年 12 万円程度) に充てるための就学支援金制度や住民税非課税世帯を対象とした奨学給付金 (年 3～12 万円程度) が設けられており，十分ではないが教育機会の一定の均等を図っている．

**社会的養護**

保護者のいない子どもや虐待を受けている子どもなど，家庭環境上養護を必要とする子どもを公的責任で社会的に養育，保護する，あるいはさまざまな事情で

養育に困難をかかえる家庭への支援を行うことを社会的養護と呼ぶ．社会的養護は，「子どもの最善の利益のために」と「社会全体で子どもを育む」を理念として行われている (厚生労働省ウェブサイト)．

社会的養護の仕組みとしては，里親と，施設による養育がある．里親制度は，さまざまな事情で家族と暮らせない子どもを，自分の家庭に迎え入れて養育する制度である．現在，約5,000人の児童が里親のもとで育てられている．施設での養育は，乳児，児童を養護する乳児院や児童養護施設，家庭環境や交友関係など環境上の理由で社会生活への適応が困難になった児童をケアする児童心理治療施設，不良行為をなすなど生活指導等を要する児童のための児童自立支援施設，母子家庭のための母子生活支援施設，義務教育終了後の子どもが入所する自立援助ホームなどがある．それぞれ数百〜数千人が施設を利用しているが，児童養護施設は約2万6千人とその中では人数が多い．

児童虐待への対応や児童養護施設への入所などを決定する機関として，児童相談所が各都道府県・政令指定都市 (一部は中核市) におかれている．児童相談所は，子どもに関する家庭その他からの相談に応じ，支援を行う行政機関である．養護，障害，育成，非行や里親に関する相談などを広く受け付けている．社会的には児童虐待への対応を行う機関として広く知られている．児童虐待については相談対応件数が1990年には約1,100件であったのに対して，2017年には約13万件と，平成期の30年間で100倍以上に増加している．これは虐待に対する社会的な認識や相談体制の整備とも関連しており，一概に虐待が増えているといえるかは不明であるが，児童相談所が対応する案件は圧倒的に増加しており，専門的な人材の不足が課題となっている．

**障害児福祉**

障害児福祉については，大きく分けて通所・訪問支援サービスと入所支援サービス，相談支援がある．通所・訪問支援サービスとしては，主に就学前の児童を対象とした療育を行う児童発達支援および医療型児童発達支援，放課後や長期休暇中の支援等を行う放課後等デイサービス，通所が困難な重度の障害児等を対象とした居宅訪問型児童発達支援 (2018年度から開始)，児童本人に加えて保育所のスタッフへの支援も含めた保育所訪問支援がある．

福祉型障害児入所施設および医療型障害児入所施設は，施設や医療機関に入所している障害児に対して日常生活上の相談支援や介護，医療などを行うサービス

である．

　相談支援は，市町村が窓口となり，通所支援 (児童発達支援・放課後等デイサービスなど) を利用する前の障害児支援利用計画の作成 (障害児支援利用援助) や，通所支援開始後の相談やモニタリング等の支援を行っている．

　障害児福祉については，かつては障害種別にサービスが分かれていたが，2012年度から利用形態毎のサービスとなり，障害者総合支援法などの法令に基づいて各種の施策が行われている．なお，以前は障害者 (障害児を含む) 福祉は保育所と同様に措置制度 (行政が必要性を判断してサービスを提供) であったが，2003年からは契約制度 (対象者が各自でサービスを選択する) に移行している．

　そのほかに障害児の福祉の増進を図るため，20歳未満で精神又は身体に障害を有する児童を家庭で監護，養育している父母等に支給される特別児童扶養手当 (月額約 34,000～51,000 円)，重度障害児に対して支給される障害児福祉手当 (月額14,650 円) などの諸手当がある．

## b　保育の行政・政策に関する課題

　保育行政・政策の課題として最近多く挙げられるのが待機児童問題である．これは，共働き世帯の増加により保育のニーズが増大したことで，特に都市部を中心として，認可保育所に希望しながら入れない児童が多く発生している現象である．子ども・子育て支援新制度では，認定こども園の改善や小規模保育，企業主導型保育所，ベビーシッター補助など，待機児童問題を緩和・改善するために保育の「量」を拡大する政策が行われている．

　その一方で，保育の「量」拡大が優先されるあまり，保育の「質」確保が後回しになっているとの指摘は少なくない[2]．とりわけ認可外保育所では保育の質の低下が危惧されている．その中でも質確保のための基準が比較的緩いとされる企業主導型保育所では，保育の質が確保されていないと思われる例が多く報告されており，速やかな政策的対応が求められている．

　Cedep が 2015 年度に実施した全市区町村への質問紙調査によると，認可保育所の整備・増設，また既存の幼稚園・保育所の認定こども園への移行といった量的な充実については，30%を超える自治体が「特に重点をおいて取り組むべき課題」であると答えているのに対して，認可外保育施設や小規模保育所の認可保育所へ

の移行，施設に対する監査，外部評価の実施，認可外保育施設における保育の質の保証など，保育の質に関する施策を重点的な課題と考えている自治体は5%未満となっている．待機児童問題が社会的にも大きな課題として認識されている中で，自治体は保育の量の確保・拡大に関しては強く意識しているが，反面で保育の質に関しては後回しになっていることが指摘できる[3]．

関連して，保育の専門性の確保・向上も課題である．都市部を中心に保育所が増設される中で保育士の不足が深刻な問題となっており，人材の育成と確保が急務となっている．一方で特に賃金水準をはじめとして保育士の待遇改善は依然として課題が多く，研修時間の確保など質向上の取り組みも十分とはいえない現状にある．

これに対しては，質の確保・向上に向けた施策も一定数行われているが，一方で資格要件を緩和することで量的拡大に対応しようとしている面もみられる．例えば企業主導型保育では，保育士や看護師を半分以上配置すればよく，保育士や看護師の資格を持たない者でも採用が可能となっている．同様に認可外保育施設ではおおむね3分の1が有資格者であればよいとされている．さらに最近では放課後に開かれる学童保育の指導員についても資格要件を緩和することが検討されている．いずれも保育の量の確保を優先していることがその背景に挙げられるが，質の確保を危惧する声が多い．

その他の課題として，2019年から予定されている幼児教育・保育の無償化は保育の行政・政策にとって大きな変化であるが，実施前からその効果を疑問視する向きが少なくない．その理由として，日本はすでに9割以上が就学前の教育・保育を受けており，さらに保育所の保育料は所得に応じて設定されているため，無償化は保育へのアクセス改善にはつながらないうえに，高所得者の負担を軽減することになり，かえって格差が拡大する恐れがあるといった批判がある．保育士の待遇改善，研修にむしろ公的支出を振り向けるべき，あるいは初等中等教育や高等教育への投資を増やすべきとの見解もある．

## C 仕組みや政策からみた課題

本章で述べたように，子どもの発達や，「眠る」，「食べる」，「遊ぶ」といった活動はさまざまな社会的な仕組みや政策によって支えられており，そうした制度・

政策のあり方によってこれらの活動は直接的・間接的に影響を受ける．

　日本において子どもの生活や発達を支える仕組みや政策の課題としては次の点が挙げられる．一つは，子ども向けの公的支出が少なく，家庭に重い経済的負担が課されていることである．家庭関係支出 (児童手当，産休・育休手当，保育所運営費など) の対 GDP (国内総生産) 比は，日本では 1.31%(2015 年度) と，米国の 0.69%は上回っているが，欧州諸国の 2〜4%に比べると低い水準にとどまる．また小学校から大学までの教育機関に対する公的支出の対 GDP 比は，2015 年の OECD 加盟国で比較可能な 34 か国 (平均 4.2%) で日本が最下位 (2.9%) であった．

　もう一つは上記の点と関連するが，日本は過去の例のない少子高齢化が進んでおり，介護・医療・年金などに公的支出を振り向けざるをえないため，子ども向けの公的支出を増やすための社会的合意が得られにくいことである．この点は子ども・子育て支援新制度の施行や 3〜5 歳児の幼児教育・保育の無償化など近年は風向きがやや変わってきている面もあるが，今後の少子高齢化の進展や増税の難しさを考えると先行きが明るいとはいえないのが現状である．

　子ども向けの公的支出を増やすうえではその根拠が必要であるため，最近は学術研究の成果などの証拠 (エビデンス) に基づき仕組みや政策を考えることが望ましいとの声が強まってきている．近年では経済学などから，エビデンスに基づいた政策形成 (evidence based policy making: EBPM) の必要性が多く主張されている．ただ自然科学と異なり社会科学では厳密な条件の統制が難しく，したがって実験によって因果関係を推論することは不可能ではないが，現実には実験の規模や倫理的な問題など，さまざまな困難や制約が伴う．

　一方で，幼児教育・教育が政策課題として近年注目されるようになった一つの要因として，米国で行われた実験 (ペリー就学前実験) の成果が挙げられる．米国での実験の結果はそのまま日本に適用できるとは限らない[4]にもかかわらず，日本でそうした研究が多く言及されていること自体，エビデンスの活用に政治的な文脈が働きうることが推測される．

　社会科学ではエビデンスの形成やその現実への応用の背後にさまざまな政治的・社会的事情や思惑が特に絡みやすく，自然科学でのエビデンス以上に，一見客観的に見えるエビデンスが必ずしも中立的とは限らないことがある．保育政策のあり方を考える際には，単に研究成果をエビデンスとして取り上げるだけでなく，その成果をエビデンスとして誰が取り上げているのか，そのエビデンスを取り上

げる意図はどこにあるのかといった点にも留意するなど，社会科学の応用をめぐるポリティクスをふまえて考えていく必要がある． (村上祐介)

**文 献**

1) 村上祐介: 幼児教育・保育と子育て支援．青木栄一・川上泰彦 (編著): 教育の行政・政治・経営，放送大学教育振興会，2019.
2) 松島のり子: 保育・幼児教育制度の研究動向―子ども・子育て支援新制度を中心に―．教育制度学研究 **23**, 2016.
3) Cedep: 平成 28 年度「幼児教育の推進体制構築事業」実施に係る調査分析事業 成果報告書 (http://www.mext.go.jp/a_menu/shotou/youchien/1385242.htm，最終アクセス日 2019 年 1 月 15 日) 2017.
4) 阿部彩: 子どもの貧困 II，岩波書店，2014.

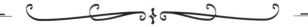

# Section 4.5
# 「ジョイントネス」と「アタッチメント」：
# 他者と繋がる中で拓かれる初期発達

- 他者と繋がること（ジョイントネスとアタッチメント）がいかにして心の発達を導くのでしょうか
- 子育て・保育における理想とは…

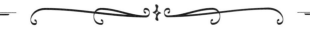

## a はじめに

　人間の生涯にわたる心身の発達やそこにおける適応性において，他者との緊密な関係性が枢要な役割を果たしていることは半ば当然のことといえる．とりわけ発達の初期段階において，養育者などの他者と繋がることは，子どもが生存し成長していく上で必須不可欠のものとして在る．ヒトの乳児は，身体移動能力のみならず，栄養摂取能力にしても，体温維持能力にしても，際立ってその自律性が低く，養育者をはじめとする周囲の大人と緊密に繋がり，それら他者から適切なケアが施されなければ，ほんの数時間という単位で，重篤な生命の危険にもさらされかねない脆弱な存在である．さらに付言すれば，ヒトの子どもの脳と心は，自らに配慮してくれる何者かが必ず近くに位置し，その他者がもたらしてくれる多様な社会的資源に容易に近接できることを絶対的な前提条件として，その発達が豊かに進行していくようプリセットされているともいい得るのである[1]．

　本節では，「ジョイントネス」(jointness) と「アタッチメント」(attachment) という二つの術語をキーワードにしながら，乳幼児期に，子どもが他者と身体的に，そしてまた感情的に繋がることが，どのような意味で子どもの発達を支え促すことになるのかに関して，近年の赤ちゃん学や発達心理学の諸知見に基づいて概括

する．その上で，幼い子どもに日常的に濃密に接することになる親や保育者などがいかなる心構えをもって，どのようなかかわり方をなすべきかということについて，いくつかそのヒントとなり得ることを提示したいと考える．

## b 発達の呼び水としてのジョイントネス

◆(1) 感応する子ども・感応させる子ども

　乳幼児の心的性質にかかわる実証的検討が飛躍的に進展する中で，ヒトの乳児が，同種であるヒトという存在に特別な感性を備えて生まれてくるということが明らかになってきている[2]．ヒトの子どもは，この世に生を受けたその時点から，ヒトという生物種が発するさまざまな社会的刺激に対して特異的な選好傾向を示すようである．自らを取り巻く環境世界に遍在する多様な刺激の中でも，例えば，聴覚刺激であればとりわけヒトの発声を，視覚的刺激であればことにヒトの顔や目あるいはそれらを模した図形などに対して，より強い関心を向けることが実験的に確認されている．また，乳幼児が，暗闇の中で，ランダムに複数の光点が動く状況よりも，人の身体各所に付けられた光点が人の移動に伴って連動する状況を好んで見る，すなわち身体そのものが視認できなくとも，ヒトらしい動きを感知し，それに注意を向けようとする傾向があることも示唆されている．

　これに関連していっておくならば，ヒトの子どもは，ただヒトが発する刺激に注意を向けるだけではなく，それに同調的に応答する存在でもあるようである．例えば，(これを模倣ととらえることには一部異論もあるが) 新生児模倣といって，出生後間もない子どもが，対面する他者の舌出しなどに対して，時に自らも同様の所作をもって反応し得ることが知られている．また，顔の表情だけではなく，周囲に位置する他者のさまざまな身体的動きに合わせた動きを自らもしてみたり (共鳴動作)，また一回きりの動作ということではなく，他者の発話などのパターンに，ある程度リズミカルに自分の声や動きなどを同調させたりする (相互同期性) という現象も確認されている．これらの一連の研究知見は，ヒトの子どもが生まれながらにして，ヒト一般に対して，まさに「感応する」(特別な感情を向け，何らかのかたちで応答する) 存在であることを物語っている．

　このように乳児が周囲の他者に対して感応する傾向を備えているということは，実のところ，翻って，乳児が周囲の他者を「感応させる」(特別な感情を抱かせ，

何らかの応答を引き出す)傾向をも備えているということを含意している.元来,私たち人間,ことに大人にとって,その動きや発声も含めた乳幼児の身体的特徴そのものが,無条件的に魅力あるものとして受け止められ,大人の側の養護感情に強く訴える傾向があることが実証的に示されている.例えば,広い額,小さな顎,大人に比して顔のより下部に位置する大きく(特に目の縦幅が広く)黒目がちな目,あるいはずんぐりむっくりとした短い手足,柔らかそうな体表,全体的にぎこちない動きといった,乳幼児にユニークな一連の特徴は,一般的に「幼児図式」と呼ばれているわけであるが,それは時に養育者などの大人の注意を眼前の子どもに対して釘づけにさせてしまうのである.

その幼児図式を備え,いってみればただでさえかわいい赤ちゃんが,周囲のヒトという存在に感応してくるのである.子どもがヒトの顔や声に選好を示すということは,とりもなおさず,その顔や声の持ち主たる他者に視線を向け,そして時にそれにさまざまな表情や発声を伴わせるということを意味している.大人視点で見れば,ただでさえかわいい赤ちゃんから注視され,また発声や表情といったさまざまな感情的発信を向けられるということになる.加えていえば,先にふれた乳幼児の他者に対する同調傾向は,大人が子どもに対して行ったさまざまな働きかけに対して子どもが随伴的に応じてくれているという感覚を大人の側にもたらすことになる.そして,このように子どもと周囲の他者が互いに感応し感応させる中で,自然に生じてくるのが,まさにジョイントネス(二者が意図せずして感情的に繋がり合ってしまう状態)なのである[3],[*11]

◆(2) ジョイントネスと社会的な脳と心の成り立ち

発達早期段階におけるこのジョイントネスの中で,子どもは,複数の感覚経路を通してヒトが発するさまざまな刺激を自身の内側に取り込むことになる.そして,こうした刺激を取り込む中で,子どもは自身が生きていくことになる固有の社会的環境に対して,よりふさわしい脳や心の性質を漸次的に構成していくのだととらえることができる.

---

[*11] ジョイントネスに類似した概念に,エントレインメント(entrainment:引き込み同調現象)がある.両者とも二者の相互作用の中で自生的に生じる現象のことであるが,前者が二者の間に生起する現象の丸ごと総体を意味するのに対して,後者はどちらかというと一方が他方に対して同期・同調してしまうプロセスを指していうところに,若干のニュアンスの相違があるものと考えられる.

例えば，視覚刺激に関していえば，0歳代半ばくらいまでの子どもは，ヒトであれサルであれ等しく，それらの顔の個体識別が可能だということが知られている．しかし，0歳代の終わりくらいになると，ヒトの子どもは，ヒトの顔の違いに対してはその敏感性をさらに高め得るものの，逆にサルの顔に対してはその識別が徐々にできなくなる傾向があるのだという[4]．また，音声刺激に関していえば，子どもは非常に早い段階において，さまざまな音の違いを聞き分けることが可能だといわれている．一般的に成人の日本人には識別が難しいとされる"L"（例えば la の「ら」）と"R"（例えば ra の「ら」）についても，少なくとも 0 歳代の半ばくらいまでは，日本人の子どもでも容易にその違いを感知し得るということが実証的に示されている．しかし，日本人の子どもの場合，0歳代の終わりくらいから徐々にそれが難しくなるらしい[5]．

無論，こうした研究知見を有能性の退化という視点から見ることもできないわけではないが，むしろ，それよりは，いわゆる相互作用的特殊化が生じていることを示す証左とみなす方が妥当かも知れない．自身を取り巻く環境世界において，そこに現に存在する他者と濃密に相互作用する中で，例えばその顔を見たり，声を聞いたりすることを通して，子どもの脳と心は，そうした顔や声などの社会的刺激を，より的確に適応的に処理し得るよう特殊化され，チューニングされていくと考えることができるのである[1]．

◆(3) ジョイントネスとマインド・マインデッドネス

ここまでの議論は，ジョイントネスの意味や機能を，どちらかといえば子どもの視点から問うものだったが，ここからは，それを子どもに接する他者，ことに養育者の視座から考えてみることにしよう．先にも見たように，子どもと接する大人は，乳幼児に特異的な姿形や行動などに対して，つい感応してしまう．そして，時に，子どもが自分と何かコミュニケーションを取りたがっているかのように感じてしまう．言い方を換えれば，子どもの視線や表情などから，子どもの心的状態をほとんど無意識裡に，そして少なからず，実態以上に豊かに読みとってしまう傾向があるのである．

発達心理学の領域では，こうした大人側の傾向を「マインド・マインデッドネス」(mind-mindedness：いつの間にかほとんど意図しないまま子どもの心の状態を気遣ってしまっている状態)[6] という術語で表現することがある．そして，大人

の中でもとりわけ養育者という存在は，これに支えられて，子どもの発達に促進的に働く相互作用をごく自然な形で展開することが可能となり，延いては，その中で現実に子どもがさまざまな社会情緒的な能力を備えるようになる可能性が指摘されているのである．このマインド・マインデッドネスが，子どもの発達に正の効果を及ぼすメカニズムとして先ず考えるべきことは，養育者がそれを豊かに有している方がごく素朴に，子どもとの関わりをより楽しく感受し，子育てへの動機づけを高く維持できる可能性が高いということである．

　子どもの視線や表情あるいは発声などに何らかの意味づけを行うことは，ごく自然に子どもが自分に何か話しかけてくれているといったある種の錯覚を生じさせやすいといえる．すなわち，実際にはそこまでの心の状態を有していなくとも，養育者が，子どもが「喜んでいる」「寂しそうにしている」といった感情の推測を行い，さらに「もっと遊んでって求めている」「どこにもいかないでって叫んでいる」と一度感じれば，そこに想像上の対話が生まれ，養育者は多くの場合，それを日常の中のこの上ない愉悦とし，さらに子どもとの相互作用にのめり込んでいくという道筋が想定されるのである．現在では，こうしたことが日常場面でどのように生じているかについての実証的解明も進みつつあり，一部の研究では，養育者のマインド・マイデッドネスの豊かさが，養育者が子どもの注視点に自らの関心をより向けやすい傾向や，子どもの心に関連した言葉かけの多さなどとかなり強い関連性を有していることが明らかになっている[7]．また，研究の中には，発達早期のマインド・マインデッドネスが，養育者の子どもに対する働きかけのみならず，例えば幼児期にいたった際のいわゆる「心の理論」(心の性質や機能に関する素朴な知識あるいは意図や感情や信念などの的確な理解能力) など，子ども自身の発達を現に引き上げ得る可能性を見いだしているものもある[8]．

　ただ，こうしたプロセスが存在し得るということは，逆にいえば，子どもと養育者との間にジョイントネスが成立しにくく，養育者がマインド・マインデッドネスの状態に十分に浸れない場合に，養育者の子どもに対する適切な働きかけが低減し，結果的にそこに種々の困難な発達事態が生じ得る危険性があることを含意している．例えば，極低出生体重児など，元来，何らかの発達リスクを抱えた状態で生まれてくる子どもの中には，先述したような幼児図式が相対的に乏しく，ヒトに対する関心や反応が非常に希薄であり，いってみればジョイントネスが生じにくいケースが少なからずあることが指摘されている[9]．そして，結果的に虐

待やネグレクトといった不適切な養育にさらされやすくなり，その中で (元来有しているリスクに加えて) 二次的に心身発達上の問題が生起してくる場合があるのだという[10]．

## C 発達の揺籃としてのアタッチメント

◆(1) アタッチメントとは何か？

　ジョイントネスが，発達のごく初期段階に，乳児のヒト一般に対する特別な感性をもとに立ち上がってくるものであるのに対し，アタッチメントはヒト一般ではなく特定対象への絞り込まれた感情に基づいて成り立つものである．近年の研究知見によれば，聴覚や嗅覚などの知覚レベルに関していえば，出生直後からすでに乳児は，実母とそれ以外の他者とを十分に弁別し得るといわれているが，特定対象への感情的な意味での選好は，生後2, 3か月頃から徐々に強まっていくようである[11]．そして，生後半年を過ぎたくらいになると，いわゆる人見知りというかたちで，それがきわめて顕著になり，養育者などの特定対象以外には時に極度の不安や恐怖を示すようなことも生じてくる．

　アタッチメントという言葉は，日本では，一般的に，長く「愛着」と訳されてきたということもあり，ただ，親と子どもの間でやりとりされる「愛情」のようなものとして理解されてきたところが少なからずあったのかも知れない．しかし，この言葉の元来の意味は，英語の「アタッチ」(attach) そのもの，つまりはくっつくということに他ならない．ただし，いつところかまわず，あるいは誰彼かまわずくっつくということではなく，私たち人が，恐れや不安などのネガティヴな感情を経験した時に，身体的な意味でも，あるいは心理的な意味でも，狭く親という存在に限定されない，誰か特定の人にくっつきたいと強く欲する心理傾向，そして現にくっつこうとする行動傾向を指していう[12]．

　アタッチメントという言葉が，英国の児童精神科医であった John Bowlby によって提唱されたものであることはよく知られるところである．Bowlby は，臨床家として，施設で生活し，盗癖などのさまざまな問題行動をかかえる子どもたちと直に向き合う中で，また，第二次世界大戦で親を失い結果的に施設での生活を余儀なくされた戦争孤児の調査研究を手がける中で，怖くて不安な時に，しっかりと特定の大人にくっつけること，つまりはアタッチメントの重要性に関して，強い

確信を持ったといわれている[13]．無論，彼以前から，施設で生活する子どもたちの発達の遅滞や歪曲についてはさまざまな議論があったといえる．しかし，その大半は，当時よく用いられていた「ホスピタリズム」(hospitalism: 施設病）という言葉に象徴されるように，主に子どもの発達上の問題を，施設の環境条件の劣悪さに結びつけてみる考え方であった．それに対して，Bowlbyの強調点はむしろ，施設に入所するきっかけとなった主要な養育者との分離やその喪失および入所後にもその人に代わる別の大人が見つからないままになってしまうということ，つまりは，どんなにくっつきたくともくっつけなくなるということ，それ自体によるダメージの大きさだったのである[12]．

幼少の子どもは，大人からすればほんの些細なことにも容易に不安がり，また怖がるものである．そして，その度毎に，泣き声を上げながら，養育者を始め，身近にいる親密な他者に対して何とかくっつこうとする．くっつくことで，その恐れや不安などの感情から抜け出し，平常状態へと戻っていく．こうした意味において，多くの研究者は，アタッチメントを，一者の感情の崩れを二者の関係性を通して調整しようとする仕組みだと把捉している．ただ，一部には，それを，人の外界と内界の間にあって緩衝帯のような役割を果たすものだと見る向きもある．すなわち，このことは，子どもが，外界から押し寄せてくるあらゆる環境刺激，例えば暑さや寒さのようなものに対して，特定の他者とくっつくことで，そしてその他者がそうした刺激を適度に和らげてくれることで，自身の内界，つまりは心や身体の状態を一定の健康な水準に保ち得るのだということを意味している[14]．

### ◆(2) アタッチメントが拓く社会情緒的発達

発達早期における養育者等との安定したアタッチメントは，子どもの心身発達全般に深くかかわるものといい得るが，そのはたらきは，ことに社会情緒的側面の発達において顕著であることが明らかになっている[15]．それは，以下3つの観点から考えることができる．

1つめに着目すべきことは，アタッチメントが，基本的信頼感，すなわち最も根源的なところで自分や他者を信じられる力の形成に通じるということである．極度の恐れや不安の状態にある時に，無条件的に，かつ一貫して，特定の他者から確実に護ってもらうという経験の蓄積を通して，子どもはそうしてくれる他者およびそうしてもらえる自分自身に対して，高度な信頼の感覚を獲得することが

可能になる．そして，その延長線上で今度は，その特定他者だけに限られない人一般に対して，基本的に人というのは，自分が困っていた時には，少なくとも助けを求めにいった時には，自分のことを受け容れ護ってくれる存在なのだということを，翻って，広くいろいろな人から自分は助けてもらえるだけの価値のある存在，さらには，愛してもらえる存在なのだということに関する主観的な確信，すなわち専門的に術語では「内的作業モデル」(internal working model) あるいは「愛の理論」(theory of love) なるものを形成するにいたると考えられる[16]．アタッチメント理論に従えば，子どもは，その後の人生において，これを一種の人間関係のテンプレートとしてさまざまな他者との関わりに適用し，結果的に，多くの場合，その主要な特定他者との間で経験した関係と類似した性質の対人関係を持つようになるのだという[12]．

　このことは，幼少期に安定したアタッチメントを経験し得た個人ほど，危急時に多様な他者に対して素直にシグナルを発し，現実的に他者から助力を得られる確率が高いことを意味している．それに対して，虐待などの不適切な養育にさらされ，かなり恒常的にアタッチメント欲求を満たしてもらえない状況下で育った子どもは，この点においてかなり深刻な脆弱性を抱え込んでしまっているといえるのかも知れない．被虐待児の中には，他者が示すさまざまな表情の中でも，悲しみや苦痛の表情には鈍感である一方で，怒りの表情だけには敏感であったり，また特定の表情が浮かんでいない真顔を悪意ある怒りの表情と誤って知覚してしまったりする子どもが相対的に多いということが実証的に示されている[17]．このことが示唆するのは，たとえ，自身に対して温かいケアを施してくれるような他者が眼前にいたとしても，被虐待児は，多分にその他者から歪んだかたちで自身に対する無関心や悪意を読みとってしまい，結果的に良好な関係を築きにくくなるということであろう．

　2つめは，1つめの自他信頼と密接に関係していることであるが，アタッチメントが自律性の発達に深く関与するということである．アタッチメントは元来くっつくという意味であるわけだが，それからすると，アタッチメントは依存性というものと近しい意味のように思われるかも知れない．しかし，アタッチメントは，依存性ではなく，むしろ自律性を育むものであると考えられている．先にアタッチメントを一者の感情の崩れを二者の関係性によって調整するものだと述べたが，換言すれば，それは「安全な避難所」(safe haven) たる養育者等への確かなくっつ

きを通して，危機によって生じたネガティヴな感情状態を低減させ，自らが安全であるという主観的意識を子どもに与え得るということを意味している．そうした経験の蓄積は，子どもの中に，何かあったらあそこにいけば絶対に護ってもらえるはずだという高度な見通しをもたらすことになる．そして，子どもは，そうした確かな見通しに支えられて，危急時以外は，あらゆる不安から解放されていられるようになる分，それこそ確実に保護し慰撫してくれる他者を「安心の基地」(secure base) として，そこから外界に積極的に出て，自律的に探索活動を起こすことが可能になるのである．すなわち，その見通しは，子どもの「一人でいられる能力」＝自律性を豊かに育むことに繋がるのだといい得よう[13]．

3つめは，アタッチメントが共感性や心の理解能力の発達にも寄与するということである．近年，注目されている1つの考えに，子どもが恐れや不安などの感情をもって近づいてきた時に，養育者等の大人はその崩れた感情をただ立て直すだけではなく，多くの場合，子どもに共感，同調し，自らが一種の鏡となって，子どもの心身の状態を映し出す役割を果たしているのではないかというものがある[17]．例えば，子どもが何かに痛がっているような時に，対面している大人は，それが自身の痛みのように感じられ，瞬時，痛みの表情を自らの顔に浮かべてしまうということがごく普通にあるはずである．さらに，そこで大人は，「痛かったねぇ」などと，子どもの心や身体の中で起きているであろうことに合致した言葉を発することが多いといえよう．そして，このような心にかかわる言葉かけを通しても，子どもの内的状態を映し出していると考えられるのである．

近年の研究知見によれば，こうした養育者等による子どもの感情への共感・同調や映し出しは，子どもの共感性および自他の心を的確に理解する能力の発達に寄与しているようである．例えば，幼少期に子どもがその主たる養育者との間で，内的な心身状態に絡む発話をいかに多く経験し得るかということと，いわゆる「心の理論」や自他の心的状態の理解の発達には正の関連性があることが明らかになっているのである[18]．また，最近，共感性や心の理解の脳内基盤として多大な関心が払われている，いわゆるミラーニューロンの発達に，こうした養育者等による子どもの感情への共感・同調や映し出しが深く関与しているのではないかと仮定する向きもあるようである[19]．これら一連のことは，安定したアタッチメント関係の中でこそ，子どもはより共感性や心の理解能力の基盤を自身の中に構築しやすいということを示唆している．逆に，虐待などの不適切な養育下における歪曲

したアタッチメント関係においては，概して，こうした力の発達は阻害されやすいということがあるのかも知れない．現に，一部の研究は，被虐待児が，自身の心の状態を理解し，言語化することに相対的に困難を示しやすいことを実証的に明らかにしているようである[20]．

### ◆(3) 情緒的利用可能性と安定したアタッチメント

元来，アタッチメント研究の領域では，子どもが養育者との間で安定したアタッチメントを形成する上で，養育者の敏感性が重要であることが強調されてきた[21]．すなわち，養育者が，子どもの心身の状態および表情や発声といったシグナルを的確に読みとり，迅速に応答してあげることが可能な場合に，子どもとの良好な関係が円滑に築かれ，その中で子どもの健康な心身の発達が保証されると考えられてきたのである．そして，現に，養育者の敏感性と子どものアタッチメントの安定性との間には有意な関連性があるということが多くの研究において実証的に示されている．

しかし，子育て中の親や保育者などに，ただやみくもにこの敏感性の重要性だけを安易に伝えてしまうと，しばしばそこに大きな誤解を生じさせてしまうこともあり得ることが指摘されている[22]．敏感性を強調することが，時に，敏感性を通り越して，過敏さや過干渉を招来しかねないというのである．すなわち，子どもからのシグナルを見逃してはいけない，迅速に応答してあげないといけないということばかりが強く意識されると，つい大人は，みすみすシグナルを見逃して失敗するよりは，子どもからの自発的シグナルが実際に発信されているかどうかにかかわらず，子どものためになることなら先んじてやってあげた方がよいと考えてしまう傾向があるようなのである．

こうしたことが往々にして起こりがちだという認識の下で，近年，発達心理学の領域でとみに使われ始めている言葉に「情緒的利用可能性」（emotional availability）というものがある[23]．これは，ただ養育者の側が高い敏感性を備えていればよいのだということではなく，当然，子ども一人ひとりに違いがあり，また同じ子どもでもその時々の状態に差異がある中で，養育者は，子どもが自分から求めてきた時に，その独自の個性を備えた子どもにとって，あるいはその時々で異なる状態にあるその子にとって，情緒的に利用可能な存在であればよいということを強調する考え方である．さらに加えていえば，特に子どもが特にシグナルを発信し

てきていないのであれば，あえて子どもの活動に踏み込まず，ただ温かく見護ることをよしとする考え方ということになる．言い換えれば，子どもが一人でいられているのだから，また一人で何かをすることができているのだから，そのことを最大限，尊重する態度ともいえるかも知れない．

　少し整理していえば，情緒的利用可能性とは，子どもが，恐れや不安などの何らかの感情状態の直中にあり，何か助けを求めてシグナルを発信してきた時に的確に応じる「敏感性」と，逆に子どもがシグナルを発信してこない場合には極力，子どもの自律的な活動に干渉しない「非侵害性」から成り立っているといい得る．もっとも，シグナルを発信してこないからといって，まだ幼い子どもに対して何もしてあげないというのはいささか冷淡であるように感じられるかも知れない．しかし，侵害しないでいるということは，子どもに何ら気遣いをしないということではさらさらない．

　実は，この概念には，「敏感性」と「非侵害性」に加えて，もう2つ，別種の要素も含まれている．その1つは，「環境の構造化」であり，子どもの直接的なやりとりの相手にならなくとも，いってみれば，お芝居における「黒子」のように，子どもを取り巻く環境のあり方に配慮し，子どもの自発的な遊びや活動あるいは安全な生活全般を背後から下支えするということである．子どもの好みに応じた玩具や絵本の選択あるいは転倒予防のための家具のおき方の工夫など，私たち大人が，直接子どもとかかわらなくても，子どもの発達促進のためにできることは多く存在しているはずである．もう1つの要素は，「情緒的な温かさ (敵対的感情の少なさ)」であり，子どもの自主的な活動に対して，直接介入はせずに，離れたところからいわば「応援団」として，子どもに対して温かいエールを送り続けるということである．例えば，大人目線からすると，子ども一人では到底動かせないことがわかりきっている玩具に子どもが夢中になっている状況で，大人がそれに対して，すぐに動かせるよう手助けしてあげることは無論，容易なわけだが，子どもが自分一人で何とかしようとしている限りは，それを尊重し，あえて手助けを控えて，温かく見護り，ただ声かけなどをすることもきわめて効果的なのである．

　この4つの要素がうまくかみ合っている場合に，情緒的利用可能性は非常に高く実現されることになるものといえる．そして，その下で，子どもは安定したアタッチメントを享受することができ，その結果，その後の生涯全般にわたって，心身両面において健康な発達の道筋を辿っていくことが可能になるのだと考えら

れよう．

◆**(4) 家庭と園：二つの社会的世界に生きる子ども**

　近年，乳児保育のニーズが高まり，早くから，家庭外で親以外の大人，すなわち保育者との関係性を濃密に経験する子どもの数が飛躍的に増えつつある．そうした中で，保育者と子どものアタッチメントの安定性が，時に家庭における親子のアタッチメントの不安定性を補償し得る可能性があることなども明らかにされてきている[7]．それと同時に，前者の関係性には後者の関係性にはない別種の要素が存在している可能性も指摘され始めている．子どもが多数存在し，また保育者も複数いるという状況の中で，子どもが保育者に対して，家庭における親に対してのように，さして頻繁に，アタッチメントのシグナルやくっつきの行動を見せないとしても，それはむしろ自然とみなされるべきものある．そうした意味で，保育におけるアタッチメントに関しては，家庭におけるそれとは少し異なる角度から見てみることも必要であろう．

　ある研究者らは，保育所のような集団状況でうまく働く子どもに対するケアが，家庭内の親子二者間でうまく働くケアとはそもそも，かなり異質なものなのではないかと考察している[24]．それによれば，保育所のような集団の場においては，保育者が子どもにかかわる際，「二者関係的敏感性」（一人ひとりの子ども個人の欲求やシグナルに対する的確な読み取りと素早い応答）だけではなく，時にはそれ以上に，「集団的敏感性」（子どもの一人ひとりの個別の欲求やシグナルというよりは，子ども集団全体に対する目配り・心配りの確かさ）もまたきわめて重要になるのだという．元来，保育の場においては，特に，子どもの年齢が上がって集団規模が大きくなればなるほど，保育者がどんなに一人ひとりの子どもの状態や気持ちを個別にしっかりと読みとり，ケアしようとしても，そこには当然，限界が生じてくるものと思われる．例えば子ども 3 人が相手だった頃には，辛うじてできていた，子どもの一人ひとりの気持ちやシグナルへの気づきが，6 人が相手になった際に多少とも難しくなるのは半ば必然的なことである．そこで必要になるのがもう 1 つの敏感性，すなわち集団的敏感性らしいのである．

　それは，言い換えれば，子ども同士のやりとりや相互作用にどのくらい目配り，心配りができるかということになろう．例えば，誰と誰がいま，うまく関係を作って遊べているか，いざこざなどで誰かが仲間から外れていることはないか，といっ

たことにどれだけ注意を向けることができるかということである．保育者には，直接，子どもの相手になるだけではなく，子ども同士がいかに相互作用し，どのくらい安全に楽しく遊べているかに配慮し，それこそ先の情緒的利用可能性の概念に寄せていえば，「黒子」となって，子どもの楽しい遊びや安全な生活をいろいろな創意工夫で下支えしたり，また「応援団」として，子どもたち同士の自発的な遊びや活動に離れたところから，自らの視線，表情，発声などを介して「がんばれ」という意味のエールを送ったりすることが必要となるのである．例えば，子ども同士でトラブルが起き，いっこうに解決の目処が立たないような時に，そっと仲直りの手伝いをしてあげたり，集団から外れてしまった子どもをどう仲間とつなぐかといったことにさり気なく配慮や工夫ができたりするということがきわめて重要になるものといい得よう．

　保育所のような集団状況では，保育者が完全に親代わりになることが必ずしも望ましいとは限らないのかも知れない．保育現場は，家庭とは違ったかたちで子どもとのアタッチメントがあって然るべきであろう．それが，特にこの集団的敏感性に基づいたアタッチメントということになる．研究知見が示すところによれば，この集団的敏感性が豊かな保育者の下で生活できている子どもは，たとえ一人ひとりのレベルでは，直接，その保育者とかかわる時間が非常に限られていても，保育者のことを高度に信頼する傾向があるようである[24]．そして，こうした傾向は，集団規模が大きくなったり，保育者一人あたりの子どもの数が多くなったりしても，あまり変わらないのだという．逆に，どんなに二者関係的敏感性が潜在的に豊かでも，集団的敏感性があまり発揮されない保育者の下では，とりわけ集団規模が大きくなり，保育者一人あたりの子どもの数が多くなればなるほど，子どもの保育者に対する信頼は揺らいでしまうことがあるようである．

　こうした意味において，保育者は，子ども一人ひとりと自分との直接的な関わりをよくしようとするだけではなく，子ども同士の相互作用を促す工夫をする中で，子どもの育ちを確かに支えていきたいものである．これに加えていうならば，こうした保育者との関係性は，園の中で，子どもが常に，同年代あるいはやや年齢の異なる複数の仲間との関係とともにあるということを忘れてはならないだろう．ある研究者がいうには，集団の中で子どもは早くから仲間との同一化と差異化を頻繁にかつ濃密に経験するのであり，そして，それらの経験が個々の子どもに固有の個性や能力などの発達に，時に家庭での親子関係以上に深く関与し得る

のではないかという[25]．そして，その研究者は，子ども同士の相互作用の展開に唯一深くかかわり得る存在として，保育者等の大人の役割の大きさを強調しているのである．

## d むすびとして

　最後に，むすびとして，子育てや保育における理想とはいかなるものであるかということについて多少ともふれておくことにしたい．少なくとも具体的な育児の方法や保育のテクニックなどに関していえば，それらに「たった1つの理想型」などあり得ようがない．私たち大人誰もが，世に出回っている「〜法」とか「〜メソッド」などを完璧に習得して同じように実践すれば，すべての子どもの発達が健やかに進むかというと，それは可能性として限りなくゼロに近いと言わざるを得ない．なぜならば，大人も子どもも一人ひとり，好きも嫌いも，得意不得意も異なるからである．別の言い方をすれば，私たち人間には，個々それぞれに固有の個性があり，いってみれば，育児や保育とは，大人の個性と子どもの個性のユニークな組み合わせの中で進んでいくものだからである．当然のことながら，ある組み合わせの中でうまくいったことが，別の組み合わせの中でうまくいくとは限らないのである．実のところ，先に見た情緒的利用可能性という概念は，こうしたことをことの外，強調する考え方であったといい得る．

　こうした意味においては，私たち子どもにかかわる大人，皆が皆「たった1つの理想型」なるものをめざしていくのではなく，むしろ，自らの個性と眼前の子どもの個性との，唯一無二ともいえる組み合わせの中で，「それぞれのよいかたち」を探し，また創っていくということこそが，育児や保育の理想のあり方といえるのかも知れない．本章で述べてきた一連のことは，それ自体が理想というようなものではなく，実のところ，その「それぞれのよいかたち」を模索し実現していく上で，私たち大人が心しておくべき基本中の基本あるいはヒントのようなものとして受け止めていただければ幸甚である．

〔遠藤利彦〕

## 文　　献

1) Coan, J.A.: Toward a neuroscience of attachment. In J. Cassidy & P. R. Shaver (Eds.): Handbook of attachment: Theory, research, and clinical applications, 2nd ed., pp.241–265, Guilford Press, 2008.
2) Johnson, M.H. & de Haan, M.: Developmental cognitive neuroscience: An introduction. Wiley-Blackwell, 2015.
3) Hobson, R.P.: What puts the jointness into joint attention. In N. Eilan, et al. (Eds.): Joint attention, communication, and other minds: Issues in philosophy and psychology, pp.185–204, Oxford University Press, 2005.
4) Pascalis, O., et al.: Is face processing species-specific during the first year of life? Science, **296**(17): 1321–1323, 2002.
5) Kuhn, P.: Brain mechanism in early language acquisition. Neuron, **67**(5): 713–727, 2010.
6) Meins, E.: Security of attachment and the social development of cognition. Psychology Press, 1997.
7) 篠原郁子: 心を紡ぐ心―親による乳児の心の想像と心を理解する子どもの発達―，ナカニシヤ出版，2013.
8) Meins, E. et al.: Maternal mind-mindedness and attachment security as predictors of theory of mind understanding. Child Development, **73**: 1715–1726, 2002.
9) Miller-Perrin, C.L. & Perrin, R.D. Child Maltreatment: An Introduction, SAGE Publications, 2012.
10) Strathearn, L., et al.: Childhood neglect and cognitive development in extremely low birth weight infants: A prospective study. Pediatrics, **108**(1): 142–151, 2001.
11) Bowlby, J.: Attachment and Loss:Vol.1, Attachment, Basic Books, 1969. (revised edition, 1982).
12) Music, G.: Nurturing natures; Attachment and children's emotional, sociocultural and brain development, Psychology Press, 2011.
13) Bowlby, J.: A secure base:Parent–child attachment and healthy human development, Basic Books, 1988.
14) Goldberg, S.: Attachment and development, Arnold, 2000.
15) 遠藤利彦: アタッチメントとレジリエンスのあわい．子どもの虐待とネグレクト，**17**: 329–339, 2016.
16) Gopnik, A.: The philosophical baby, Farrar, Straus and Giroux. A, 2009. ゴプニック (著)，青木玲 (訳): 哲学する赤ちゃん，亜紀書房．2010.
17) Fonagy, P., et al.: Affect regulation, mentalization, and the development of the self, Karnac Books, 2003.
18) Symons, D.K.: Mental state discourse, theory of mind, and the internalization of self–other understanding. Developmental Review, **24**: 159–188, 2004.
19) Iacoboni, M.: Mirroring people: The new science of how we connect with others, Farra, Straus & Giroux. M, 2008. イアコボーニ (著)，塩原通緒 (訳): ミラーニューロンの発見，早川書房，2009.
20) Howe, D.: Child abuse and neglect: Attachment, development and intervention, Palgrave, 2005.
21) Ainsworth, M.D.S., et al.: Patterns of attachment: A psychological study of the Strange Situa-

tion, Erlbaum, 1978.
22) Biringen, Z.: Raising a secure child: Creating emotional availability between parents and your children, Perigee Trade, 2004.
23) Biringen, Z.: The Universal Language of Love, EA Press, 2009.
24) Howes, C. & Spieker, S.: Attachment relationships in the context of multiple caregivers. In J. Cassidy & P. R. Shaver(Eds.): Handbook of attachment: Theory, research, and clinical applications, 2nd ed, pp.317–332, Guilford Press, 2008.
25) Ahnert, L., *et al.*: Security of children's relationships with nonparental care providers: A meta-analysis. Child Development, **74**: 664–679, 2006.
26) Harris, J.R.: The nurture assumption: Why children turn out the way they do, revised and updated, Free Press, 2009.

# 推 薦 図 書

○ 全 体

あらゆる学問は保育につながる―発達保育実践政策学の挑戦―. 秋田喜代美 (監)/山邉昭則, 多賀厳太郎 (編), 東京大学出版会, 2016.
赤ちゃん学を学ぶ人のために. 小西行郎, 遠藤利彦 (編), 世界思想社, 2012.
赤ちゃんの心はどのように育つのか―社会性とことばの発達を科学する―. 今福理博 (著), ミネルヴァ書房, 2019.
おさなごころを科学する―進化する乳幼児観―. 森口佑介 (著), 新曜社, 2014.
乳幼児のこころ―子育ち・子育ての発達心理学―(有斐閣アルマ). 遠藤利彦, 佐久間路子, 徳田治子, 野田淳子 (著), 有斐閣, 2011.
まなざしの誕生―赤ちゃん学革命―(新装版). 下條信輔 (著), 新曜社, 2006.

○ 食べる

子どもと食―食育を超える―. 根ケ山光一, 外山紀子, 河原紀子 (編), 東京大学出版会, 2013.
子どもの脳を育てる栄養学 (学術選書 002). 中川八郎, 葛西奈津子 (著), 京都大学学術出版会, 2005.
人体はこうしてつくられる―ひとつの細胞から始まったわたしたち―. ジェイミー・A. デイヴィス (著)/橘明美 (訳), 紀伊國屋書店, 2018.
生命, エネルギー, 進化. ニック・レーン (著)/斉藤隆央 (訳), みすず書房, 2016.
食べる・育てる心理学―「食育の」基礎と臨床―. 伊東暁子, 竹内美香, 鈴木晶夫 (著), 川島書店, 2010.
腸と脳―体内の会話はいかにあなたの気分や選択や健康を左右するか―. エムラン・メイヤー (著)/高橋洋 (訳), 紀伊國屋書店, 2018.
発達としての共食―社会的な食のはじまり―. 外山紀子 (著), 新曜社, 2008.
若者たちの食卓―自己, 家族, 格差, そして社会―. 外山紀子, 長谷川智子, 佐藤康一郎 (編著), ナカニシヤ出版, 2017.
消化・吸収―基礎と臨床― (改訂新版). 細谷憲政 (監)/武藤泰敏 (著), 第一出版, 2002/2003.

○ 眠る

おなかの赤ちゃんは光を感じるか―生物時計とメラノプシン―(岩波科学ライブラリー). 太田英伸 (著), 岩波書店, 2014.
睡眠科学―最新の基礎研究から医療・社会への応用まで―(DOJIN BIOSCIENCE SERIES 26). 三島和夫 (編), 化学同人, 2016.
睡眠障害の子どもたち―子どもの脳と体を育てる睡眠学―(子どものこころの発達を知るシリーズ 06). 大川匡子 (編著), 合同出版, 2015.
好きになる睡眠医学 (第 2 版)―眠りのしくみと睡眠障害―. 内田直／著, 講談社サイエンティフィク, 2013.
眠りを科学する. 井上昌次郎 (著), 朝倉書店, 2006.
標準ディベロップメンタルケア (改訂 2 版). 日本ディベロップメンタルケア (DC) 研究会 (編), メディカ出版, 2018.

子どもの睡眠ガイドブック―眠りの発達と睡眠障害の理解―．駒田陽子，井上雄一 (編)，朝倉書店，2019．

○ 遊 ぶ

赤ちゃんには世界がどう見えるか．ダフニ・マウラ，チャールズ・マウラ (著)/吉田利子 (訳)，草思社，1992．
赤ちゃんは何を聞いているの？―音楽と聴覚からみた乳幼児の発達―．呉東進 (著)，北大路書房，2009．
「体を動かす遊びのための環境の質」評価スケール―保育における乳幼児の運動発達を支えるために―．キャロル・アーチャー，イラム・シラージ (著)/秋田喜代美 (監訳・解説)/淀川裕美，辻谷真知子 (訳)，明石書店，2018．
絆の音楽性―つながりの基盤を求めて―．スティーヴン・マロック，コルウィン・トレヴァーセン (編)/根ケ山光一，今川恭子，蒲谷槙介，志村洋子，羽石英里，丸山慎 (監訳)，音楽之友社，2018．
ことばの発達の謎を解く (ちくまプリマー新書)．今井むつみ (著)，筑摩書房，2013．
ことばの前のことば―うたうコミュニケーション―(やまだようこ著作集 第1巻)．やまだようこ (著)，新曜社，2010．
子どもはことばをからだで覚える―メロディから意味の世界へ―(中公新書)．正高信男 (著)，中央公論新社，2001．
成長し衰退する脳―神経発達学と神経加齢学―(社会脳シリーズ 8)．苧阪直行 (編)，新曜社，2015．
よくわかる認知科学 (やわらかアカデミズム・〈わかる〉シリーズ)．乾敏郎，吉川左紀子，川口潤 (編)，ミネルヴァ書房，2010．
読む目・読まれる目―視線理解の進化と発達の心理学―．遠藤利彦 (編)，東京大学出版会，2005．
視覚脳が生まれる―乳児の視覚と脳科学―．ジャネット・アトキンソン (著)/金沢創，山口真美 (訳)，北大路書房，2005．

○ 繋がる

保育園問題―待機児童，保育士不足，建設反対運動―(中公新書)．前田正子 (著)，中央公論新社，2017．
赤ちゃんの発達とアタッチメント―乳児保育で大切にしたいこと―．遠藤利彦 (著)，ひとなる書房，2017．
園づくりのことば―保育をつなぐミドルリーダーの秘訣―．井庭崇，秋田喜代美 (編著)/野澤祥子，天野美和子，宮田まり子 (著)，丸善出版，2019．
親教育プログラムのすすめ方―ファシリテーターの仕事―．ジャニス・ウッド・キャタノ (著)/三沢直子 (監修)/杉田真，門脇陽子，幾島幸子 (訳)，ひとなる書房，2002．
子育て支援と経済成長．柴田悠 (著)，朝日新聞出版，2017．
対話のことば―オープンダイアローグに学ぶ問題解消のための対話の心得―．井庭崇，長井雅史 (著)，丸善出版，2018．
幼児教育の経済学．ジェームズ・J・ヘックマン (著)/古草秀子 (訳)，東洋経済新報社，2015．
データの見えざる手―ウエアラブルセンサが明かす人間・組織・社会の法則―．矢野和男 (著)，草思社，2014．
社会保障法．笠木映里，嵩さやか，中野妙子，渡邊絹子 (著)，有斐閣，2018．

# 索　引

## あ行

IoT　171
アイコンタクト　110
愛の理論　203
亜鉛　26
赤ちゃん言葉　114
アクセント　116, 146
アクティブラーニング　165
遊び　146, 152, 206
アタッチメント　196
アディポネクチン　23
アミノ酸　46
アラート　173

胃　28
異化過程　41
移行カリキュラム　157
胃酸　28
位相ずれ状態　93
遺伝子発現　50
イメージング　124
違和感　164
インスリン　34
イントネーション　145

嘘泣き　143
歌遊び　147
うつぶせ寝　175
ウルトラジアンリズム　67
運動　98, 127, 140
運動量　129, 182

AI　171
映像記録　173
栄養　14, 40
栄養学　30
栄養障害　22

栄養摂取　3, 77
栄養素　22
栄養バランス　14
ATP　41
NPプログラム　166
エネルギー　26, 40
嚥下　28
エントレインメント　198

おいしさ　32
奥行き知覚　106
音遊び　129
音環境　61, 74
おむつ　138
親　63, 160
親語　114
親支援　166
おやつ (補食)　29
オラリティ　133
音楽　76, 126, 144
音楽的な泣き　144
音声　115, 125
音声コミュニケーション　146

## か行

快　142
解糖　43
顔　106, 197
過干渉　205
学習　13, 118, 128, 143
価値観　20, 163
可聴化装置　129
褐色脂肪組織　140
カフェイン　26, 60, 97
噛む　23
カメラ　171
カリキュラム　152
カルシウム　26
眼球運動　67, 80, 106

環境計測　173
環境の構造化　206
感情　110, 141, 196
緩徐眼球運動　87
感応　197

機械学習　147
起床時刻　56
期待違反法　108
機能分化　125
基本周波数　116, 144
基本的信頼感　202
虐待　191, 201
吸収　40
吸啜　27
教育委員会　153
共感性　111, 204
共食　4, 18
行政　152, 185
共通カリキュラム　157
共同注意　111
筋活動　80
近赤外分光法　124

クーイング　143
空腹　138
クラウドサーバー　172
グリア細胞　42
グルコース　34, 42
グレリン　34

形態形成　50
傾眠　81
血液脳関門　24, 42
欠食　14, 93
言語　115, 135
言語発達　121, 144
研修　152
建築物環境衛生管理基準　178

交感神経系　140
高振幅徐波パターン　85
構成素　31
抗生物質　48

酵素活性　25
交代制勤務　91
交代性パターン　85
合同研修　158
行動追跡　174
合同保育　158
呼吸　80
心の理論　200
孤食　14
個人差　124, 136
個人認証　132
午睡　60
個性　132, 209
子育て　153, 160, 187
子育て親塾　160
子ども・子育て支援新制度　153, 187
子ども向け発話　116
コミュニケーション　6, 109, 144, 165, 199
コミュニティ　164
コリック　136
コルチゾール　137
コーンオプシン　72
混合型パターン　85

## さ　行

サイトカイン　49
サーカディアンリズム　33, 47, 54, 92
サプリメント　23
参加者中心モデル　166
酸化的リン酸化　43
三項関係　111
三次元動作解析装置　131
酸素　43, 124
$CO_2$ 濃度　179
視覚　104
視覚的選好　106
視覚的バイアス　111
時間栄養学　33
色覚　104
視交叉上核　66
嗜好品　30
自己組織　50

指示性　142
脂質　26, 45
姿勢推定　174
視線　109, 200
自治体　152
シックハウス　176
湿度　180
指導主事　153
シナプス　42
自発運動　126
自発活動　50
脂肪　23
社会情緒的発達　202
社会性　112, 138
社会的参照　111
社会的刺激　197
社会的時差ぼけ　94
就床時刻　56
集団的敏感性　207
受講者参加型　160
主菜　29
主食　29
授乳　136
馴化-脱馴化法　108
ジョイントネス　196
消化　40
消化管　23, 44
松果体　69
小学校　154
少子化　164
状態（ステート）　80
小腸　23
情緒的な温かさ　206
情緒的利用可能性　205
照明　72, 96
触　133
食育　2, 13, 26
食育基本法　2, 14
食育推進基本計画　14
食具　13
食事　4, 13, 91
食事援助　8
食習慣　13
食品　22

食品群　29
食物アレルギー　27
徐波活動　87
自律神経系　47, 141
自律性　203
視力　104
汁物　29
神経管　44
神経細胞　40, 69
神経伝達物質　42
腎血流量　25
人工光　98
人工知能　171
新生児　13, 44, 54, 69, 88, 104, 118, 144
新生児微笑　110
新生児模倣　110, 197
深層学習　175
身体活動量　61
身長　26
心拍　66, 129, 140
人物再同定　174
信頼　203

随意運動　127
睡眠　54, 80, 91, 124, 136
睡眠・覚醒パターン　54
睡眠構造　55
睡眠効率　98
睡眠時間　56, 94
睡眠紡錘波　86
ステージN　81
ステージN1　83
ステージN2　83
ステージN3　83
ステージR　81
ステージT　82
ステージW　83
ストリーミング配信　177
ストレスホルモン　95, 137
スマート化　171
スマート保育　183

生活習慣病　29
生活リズム　54

成人向け発話　114
静睡眠　47
生物時計　54, 66, 92
生理的早産　138
セパレーションコール　137
セロトニン　36, 49
繊維　26
選好　197
センサー　171
センシング　173, 183
前頭葉　46, 125

添い寝　58, 137
騒音　76, 180
騒音レベル　180
相互同期性　197
操作性　142
早産児　66, 83, 139
咀嚼　26

## た　行

体育　3
体温　140
待機児童　152
待遇改善　152
胎児　44, 66, 83, 145
胎児運動　84
代謝　25, 40
体重　26
体内時計　55
大脳皮質　71, 83, 128
胎盤　28, 44
胎盤関門　44
対話　165, 200
他者　109, 164, 196
多相性睡眠　55, 136
黄昏泣き　136
タブレット　173
炭水化物　28
単相性睡眠　55
タンパク質　26, 41

地域型保育　154

知育　3
注意持続力　95
注視行動　109
注視時間　108, 109
中枢神経系　26
中途覚醒　94
腸　40
調音　146
聴覚　104
聴覚的選好　110
聴覚野　125
腸管　28
腸管ホルモン　28
朝食　16, 96
朝食欠食　17, 96
調節素　31
腸内細菌　40
腸脳相関　47
チンパンジー　137

追視　105
追跡　174

低出生体重児　200
低振幅周波数混在波　88
低振幅不規則パターン　85
鉄　26
デバイス　173

同化過程　41
動睡眠　47
同調　197
頭頂部鋭波　87
徳育　3
時計遺伝子　33, 66
ドパミン　69
トリプトファン　36

## な　行

内臓脂肪　23
内的作業モデル　203
泣き　135
鉛　25

喃語 (バブリング) 136, 143

二項関係 111
二者関係的敏感性 207
入園 152
乳酸 43
乳歯 26
乳児期 80
乳児向け発話 114
入眠期過同期波 87
認可外保育施設 154, 188
認可保育所 154, 188
人間関係 164
認知機能 63, 139
認定こども園 154, 187

ネグレクト 201
熱量素 31

脳 40
脳神経系 104
脳波 80
ノンレム睡眠 47, 56, 80

## は 行

胚子 44
排泄 25, 40
パターン・ランゲージ 168
ハチミツ 28
発声 126, 200

光環境 61
非侵害性 206
ビタミンC 26
必須アミノ酸 46
ピッチ幅 116
人の検出 174
ヒートマップ 181
人見知り 201
非平衡開放系 50
肥満 62, 94
表情 200
ピラティス 99

昼寝 60, 97
疲労 91
敏感性 205

ファシリテーター 166
フォルマント 126
不快 142
不快感 138
副交感神経 139
副菜 29
不飽和脂肪酸 47
プロソディ 146
分解 25
分節化 144

ベイビーモニター 177
ヘモグロビン 42, 124
偏食 28

保育士 152
保育所保育指針 2
保育の質 152
保育の量 152
保育・幼児教育アドバイザー 153
母音の明瞭化 114
母語 145
ホスピタリズム 202
母胎 83
母乳 13, 24, 48
哺乳 44
哺乳反射 27
ホメオスタシス (恒常性) 47, 140
保幼小の連携 152

## ま 行

マインド・マインデッドネス 199
マウジング 24
マザリーズ 114
マッサージ 98
まなざし 107
満期産児 139

見える化 171

味覚　32
ミトコンドリア　43
ミラーニューロン　204
ミラーリング　110

無酸素運動　98
無線 LAN　176

メラトニン　36, 55
メラノプシン　72
メロディー　144
免疫　25, 47

毛細血管　42
モニタリング　173
モノのインターネット　171
モビール　127
模倣　146
問題行動　61

## や　行

夜食　33

有害物　25
有酸素運動　98

養育行動　142
養護感情　198
幼児教育アドバイザー　153

幼児教育センター　153
幼児図式　198
羊水　28
幼稚園　2, 62, 154, 171
幼稚園教育要領　2
幼保連携型認定こども園　154
予期　127
予期注視法　109
抑うつ　91
抑制　127
抑揚　115, 125
夜泣き　136

## ら　行

リズム　128
立体視　106
離乳　24
離乳食　26

レプチン　34
レム睡眠　47, 56, 80

労働環境　160
ロドプシン　72

## わ　行

ワークショップ　160

#### 監修者略歴

**秋田喜代美**（あきた きよみ）

1957年　大阪府に生まれる
1991年　東京大学大学院教育学研究科博士課程修了
現　在　東京大学大学院教育学研究科長・学部長
　　　　同教職開発コース教授
　　　　博士（教育学）
主　著　『読書の発達過程』（風間書房，1997），『授業研究と談話分析』
　　　　（放送大学教育振興会，2006），『学びの心理学』（左右社，2012），
　　　　『学校教育と学習の心理学』（岩波書店，2015），『新 保育の心
　　　　もち』（ひかりのくに，2019）ほか

---

**乳幼児の発達と保育**
―食べる・眠る・遊ぶ・繋がる―

定価はカバーに表示

2019年8月10日　初版第1刷

監修者　秋　田　喜代美
発行者　朝　倉　誠　造
発行所　株式会社　朝　倉　書　店
　　　　東京都新宿区新小川町6-29
　　　　郵便番号　162-8707
　　　　電　話　03（3260）0141
　　　　ＦＡＸ　03（3260）0180
　　　　http://www.asakura.co.jp

〈検印省略〉

ⓒ 2019〈無断複写・転載を禁ず〉　　中央印刷・渡辺製本

ISBN 978-4-254-65008-2　C 3077　　Printed in Japan

JCOPY ＜出版者著作権管理機構 委託出版物＞

本書の無断複写は著作権法上での例外を除き禁じられています．複写される場合は，
そのつど事前に，出版者著作権管理機構（電話 03-5244-5088，FAX 03-5244-5089，
e-mail: info@jcopy.or.jp）の許諾を得てください．

明薬大 駒田陽子・東医大 井上雄一 編
## 子どもの睡眠ガイドブック
―眠りの発達と睡眠障害の理解―
30119-9 C3047　　B5判 192頁 本体4700円

子どもの健康や学力・体力の向上に睡眠は重要である。子どもの睡眠の基礎知識，睡眠障害の病態生理・治療について幅広く概説。〔内容〕眠りは命の源／生体リズムと心身の健康／日本の子どもの眠りと睡眠教育／臨床編（子どもの眠りの病気）

元東京医歯大 井上昌次郎 著
## 眠りを科学する
10206-2 C3040　　A5判 224頁 本体3800円

眠り（睡眠）を正しく理解するためその本質を丁寧に解説。〔内容〕睡眠論のあらまし／睡眠と覚醒はいつ芽生えるか／二種類の脳波睡眠／生物はどのように眠るか／睡眠が乱れるとどうなるか／眠りは人生を豊かにする／睡眠とうまく付き合う／他

広修大 今田純雄・立命館大 和田有史 編
食と味嗅覚の人間科学
## 食行動の科学
―「食べる」を読みとく―
10667-1 C3340　　A5判 256頁 本体4200円

「人はなぜ食べるか」を根底のテーマとし，食行動科学の基礎から生涯発達，予防医学や消費者行動予測等の応用までを取り上げる〔内容〕食と知覚／社会的認知／高齢者の食／欲求と食行動／生物性と文化性／官能評価／栄養教育／ビッグデータ

味の素 二宮くみ子・玉川大 谷 和樹 編
情動学シリーズ 7
## 情動と食
―適切な食育のあり方―
10697-8 C3340　　A5判 264頁 本体4200円

食育，だし・うまみ，和食について，第一線で活躍する学校教育者・研究者が平易に解説。〔内容〕日本の小学校における食育の取り組み／食育で伝えていきたい和食の魅力／うま味・だしの研究／発達障害の子供たちを変化させる機能性食品

学習院大 伊藤良子・富山大 津田正明 編
情動学シリーズ 3
## 情動と発達・教育
―子どもの成長環境―
10693-0 C3340　　A5判 196頁 本体3200円

子どもが抱える深刻なテーマについて，研究と現場の両方から問題の理解と解決への糸口を提示。〔内容〕成長過程における人間関係／成長環境と分子生物学／施設入所児／大震災の影響／発達障害／神経症／不登校／いじめ／保育所・幼稚園

前筑波大 海保博之 監修　大阪成蹊大 南 徹弘 編
朝倉心理学講座 3
## 発達心理学
52663-9 C3311　　A5判 232頁 本体3600円

発達の生物学的・社会的要因について，霊長類研究まで踏まえた進化的・比較発達の視点と，ヒトとしての個体発達的視点の双方から考察。〔内容〕I. 発達の生物的基盤／II. 社会的・言語・行動発達の基礎／III. 発達から見た人間の特徴

青学大 高櫻綾子・日本女大 請川滋大 編著
## 子どもの育ちを支える 発達心理学
60021-6 C3077　　A5判 176頁 本体2500円

保育・福祉・教育系資格取得のために必要な発達心理学の基礎知識をコンパクトにまとめたテキスト。〔内容〕発達心理学とは／発達研究・理論／人間関係／言語／学習・記憶／思考・知能／自己形成／発達援助／障碍，臨床／子育て支援／他

青学大 高櫻綾子 編著
## 子どもが育つ遊びと学び
―保幼小の連携・接続の指導計画から実践まで―
65007-5 C3077　　A5判 148頁 本体2500円

子どもの長期的な発達・成長のプロセスを支える〈保幼小の連携・接続〉の理論とカリキュラムを解説する。〔内容〕保育所，幼稚園（3歳未満児および3歳以上児），認定こども園／小学校（低中高学年）／特別支援学校／学童保育／他

前文教大 中川素子・前立教大 吉田新一・
日本女大 石井光恵・京都造形芸術大 佐藤博一 編
## 絵本の事典
68022-5 C3571　　B5判 672頁 本体15000円

絵本を様々な角度からとらえ，平易な通覧解説と用語解説の効果的なレイアウトで構成する，"これ1冊でわかる"わが国初の絵本学の決定版。〔内容〕絵本とは（総論）／絵本の歴史と発展（イギリス・ドイツ・フランス・アメリカ・ロシア・日本）／絵本と美術（技術・デザイン）／世界の絵本：各国にみる絵本の現況／いろいろな絵本／絵本の視覚表現／絵本のことば／絵本と諸科学／絵本でひろがる世界／資料（文献ガイド・絵本の賞・絵本美術館・絵本原画展・関連団体）／他

上記価格（税別）は 2019 年 7 月現在